父母，请这样开启孩子未来的财富之门

Fumu,Qing Zheyang
Kaiqi Haizi Weilai de Caifuzhimen

傅春晖 / 著

中国纺织出版社

内容提要

财商指的是一个人利用金钱和驾驭金钱的能力。财商的高低指的就是一个人理财能力的高低，财商的高低决定了人们是否能够生活得更加美好。不管一个人智商和情商有多高，如果没有过硬的理财能力，不知道如何驾驭金钱，那么他也不会生活得很幸福。很多年轻人由于小时候没有接受过系统的理财教育，等到长大后，理财能力就表现得很差，有的甚至还会债台高筑。所以，为了孩子今后的财富之路更加畅通，本书首先提醒广大父母认识到“理财要从娃娃抓起”的重要性，然后再具体到“怎样对待孩子的零用钱、如何让孩子赚钱、怎样让孩子学会攒钱、怎样让孩子学会消费、孩子创富路上应该具备的品质、孩子应该知道的经济学常识”等方面，使得广大父母在如何提高孩子的财商方面有章可循，从而早早地开启孩子未来的财富之门。

图书在版编目(CIP)数据

父母，请这样开启孩子未来的财富之门/傅春晖著. —北京：中国纺织出版社，2010.11
(好父母，好孩子)
ISBN 978-7-5064-6834-3

Ⅰ.①父… Ⅱ.①傅… Ⅲ.①家庭经济学—儿童教育：家庭教育 Ⅳ.①G78

中国版本图书馆 CIP 数据核字(2010)第 177694 号

策划编辑：王 慧　　责任编辑：高振亚
特约编辑：李巧新　　责任印制：周 强

中国纺织出版社出版发行
地址：北京东直门南大街 6 号　邮政编码：100027
邮购电话：010—64168110　传真：010—64168231
http://www.c-textilep.com
E-mail:faxing@c-textilep.com
北京华戈印务有限公司印刷　各地新华书店经销
2010 年 11 月第 1 版 2015 年 2 月第 2 次印刷
开本：710×1000　1/16　印张：20
字数：222 千字　定价：33.80 元

前 言

没有哪一位父母愿意让自己的孩子过穷困潦倒的生活！让孩子赚取足够的财富，成为一个富有的人是很多家长的美好愿望。难道孩子掌握了赚钱的方法就万无一失了吗，难道孩子会因为赚到了一笔丰厚的财富从此就过上幸福的生活吗?

其实，即使一个人熟练地掌握了赚钱的技巧，他也不一定就能够成为一个富有的人。要想让孩子成为一个富有的人，还有一个更重要的条件，那就是让孩子学会怎样利用自己已有的财富，让自己的钱不断增多，让金钱为自己服务。这就是我们通常所说的一个人的理财能力。

在某些情况下，理财能力的高低甚至决定了--个人是否能够幸福地生活。一个人理财能力的高低关系着他财商的高低。

现实生活中有这样一群人，他们的收入和一般人比起来已经显得十分丰厚了，但是这些人生活得并不快乐。因为这些人的财商水平令人难以恭维，虽然他们的收入不错，但是他们却一方面不懂得如何合理地分配资金，不知道怎样去投资；另一方面他们在消费的时候又表现出了很大的随意性，盲目的消费行为最终让他们的钱包一无所有，于是这些人成为“月光族”的一员。可以肯定地说，如果他们在小的时候接受过一定的理财教育，他们的财商得到了有效提高的话，长大后也不至于遭遇现在的尴尬。

有人说，决定现代人能否过上幸福生活的三个非常重要的条件分别是智商、情商和财商。可是，很多时候财商显得更加重要，同时它也是一个最容易被人忽视的因素。如果一个人不关心自己的财商，那么，他肯定不会获得足够的财富，也就无从谈起过上舒适惬意的生活了。如果父母想让自己的孩子拥有富足的人生，不想让自己的孩子在将来陷入尴尬的财务危机，那么，从现在开始就要培养孩子的理财能力，提高他们的财商。

近几年，关于“财商”的种种讨论越来越激烈，很多新的理财理念也逐渐被更多人接受，并且在实践中起到了非常重要的作用。那么，财商究竟是什么呢？其实，财商指的就是一个人认识金钱和驾驭金钱的能力。对孩子进行理财教育，不断提高他们的财商已经成为现代教育不可或缺的一部分，财商的高低是评价一个孩子综合素质的一个非常重要的指标。很多西方国家都非常重视孩子的理财教育，有些国家已经把理财教育列为一门必修课，理财教育成为孩子接受的一项重要的义务教育内容。

财商对于孩子来说有非常重大的意义，它关系到孩子是否能够在竞争日益激烈的现代社会中立足。如果一个家庭当中缺少了对孩子进行的理财教育，那么，这个家庭教育孩子的方式就是不完整的。孩子没有接受系统的理财教育，他们的财商就不会得到很大的提高，我们就不能说孩子是一个全面发展的人。对孩子进行理财教育是让他适应现代社会生活的一个必经途径。

为了帮助父母更加系统地、有针对性地培养孩子的财商，提高他们的理财能力，笔者搜集了大量的资料，并结合一些生动具体的事例编写了本书。本书用生动活泼的语言、妙趣横生的案例从多个角度介绍了父母在对孩子进行理财教育的时候应该注意的问题，给出了一些可操作性的意见或建议。本书涉及的内容主要有认识财商、亿万富翁的经验、对待孩子的零用钱、让孩子学会赚钱、攒钱、消费以及一些必要的经济常识等。相信这些内容可以帮助孩子培养驾驭金钱的能力，为他们将来能够拥有富裕的人生打下坚实的基础。

真诚地希望本书能为处在迷茫状态的父母们带来光明，让父母们能够豁然开朗，找到适合自己孩子的理财教育方法。为孩子今后的财富人生打下坚实的基础。

傅春晖

2010年10月

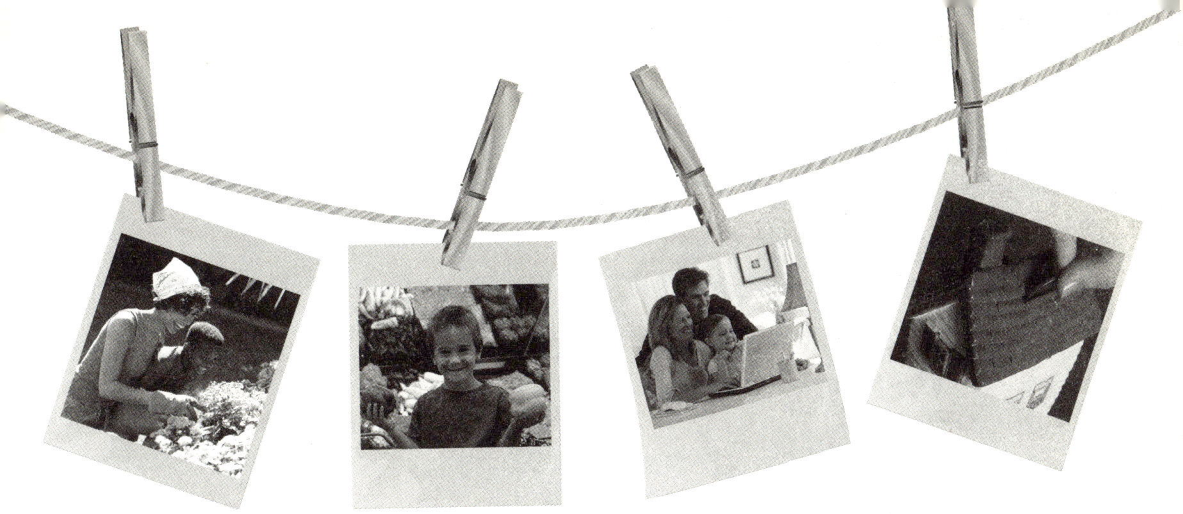

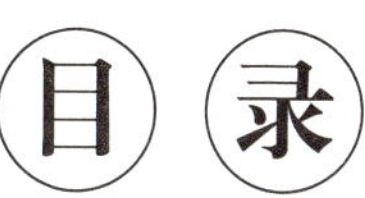目录

第一章 重视财商教育，为孩子打造富裕人生

第二章 别让金钱戕害了孩子的幸福

第三章 严格把关零用钱，让孩子逐步学会理财

第四章 让孩子学会赚钱，为美好人生奠定基础

第一章

重视财商教育，为孩子打造富裕人生

越来越多的父母认识到，要想让孩子成为一个卓尔不群的人，除了要培养孩子的智商和情商之外，还有一个更加重要的课题，那就是要加强对孩子财商的培养。本章会帮助父母们找到提升孩子财商的方法，从而让广大父母迈出开启孩子财富之门的第一步。

父母，关于财商教育你了解多少

“财商”一词最早出现于美国著名的理财大师罗伯特·清崎编著的《穷爸爸富爸爸》一书之中。财商指的是一个人的理财能力，是一种有关理财的智慧。简单地说，财商就是一个人的赚钱、储蓄、投资、消费等各方面能力的综合。在《穷爸爸富爸爸》一书中，作者明确地指出：“财商的高低并不仅仅指的是一个人究竟赚来了多少钱，更重要的是他拥有多少钱，怎样利用这些钱为自己工作，以及自己的财富所能够维持的时间长短。”

俗话说：“吃不穷，穿不穷，不会算计辈辈穷。”这里的“算计”其实说的就是一个人的理财能力，也就是说如果一个人的理财能力很差的话，那么，他永远也不会过上富裕的生活。这样的父母教育出来的孩子，他们的财商也不会很高。我国还有一句古语叫做“富不过三代”，说的也是这个道理。生活中有很多人，他们从父辈那里得到了大量的财富，可是他们的财商让人不敢恭维，他们不懂得怎样去赚取更多的钱，不懂得如何合理消费，只是一味地挥霍钱财，这样下去不管他拥有多少钱，总有用完的一天。

在市场经济的浪潮下，财商发挥的作用越来越大。财商的高低决定了一个人是否能够过上富裕的生活。毫无疑问，大部分人都在为了拥有令人羡慕的财富而夜以继日地奋斗着，可是尽管他们穷尽一生的努力，还是与财富无缘。这其中的根本原因就是他们的财商太低，在崇尚知识的现代社会，父母们为了让孩子拥有一个美好的未来，全身心地投入子女的教育当中去，他们给孩子找最好的学校，找最好的老师，还让孩子参加舞蹈班、钢琴班、美术班、奥数班等，可是却忘了对孩子进行财商教育。罗伯特说："孩子在学校，接受的也是五花八门的科学知识，学校从来没有让孩子对金钱有一个比较客观的认识，无一例外，几乎所有的人都忽视了对孩子的财商教育。等到这些孩子走上社会的时候，他们只是一味地埋头苦干，希望赚取更多的钱，但是却很少有人思索如何让手中的钱继续为自己工作。"

在竞争日益激烈的当代社会，每个人都要想方设法提高自己的财商，一个人只有懂得了如何管理财富，才可以说学到了真正的财富学问。

衡量一个人财商高低的标准并不仅仅依据他在工作中赚取了多少钱，更重要的是他的手中有多少钱以及这些钱为主人工作时间的长短。例如有些人一个月的薪水可以拿到五千元，可是他的钱大部分都通过买各种各样的商品花掉了，到月底的时候手中只剩下区区的几百元。而另一个人虽然工资只有三千，可是他每个月都会存下两千元，为自己以后创业储备资金。虽然后者的财商不一定特别高，但是相对前者来说，他分配资金的方式就要明智得多了。

当然，随着年龄的增大，有很多人的财富也在不断地积累，他们的生活因此变得更加自由、惬意和幸福，这就说明他们的财商也在不断提高。不过还有一种人，虽然随着工作经验的积累，他们获得的报酬越来越多，但是无节制的消费让他们手中的账单却越来越多、账期越来越长。这些人感到身心愈加疲惫不堪，他们很少思考自己工作的目的究竟是什么，这无疑是一件非常可怕的事情。

父母不可能永远守在孩子的身边，总有一天孩子会建立自己的家庭，有自己的儿女，为了让孩子在将来更好地生活下去，父母必须重视对孩子财商的培养。

在我国，当人们提到金钱的时候，很多人首先想到的就是“铜臭”，在很多人的潜意识当中，金钱是一切罪恶的根源。几乎所有的丑陋、争吵和纠纷最终都会归结到金钱上来。因此，很多父母根本就不愿意与孩子谈论金钱，更不要说对孩子进行正确的财商教育了。其实，这种做法埋下了很多隐患，因为孩子从小没有受到良好的财商教育，他们成年后就容易形成错误的世界观和金钱观。只要我们稍微留心周围的人就会发现，越来越多的拜金现象向人们的传统观念发起了挑战。在那些拜金一族的眼中，金钱永远是最重要的，为了金钱，他们会不惜代价地挑战做人的底线。还有一些人，他们希望过上奢华的生活，但是自己却不努力挣钱，而是想通过不劳而获过上轻松舒服的生活。相信没有哪个为人父母者希望自己的儿女成为这样的人。

只有在孩子很小的时候就对孩子进行良好的财商教育，等到长大后他们才能更好地处理自己的财富。

犹太人之所以被称为世界上最聪明和最富有的人，就是因为他们很重视对孩子的财商教育。据说，在犹太人的家庭当中，不管孩子的年龄有多小，他们都会把他当成一个独立的经济个体来对待，他们在日常生活中不断地给孩子进行财商教育。所以犹太人的孩子在很小的时候就开始学习怎样挣钱和怎样支配自己的财产。犹太人从小就接受财商教育，因此等到长大后，他们处理财务的能力相对来说就强。

当然，如果让中国的父母全面吸收西方的理财教育理念，显然不太切合实际，不过有一点家长朋友们必须铭记，那就是对孩子进行财商教育的时间越早越好。

财商是人们在现代社会立足的重要能力之一，父母们要在孩子很小就注重培养孩子的财商，那么在培养孩子财商的时候应该注意哪些方面？下面几条建议也许会对你有所帮助。

1.要让孩子对财商有一个正确的认识

父母要让孩子明白财商的高低对于一个人的重要性，要让孩子明白只有高财商的人才知道采用什么样的方法赚取更多的钱、用什么样的方式积累金钱、怎样去投资、怎样去消费。也就是说，财商不仅可以让人赚钱，还可以让人利用已有的金钱赚取更多的财富。当孩子明白了财商的重要性时，他们就能怀着愉悦的心情接受父母的财商教育，并且逐步提高自己的财商，那么他理财的能力也会随之相应提高，并且创造出更多的财富。

2.孩子的财商可以得到提高

很多父母总是抱怨自己的孩子很笨，他们之所以得出这样的结论是受传统评判标准的影响。很多父母喜欢拿自己孩子的缺点和别人家孩子的优点相比较，因此他们发现不了孩子的优点。这其中最突出的莫过于比较孩子的学习成绩了，在我国，很多人眼中所谓的优秀学生指的是那些成绩好的孩子。恰恰相反，在美国的学校中，如果一个孩子只有成绩突出而其他方面一无所长的话，将会受到大家的耻笑。

父母不能因为孩子的学习成绩不好，就放弃了对孩子进行财商教育，据调查，有很多在学生时代成绩不太好的孩子成年后取得了突出的成就。孩子的学习成绩不好，很可能是他们不太适合学校的教学方式，并不代表他们比别的孩子笨。只要做父母的肯努力对孩子进行财商教育，孩子一定会在这方面有一个比较大的进步。当孩子接受了系统的财商教育之后，他们就能更好地处理好各种财务问题。

3.父母不要曲解了对孩子进行财商教育的目的

毫无疑问，如何赚取更多的钱是衡量一个人财商高低的重要指标，但却不是唯一指标。对孩子进行财商教育，并不是说让他们一味地追求金钱，更重要的是通过财商教育，孩子能够学到真正的理财技能。孩子从中能够彻底懂得如何积累财富、如何投资、如何进行消费、如何与他人分享等。

4.通过多种途径让孩子学习理财知识

随着孩子年龄的增大，如果父母只是通过说教对孩子进行财商教育的话，就有可能让孩子逐渐产生厌烦情绪。所以父母在对孩子进行财商教育的时候可以采取多种方法，例如可以给孩子讲述一些有关理财的小故事，还可以给孩子买来一些带有插图的儿童理财故事书，这样一来就会引发孩子学习理财的兴趣了。除此之外，父母还可以陪着孩子观看财经类的节目，这也是提高孩子理财能力的一个非常好的方法。

财商教育是家庭教育的重要组成部分

刚刚10岁的晶晶是爸爸妈妈的掌上明珠，有一次晶晶要和几名同学聚餐，爸爸说要让她多带一些钱。可是晶晶却很认真地跟爸爸说自己身上的钱已经够花了，因为他们聚餐的时候实行的是AA制。晶晶的举动乐坏了全家人，以前家里人总以为晶晶还小，不太懂事，可是今天他们却突然发现孩子已经长大了，懂得给爸爸妈妈省钱了。

其实刚开始的时候，晶晶也没有节约的意识，爸爸很喜欢读报，在爸爸的影响下，晶晶也渐渐地爱上了看报。曾经有一段时间晶晶买报的时候很随意，不管是早报、晚报还是一些娱乐报纸，只要自己看上了就会毫不犹豫地买下。可是晶晶真正感兴趣的也就是其中的某一个栏目，或者某一篇比较有趣的文章。一方面，爸爸为女儿喜爱阅读而感到高兴，每当看到女儿看报时专注的神情的时候，爸爸就感到非常欣慰；另一方面，她为女儿买报的随意性而苦恼。

有一天，爸爸告诉晶晶说："你喜欢读报纸，这让爸爸感到非常高兴，因为你可以从那里学到很多书本上没有的知识，不过另一方面，我们还得要注意合理花费，尽可能省下那些不必要的开支。所以以后你每天用于买报纸的钱不能超过两块钱。刚开始的时候，晶晶感到很不适应，经过一段时间的磨炼，晶晶已经能够很好地分辨出哪些是自己真正需要的东西。现在年幼的晶晶的理财意识和技能要远远地高于同龄人，因此才出现了文章开头所提到的场景。

年仅10岁的晶晶就已经知道了如何节省资金，在很大程度上得益于爸爸对她的财富教育，让她能够有计划地进行消费，同时也增强了她的自我控制意识。

据说曾经有一位年轻的父亲，为了让家里人生活得更加幸福，他付出了超乎常人想象的努力。有一次儿子拿着爸爸的工资条看了又看，然后小家伙长长地舒了一口气说："爸爸一个月的工资竟然比农民伯伯一年挣的钱都多，农民伯伯真辛苦啊！"和晶晶一样，这个小男孩也知道了应该怎样看待金钱。

其实，在生活中像晶晶和那个小男孩一样的孩子不是很多。由于现在的孩子大部分都是独生子女，很多家庭的组成结构都是"421"形式，即4个老人、爸爸妈妈以及1个孩子。所以很多家长都舍不得让孩子忍受半点委屈，他们在对待孩子消费的问题上采取了放任自流的态度，因此很多孩子的理财能力非常差。这些孩子理财能力差的表现主要有乱消费、高消费等，他们不知道金钱是需要付出辛勤的劳动才能取得的。因此他们也往往体会不到父母的辛苦，等到这些孩子成年以后，当他们需要自行处理财务问题的时候，往往就会显得束手无策。之所以产生这种现象，就是因为有很多家长在孩子小的时候忽视了对孩子的财商教育。

小强是某高校的一名大三学生，他的爸爸妈妈都是十分精明的商人。由于自身的职业原因，小强的父母深深地体会到了财商对于个人的重要性，因此在小强很小的时候，父母就开始对他进行财商教育了。当小强进入小学的时候，父母就把孩子买零食、买学习用品的零用钱的权利完全下放到了小强的手里。小强可以自主决定零用钱用在什么地方，但是应该作好记录，当零用钱提前用光的时候，就不能再次无偿得到父母的资助。这时如果他急需用钱的话就得向父母借钱，为此不得不写下一个欠条，并且说明在什么时候把债务还清。当然，由于年龄问题，小强还不具备还款的能力，父母只不过是要他做些力所能及的家务来换取工资，但小强的财商明显地高出他的同龄人。

上大学后，父母每个月给小强提供的生活费是600元，每次小强都会给自己制订一个支出计划。他从来不会因为一时冲动而买下那些不适合自己的商品，他信奉货比三家的消费原则，因此总能节省下不少的钱。后来他用节省下来的资金买了一些深受学生追捧的书籍，在学校进行销售。很快，小强的生意有了起色，他的经济状况也得到了很大的改善，于是他开始拒绝接受家里人为他提供的学费和生活费。现在的他已经有了一笔很可观的积蓄。

可是，和小强相比，班里的另外一名学生小磊的表现则让人有些担忧。

小磊不仅和小强同班，并且还住在同一个宿舍。小磊的爸爸妈妈都是公务员。和很多家长一样，他们把他当成了宝贝。他们对孩子的关爱几乎到了令人瞠目结舌的地步。以前，他们从来不让孩子尝试着自主地消费，因此小磊很少和钱财打交道，也不知道怎样有计划地支出，更不知道如何通过自己的努力赚取钱财，等到上大学以后，家里人给小磊提供每个月的生活是800元钱，但是有时候他还不得不通过借钱来度过艰难的几天。

以上两个事例足以说明财商教育在家庭教育中的重要地位和影响。一个孩子是否接受了良好的财商教育，将对他的未来产生极大的影响，一个缺少财商教育的家庭永远不会得到真正的幸福和快乐。世界上很多国家的人都非常注重培养孩子的财商，因为他们明白，只有孩子的财商提高了，整个国家才会变得更加繁荣富强。

在美国，很多家长都希望孩子能够尽快独立起来，他们希望孩子能够在很小的时候就懂得独立、拼搏和财富的密切关系。每年都会有三百五十多万青少年走上各个不同的岗位打工挣钱。如果你以为那些外出打工的孩子家庭条件都不太好的话，你就错了。因为这些孩子中，很有可能就有哪位亿万富翁的儿子或者女儿，美国的富翁们并没有一味地娇惯孩子，他们试图让孩子从小就明白，只有努力工作，才能得到自己想要的东西。因此他们总是尽可能多地让孩子走进社会，让他们打工挣钱，这样孩子的意志就会得到锤炼，等到他们成年后才能更好地管理父辈留给他们的产业。

日本的家长总是教育孩子不要依靠他人，他们也禁止孩子向别人借钱。有很多家长把孩子的零用钱的支配权完全下放到孩子的手中，自己只是充当一个观众的角色，只是偶尔给孩子提出一些意见。他们让孩子从小就明白世上没有免费的午餐，除了阳光和空气是人类的公共财产之外，如果还想得到其他的东西，那么，自己就必须付出相应的努力。他们也从来不会允许孩子乱花钱，当然也很少答应孩子的无理要求。

由此可见，财商教育已经成为当代家庭教育中不可或缺的一环，是否对孩子进行财商教育已经成了衡量父母教子方法是否全面的关键部分。如果父母不想让自己的孩子成为理财能力差的弱者，那么，从现在开始就应该对孩子进行财商教育了。

父母应该知道的

既然财商教育在家庭教育中占据着如此重要的地位，那么父母们应该注意哪些内容呢？

1.家长应该时刻提醒自己培养孩子的财商

毫无疑问，做父母的都希望孩子能够拥有美好的未来，过上幸福美满的生活。有句话说得好，“钱不是万能的，但是没有钱是万万不能的。”因此很多父母们想的就是给自己的孩子留下一笔雄厚的资产，不过这种观念早已经跟不上时代的潮流了。如果父母们只是想给孩子留下足够的资金，而不交给孩子处理财富的方法，那么，总有一天孩子会坐吃山空。所以，在当下父母迫切要做的，不是给孩子挣多少钱，而是培养他们的理财能力，这才是让孩子生活得更加美好的重要手段。父母们一定要有培养孩子的财商意识，主动采取各种方法让孩子的财商得到有效的提高。研究证明，孩子的年龄越小，父母们培养孩子财商时收到的成效也就越大

2.不要错过对孩子进行财商教育的最佳时期

1920年，人们在印度一个小城附近的森林里成功援救了两个女孩，人们之所以如此关注这两名女孩，是因为虽然她们外表上和人类没有什么区别，但是他们的行为举止和狼很像。当人们把这两名女孩送到孤儿院的时候，她们依然是白天躲在屋里睡觉，晚上才出来活动，有时候还学狼吼叫。虽然这两名女孩已经有7岁了，但是她们还不能直立行走，也不会说任何语言。科学家试图通过努力让她们重新融入人类社会，可是直到四年后，其中一名“狼孩”才可以说出一些非常简单的短语，她们的智力水平只相当于一个普通的婴儿。

这两个“狼孩”之所以无法学会人类的语言，就是因为她们错过了学习语言的关键时期。研究证明，0～6岁是培养孩子语言能力的关键时期，一旦错过了这个时期，就会给孩子的发展带来重大的负面影响。

不仅培养孩子的语言能力有关键时期，培养孩子的理财能力也有关键时期。研究证明，培养孩子财商的最好的时期就是5～14岁，为了能让

孩子拥有较高的财商，家长一定要把握好这个时期。当然，并不是说错过了这个时期，孩子的财商就没有提高的可能，只是那时候要想培养孩子的财商，就不得不花费更多的精力和时间，并且收到的效果也远不如关键期。

3.多管齐下，全面提升孩子的财商

衡量一个人财商的高低，并不仅仅看他能够挣来多少钱，怎样管理这些钱，还要看他的消费观念、消费特点、能否制订合理的支出计划、是否有良好的储蓄习惯以及能否用法律法规保护自己的财产等一系列的技能，所以父母们要从多个方面下手着力培养孩子的情商。当孩子具备了这些能力之后，他们长大后就会生活得更加幸福。

别让低财商毁了孩子的幸福

不知从什么时候开始，有一些人以一种新的身份出现在人们的视野当中，他们有一个共同的名字——“啃老族”。虽然这些人都已经成年，可以自谋生路，但是他们却依然待在家里无所事事。父母辛辛苦苦地把他们抚养成人，本来以为孩子成年后自己可以松一口气，享受一下美好的生活了，可是孩子却依然需要父母的帮助，这些“啃老族”成员有的曾经参加过一段时间的工作，可是对工作不满意或者无法胜任工作而赋闲在家。有些人的心理承受能力比较差，他们承受不了工作带来的压力和挫折而不敢再出去工作。这时他们的生活来源就主要是父母的积蓄和工资了。据一项调查表示，我国有一半以上的家庭存在不同程度的“老养小”的现象，其中大约有1/5的青年完全依靠父母来供养。

高强刚刚28岁，他是第一代独生子女。小时候的他非常顽皮，爸爸妈妈对他也疏于管教。父母只是一味地满足他的要求，从来不思考其要求是否合理。高考落榜后来他选择了参加工作。可是由于他的学历太低，在工作中又好逸恶劳，因此他总是接二连三地碰壁。后来，心灰意冷的高强干脆就放弃了工作的打算。很多亲戚朋友也为他感到着急，他们纷纷给高强介绍工作，可是他坚持最长的工作只做了两个月，而最短的工作只有两天而已。现在，高强已经完全没有了工作的念头，他每天的必修课就是上网、玩游戏、到棋牌室打麻将等，心安理得地使用着爸爸的退休工资，不求上进。

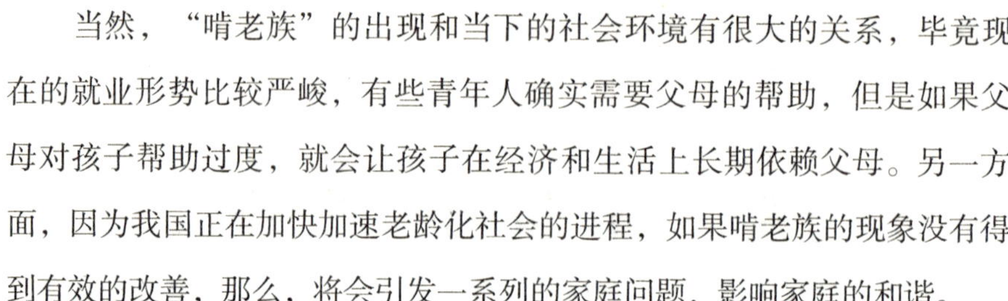

当然，“啃老族”的出现和当下的社会环境有很大的关系，毕竟现在的就业形势比较严峻，有些青年人确实需要父母的帮助，但是如果父母对孩子帮助过度，就会让孩子在经济和生活上长期依赖父母。另一方面，因为我国正在加快加速老龄化社会的进程，如果啃老族的现象没有得到有效的改善，那么，将会引发一系列的家庭问题，影响家庭的和谐。

其实，啃老族成员在成年后依然心安理得地接受父母的经济帮助的行为与他们的父母的教育方法与教育理念有很大关系。在孩子小的时候没有给孩子进行过财商教育，孩子不知道赚钱的辛苦，不知道父母在工作中也遇到了很多挫折和坎坷。他们只知道每当自己需要消费的时候，父母就会很爽快地从口袋里掏出一沓厚厚的人民币。面对孩子不恰当的消费理念和消费方式的时候，父母也没有做出及时的指导和纠正，这更加剧了孩子不知如何挣钱、不珍惜手中金钱的现象，他们渐渐养成了向父母伸手要钱的习惯。这些孩子在成年之后胜任不了工作，他们不知道怎样做才能给自己带来更多的财富，甚至可以说是不会挣钱。他们依靠父母的储蓄来买房子、买车，更有甚者还要依靠父母养育自己的孩子。有些青年人甚至把得到父母积蓄和其他资产的数量来当做是否赡养或怎样赡养父母的条件。这种现象真是让人心寒。

无论何时，做父母的都希望孩子能够开开心心、快快乐乐地过一生。父母不辞劳苦地把孩子养育成人，还要想着怎样赚取更多的财富，为孩子的美好生活保驾护航。可是父母们，你们是否能够意识到，当你们给孩子留下一份金钱，孩子的内心就多了一份懒惰，多了一份软弱。

如今的独生子女时代，父母对孩子的关爱是毫无保留的，他们往往舍不得让孩子忍受任何委屈，想尽一切办法让孩子过得开心一点，毫无节制地给孩子大量金钱，用金钱解决一些本来孩子通过努力可以解决的问题，以为这样就会让孩子生活得更加美好，殊不知这样做只能让孩子对于财富更加缺乏责任心，会在无形之中消磨孩子的斗志，最严重的就是会导致孩子过分依赖父母。父母们，你们是否认真想过，假如到了你们退休的时候还不得不为了孩子的经济问题而操心，那将会是一件多么让人头痛的事情。

如果父母在孩子小的时候没有及时对孩子进行财商教育，没有让孩子懂得如何理解金钱的意义、如何挣钱、如何攒钱、如何消费，那么，孩子在成年后的理财能力就会出奇地差。智商是一个人做事能力的表现，情商反映了做人的表现，而财商的高低表现的则是一个人理财能力的高低。如果孩子的财商低下，那么，不管他做事的能力多么出众，也不管他如何会做人，他也可能会贫穷一生。

财商的高低决定了孩子的一生是贫穷还是富有，如果为人父母者没有对孩子进行财商教育，那么，等待孩子的很可能就是穷困潦倒的生活。所以，父母们应该在孩子很小的时候就重视培养孩子的财商，而在培养孩子财商时还需要从以下几个方面做起：

1.让孩子对金钱有一个正确的认识

父母要让孩子明白，金钱可以帮助人们实现很多愿望，可以给人们的生活带来很大的便利。有了金钱，就可以买到很多自己想要的东西，金钱是人们生活幸福的重要条件。与此同时，父母还要注意不要让孩子盲日地崇拜金钱，要让孩子懂得，在这个世界上有很多东西用金钱是无法衡量的。例如亲情、友情、爱情等。有一些人虽然很有钱，但是他们并没有感觉到幸福，因为在他们的世界里满是尔虞我诈，满是钩心斗角。所以无论什么时候，也不要让金钱迷惑了孩子的眼睛，别让他们在现代社会中丢失了自己最初的纯真。

2.让孩子认识到赚钱的重要意义

任何梦想的实现，都离不开坚持不懈的奋斗和追求，要想让孩子变得富有，同样需要如此。父母首先要让孩子明白赚钱的重要性，要让孩子明白财富需要用自己的双手去争取，永远不要抱有侥幸心理，永远不要企图不劳而获。当然，这其中也包括不要永远无条件地、心安理得地从父母那里得到金钱。

父母要应该让孩子学会自力更生，让孩子明白只有自己会赚钱，才有可能过上富裕、舒适的生活，当孩子明白了这个道理的时候，如果他们再具有坚持不懈奋斗的精神，那么，我们有理由相信孩子将来会有一个富足的人生。

3.让孩子学会攒钱

现实生活中有这样一些人，虽然他们的收入比一般人要高一些，不过他们日常的消费行为却让人咋舌，这些人非常喜欢大肆挥霍，经常买一些少有人问津的奢侈品，他们喜欢从疯狂消费的过程中得到一种心理的满足。他们从来没有想过应该怎样分配自己的收入，当他们拿到薪水的时候，就像着了魔一样挥霍，甚至有一些人还会因自己不合理的消费而负债。

父母要让孩子明白，不管一个人多富有，只要他不善于攒钱，不知道去储蓄，那么总有一天会坐吃山空的。因此，要教育孩子把目光放长远一些，不要沉溺在眼前的享乐中。让孩子懂得攒钱的重要性，有时候虽然自己有一些小小的消费愿望不能实现，但是这种牺牲是为了自己在将来能够生活得更加美好，攒钱可以帮助孩子实现更加远大的生活目标。

4.让孩子学会消费

让孩子学会挣钱、攒钱和投资，并不是让他们变成守财奴。让孩子学会花钱也是很重要的一课。商家为了让消费者购买自己的产品，会想方设法吸引消费者的注意，通过各种各样的手段打动消费者，让他们购买产品。有时候孩子会经不住广告的诱惑，或是在盲从的情况下，购买一些实用性不太强的东西，甚至还会因为太过草率，顾不上检查商品而买到一些假冒伪劣的产品。

父母应该传授孩子一些消费活动中应该掌握的技巧，要教会孩子正确面对这个纷繁复杂的交易市场，让孩子用正确的态度、冷静的眼光看待各种各样的诱惑，真正做到科学合理地消费。

让孩子明白“君子爱财，取之有道”

毫无疑问，在生活中金钱有着非常强大的诱惑力，以其自身不可替代的特点成为许多人的追求。曾经有一段时间，人们以贫穷为荣，好像只有一个人身无分文、食不果腹，才能证明他优良的出身，不过在市场经济浪潮的冲击下，人们的观念产生了翻天覆地的变化。

很多人为了金钱不择手段，不惜出卖朋友和自己的良知，也许他们会得到一些财富，但是他们也必将因此丧失生命中非常宝贵的东西，他们将会因此变得更加孤独。

有一名记者要采访一位年轻的百万富翁，并让他介绍一下自己的成长经历和对他的人生之路影响最深的那个人。少年得志的富翁并没有急于回答记者的问题，他很认真地给记者讲述了下面这样一个故事：

在1919年之前的一座小城市里，有这样一个家庭，父亲是银行的一名非常普通的职员，每天都在重复着一成不变的工作，那时他的工资少得可怜，即便如此，他们还要节衣缩食，把一半的收入送给更加贫穷的叔叔，让他当做医药费。母亲经常给儿子说的一句话就是：“不管什么时候都不能把做人的骨气给丢了，有了骨气就有了一笔无形的财富！”

有一天，那座城市最大的百货商场里展出了一辆最新款的奔驰汽车，令人兴奋的是这辆汽车不是用来出售的，它将作为一个奖品送给买彩票中奖的幸运儿。一时间，这座城市没有了以往的宁静，取而代之的是人们的种种猜测，人们都想知道这辆汽车究竟会属于谁。

一天下午，商场里依然是人来人往、熙熙攘攘，当广播里开始呼叫爸爸的名字并且明确地告诉所有人这辆汽车已经属于他们家以后，他们依然不敢相信自己的耳朵。

可是父亲在一阵惊喜过后又变得脸色凝重起来，孩子不明白为什么父亲中奖以后就变得郁郁寡欢了，当他问母亲的时候，母亲意味深长地说道："儿子，不要闹，爸爸正在思索着一个有关道德的问题，我想不久之后就会有答案了。"

这时候儿子更加困惑了，他说道："妈妈，我不明白，难道我们通过买彩票中奖得来的汽车是不道德的吗？"

"可是这辆汽车根本就不应该属于我们，他是另外一个人的。"母亲看着儿子认真地答道。

"为什么要这样说，广播里明明说的就是父亲的名字啊？我实在搞不懂你们是怎么想的。"儿子怒气冲冲地嚷道。

看到儿子已经怒火中烧了，母亲把孩子拉到了自己的跟前，并把两张彩票给了他，让他仔细看看这两张彩票有什么区别。

孩子手中是两张号码连续的彩票，一张彩票的号码是957，另一张彩票的号码是958，中奖的正是后者。孩子看了好几遍才发现中奖的那张彩票上有一个用铅笔写的字母K。

母亲说："K代表的就是凯恩。"

"凯恩？是不是爸爸的那个领导呢？"儿子满脸狐疑地问道。

"是的，K代表的就是他。"母亲说道，接着她把事情的来龙去脉给儿子讲了一遍。

原来爸爸在买彩票之前曾经答应过凯恩，要替他买一张碰碰运气，凯恩说完之后就忙自己的事情了，根本没有把这种事情放在心上。为了区分，爸爸就把给凯恩买的那张彩票上写了一个字母，但是他万万没有想到中奖的就是那张彩票。

当妈妈把事情讲完以后，儿子沉思了片刻，然后接着说："凯恩家那么有钱，他们已经有很多汽车了，他们根本就不在乎这一辆汽车。”

“不要再吵了，爸爸知道应该怎么做。”母亲说道。

不久之后，爸爸就把那辆崭新的汽车开回家了。后来爸爸就拿起了电话，拨通了凯恩家的电话，把这个消息告诉了对方，接电话的是凯恩的妻子，当她听到这个消息后竟然忍不住大叫了起来。

很快，凯恩和妻子就来到了他们家，凯恩笑眯眯地给父亲留下了一盒雪茄，然后他们就开着崭新的汽车扬长而去了。

后来那个小男孩通过努力拥有了自己的第一辆小汽车，不过这时候他早已经成为一名十分有头脑的商人了。这时他才逐渐地体会到母亲的话的真正含义——“有了骨气就有了一笔无形的财富！”原来爸爸打电话的时候正是他们家最富有的时刻。

故事讲完了，那个接受记者采访的百万富翁就是当年那个懵懂无知的小男孩。富翁说从那时起他就隐约明白了，不能因为获取财富而丢掉人性中最美丽的部分。追求财富是每个人正常的心理，但是人们不应该丧失自己的良知和正直。当人们面对金钱的诱惑时，如果能够坚持做人的原则，说不定还会观赏到另一番美景。

父母应该让孩子明白“君子爱财，取之有道”的道理，并且时时警告自己，不属于自己的东西，永远不要伸手去拿。

父母应该知道的

父母要培养孩子正确的世界观和价值观，不能让孩子养成唯利是图的性格。历史上有很多人为了赚取金钱而不惜伤害自己的家人和朋友，他们为了金钱不择手段，有的甚至到了没有一点人性的地步。在他们的眼中只有金钱。

父母在培养孩子财商的时候，一定要让孩子记住，应该用正确的方法获取财富，那么，应该从哪些方面做起呢？以下几种方案，也许会对你有所帮助。

1.让孩子明白福祸就潜伏在金钱的身边

要让孩子明白，任何事物都具有两面性。每个人都拥有追求美好生活的权利，他们都渴望拥有大量的财富，这本来无可厚非。一般情况下，如果一个人拥有的金钱越多，他享受的物质生活就越丰富，他的心灵就越可能得到满足。同样道理，假如一个人还在为生计发愁的时候，他又何谈幸福和快乐呢？

通过不同方式获取的财富可以给人带来不同的感觉，如果一个人通过自己辛勤的双手挣来了很多金钱，那么，当他享用这些财富的时候，就会有一种前所未有的安全感、满足感和成就感。可是如果一个人通过不正当的手段获取了大量财富，那么，他就有可能整日提心吊胆，害怕东窗事发。因为一旦被发现的话，就有可能面临牢狱生活。

2.让孩子保持一颗平常心

父母应该让孩子在追求财富的路上拥有一颗平常心，当自己拥有大量财富的时候，不可为富不仁，不能有“炫富”的心理。如果自己在追求财富的路上遇到了一些挫折，也不应该灰心丧气。父母应该让孩子明白，胜败乃兵家常事，做生意的人也会有盈亏交替的时候。所以不管是左右逢源，顺风顺水，还是到了进退两难的尴尬境地，都应该平静地看待他们。保持快乐的心情是最重要的，万万不要让金钱左右了自己的心情。让孩子懂得应该“不以物喜，不以己悲”。

3.让孩子恪守求财之道

简单地说，人们的求财之道有三种，第一种是既合乎法律的规定，又合乎情理的；另一种是虽然法律没有明确禁止，但是这种做法却违背了社会公德；最后一种是既违背了法律的要求，又违背了社会公德。父母应该让孩子使用那些既合乎法律，又合乎社会公德的方法追求财富，对于后两者，家长要明确禁止孩子使用，尤其是最后一种。

虽然每个人都希望过上舒适的生活，但是追求财富是一个漫长的过程，在这个过程中，什么情况都有可能出现。任何事情都不可能一蹴而就，父母应该让孩子知道哪些钱可以赚，哪些钱无论如何都不能碰，要让孩子勇敢地对不义之财说“不”。要让孩子学会用理智来控制自己的感情，否则孩子在面临诱惑的时候，就很有可能由于一时冲动而铸成大错，给自己和家庭带来伤害。

我们经常可以在电视上看到一些通过偷税漏税、走私、收受贿赂而得到了大量钱财的人，这些人可能在某一个时期风光无限，享受无数人的羡慕，成为很多人追捧的对象，可是一旦东窗事发，等待他们的将是法律的制裁。到那时，再怎么后悔，也不能弥补自己的过失了。

帮助孩子树立正确的金钱观

有人说，这是一个没有信仰的时代，因为没有信仰，所以一切标准和原则都有被打破的可能。人们对于金钱的认识也同样如此。

每个人都有对金钱的渴望，孩子当然也不例外。当被人问及将来的理想时，很多孩子都说自己想当企业家，因为那些人的手里拥有大量的金钱，这无疑能够满足很多人的虚荣心。但是父母要让孩子明白，人生的追求不仅仅是为了金钱，除了金钱还有很多值得我们去追求的东西。如果孩子把所有的目光都放在了金钱上，就很容易养成拜金的性格，这对孩子的发展很不利。

父母要向孩子说明，虽然你们希望孩子在将来拥有很多财富，但是这并不意味着要让他（她）成为一个拜金主义者。毕竟金钱有其自身的特点，如果不小心对待的话，人们就会为其所累。

要教育孩子做金钱的主人，让金钱为自己服务。而不是把金钱当做一个遥不可及的神明来顶礼膜拜。很多人终其一生都在为了拥有财富而不停奋斗，可是到最后他们依然过着平淡的生活，命运没有因为他多流了一滴汗水而格外眷顾他。之所以出现这种情况，就是因为他已经迷失了自我，成了金钱的奴隶。

要让孩子了解金钱的运转规律，当人们勤于思考的时候，就会加深对金钱的了解，就不会被眼前的假象所迷惑。

在孩子小的时候，如果做父母的失职没有帮助孩子树立正确的价值观和财富观，当这些孩子长大以后，受到社会上不良风气的影响，就会导致思想观念的重大转变，这是拜金男女出现的重要原因。

不难想象，假如孩子长大后成了拜金主义者中的一员，他们做一切事情的出发点就是为了得到更多的金钱。绝大多数的人都不愿意和这样的拜金者相处，因此他们在无形之中就会丢失很多朋友，即使他们有一些所谓的朋友，也都是一些相互利用，借以谋取更多经济利益的人，孩子在这样的生活环境中，会变得更加孤独。即使有再多的金钱，他们的生活也没有幸福可言。

由此可见，能否帮助孩子树立一个正确的金钱观非常重要，别让孩子沦为金钱的奴隶。只要我们稍微留心一下，就很容易发现，很多富翁不仅精通谋财之道，还能保持自己和金钱之间的距离，他们并没有为自己的财富所累。

比尔·盖茨创造了一个世界性的财富神话。他曾在1995～2007年的《福布斯》富豪榜中蝉联13次世界首富。由于盖茨的年纪越来越大，很多人都对他将来分配财富的方案做出了种种猜测，不过盖茨的决定却出乎所有人的意料。2008年6月27日，盖茨宣布正式退休，并决定把自己的绝大部分财产捐赠给慈善事业，而他留给孩子的资产还远不足他的资产的一个小小的零头。

盖茨的教育理念可谓是比较超前的，他没有如人们想象中的那样把全部资产留给孩子，同时他也深深地明白如果一味地以积累财富为目标，将会把自己搞得十分疲惫。金钱的最佳用处是帮助别人，而不是一味地让某一个或几个人过上奢华的生活。

如果一个人为了个人私欲而不择手段赚取财富的话，一定会被所有人所不齿，甚至是唾弃。相反，如果一个人聚集了大量的财富以后选择帮助别人的话，一定会得到很多人的赞赏。

曾经有一首歌的歌词是这样的：“是谁制造了钞票，让它在世上称霸道，有人为你卖儿卖女，有人为你坐狱牢……钱哪，你这杀人不见血的刀。”现在看来，歌词的作者未免有些偏激了，毕竟金钱只是人们用来进行经济交往的一个工具而已，其本身并没有善恶之分。关键是人们面对金钱的时候应该持一种什么样的态度。

有人用金钱帮助贫困山区的孩子建造希望小学，有人为了得到金钱加入拐卖儿童的队伍中；有人用金钱帮助那些急需手术费的重病困难儿童，也有人为了牟取暴利，不惜制造假冒伪劣产品危害民众的身体健康……

如果人们面对金钱的时候不丧失做人的基本准则，用合法、合理的方式获取自己想要的财富，然后再把这些钱用到最需要的地方，那么，他就是一位成功者。毫无疑问，金钱可能会发挥什么样的作用，关键在于拥有它的人是否拥有正确的金钱观。

父母应该知道的

不管到什么时候，父母一定要让孩子谨记，一个人想要拥有金钱并没有错，关键是不能把追求金钱的多少当做自己人生的唯一目标。还要让孩子明白，假如以后拥有了大量的财富，也不能一味地只顾个人的享受，还应该向其他人伸出自己温暖的双手，帮助他们渡过难关。父母在帮助孩子树立正确的金钱观时，应该注意以下几点。

1.不要小看拜金游戏对孩子的影响

由于生活环境的转变，现在的孩子从很小的时候就见证了父母参与的很多经济活动，和以前的孩子相比，他们显得有些早熟，其中一些孩子对金钱的敏感程度让很多家长出乎意料。

据说，有一位幼儿园小班的老师在让孩子识别数字的时候遇到了麻烦，不管她重复多少遍，有一名小男孩就是无法区分10和1的区别，可是当老师从口袋中拿出来一张10元的纸币和一张1元的纸币作为教学道具的时候，老师还没有开口，小男孩就已经用他稚嫩的嗓音高呼着“一张10元的，一张1元的”。孩子的表现让老师大为吃惊，小小年纪竟然对金钱如此敏感。

如果父母们认为对上面的那种现象还不必太过在意的话，下面的这个事例一定会让你大吃一惊。

现在有很多小朋友都喜欢玩这样一个小游戏。很多小朋友买来一些仿真的“袖珍钞票”或者是自制“钞票”，他们用这种钞票来“雇佣”别的孩子为自己做事，在这个过程中他们往往表现得比较阔绰，一出手就是“几十万”，别的小朋友得到“佣金”以后就会卖力地“工作”，这种角色的扮演者将会根据玩家的意愿来不时改变。

在这个过程中，孩子会不自然地萌发出一种意识，只要拥有足够的金钱，那么，无论什么样的愿望都会实现，他们会享受自己随意支配金钱的快感。长此以往，孩子就会滋生拜金主义的思想，给身心健康带来不良影响。

父母们一定要杜绝孩子参与这种不良游戏，要用科学的方法让孩子学会正确支配金钱，别让不良游戏钻了空子。

2.不要纵容孩子的不合理消费

据一项可靠的调查表明，在很多家庭中，孩子的支出已经占到了整个家庭支出的绝大部分。而其中很多消费数额原本可以缩减的。

由于学校要求学生在校期间必须穿校服，所以很多孩子把自己的消费重点就放在了对鞋子的购买上。据说有一名中学生不想穿妈妈给他买的新鞋，理由就是自己的同桌刚买了一双价格七百多元的耐克。妈妈得知这一情况后二话没说，拉着儿子就到商场买了一双九百多元的鞋子，这次儿子变得喜笑颜开了。这种现象在如今的中学生中有不同程度的表现，这些孩子盲目地追求名牌，他们根本就不考虑家庭的承受能力。

如果孩子提出了一些不合理的消费要求，父母能够及时地进行回绝，并且心平气和地给孩子讲述拒绝的原因，那么，孩子在以后的消费中就会自觉地收敛。可是，实际上很多父母舍不得让孩子受半点委屈，只要孩子随便一说，就会立刻给孩子买下他们想要的商品。所以才出现了很多孩子在消费的时候显得有些“败家”的现象，父母在以后的生活中一定要学着拒绝孩子的要求，减少或者杜绝这种现象的产生。

3.不失时机地对孩子进行金钱观的教育

让孩子树立一个正确的金钱观是一个长期的过程，如果一味地向孩子灌输理论，势必会引起孩子的反感。父母们要善于抓住生活中各种鲜明的事例，及时对孩子进行金钱观的教育。例如当看到媒体上报道有人因为贪污腐败或是盗窃、欺诈而被逮捕的时候，就要向孩子讲明这其中的深层原因。如果上街的时候看到有些小朋友花钱大手大脚，也要让孩子明白，这样做是不对的。

如果父母们能够结合具体的事例进行教育，相信会收到很好的效果。

让孩子明白家里的钱是怎么挣来的

生存是非常残酷的，生活中的各个方面都充满了竞争，人们要想收获自己想要的东西，就不得不付出努力。

事实上，很多孩子都不知道金钱是从哪里来的。当他们有了购买的欲望时，父母就会从口袋里拿出钞票帮他们买下自己心仪的玩具、食品等，他们只知道有了钱就可以买到很多好东西，却从来不思考父母为什么会有那些钱。

曾经有一位小学一年级的老师给学生提出了这样一个问题："同学们，你们知道钱是从哪里来的吗？"

这时孩子们就开始嚷嚷了，有的说钱是从爸爸的钱包里拿出来的，有的说钱是从家里的抽屉里拿出来的。只有极少数的孩子说金钱是爸爸妈妈上班挣来的。

到后来班上的气氛越来越活跃，有的学生说"做生意可以挣到很多钱"，"抢劫也可以得到很多钱"，"还有，我还知道骗人可以得到很多钱"，"做小偷可以偷到很多钱"等。老师无论如何也没有想到，孩子们竟然会给出这样的答案。

这种现象不得不让人深思，让孩子知道金钱的来源是一个非常重要的问题了。做父母的一定要让孩子知道，金钱是爸爸妈妈通过辛苦的工作赚来的。如果做父母的没有让孩子意识到这一点的话，孩子就会以为爸爸妈妈那里有用不完的钱，可以随便花。好像爸爸妈妈是一个神奇的魔术师，只要把那个小小的卡片插进银行的自动取款机，就会从里面吐出来无穷无尽的钱。这样下去将不利于孩子身心的健康成长，他们会养成无度地向父母索取的习惯，体会不到父母的辛苦，也不知道应该回报父母。

经常有家长抱怨现在的孩子花钱总是大手大脚，甚至已经到了“败家”的地步。究其原因，就是孩子不知道父母的钱是从哪里来的，他们把爸爸妈妈当成了永久的存钱罐。

曾经的李先生衣着光鲜，家境殷实，是很多朋友心目中的少年得志的典范。可是由于受经济危机的影响，他的大部分资产打了水漂。他和妻子被繁重的债务压得喘不过来气。可是有一天，儿子却突然找到爸爸，要爸爸给自己500元钱用于给好朋友庆祝生日，儿子选择的地点就是本市最豪华的歌厅。

李先生被儿子的话给吓到了，他万万没有想到读小学的儿子竟然要到歌厅里给好朋友庆生。如果在以前的话，可能李先生会毫不犹豫把钱塞给他，可是最近他们的确很拮据，他思考了片刻，然后很认真地说：“宝贝，爸爸的公司在经营中出现了很大的问题，很多客户已经决定不再和我们继续合作了。我们拿不出这么多钱给你的好朋友庆祝生日了，即使要庆祝生日的话，也不用去那么高档的地方啊，再说那里不适合你们消费，毕竟那是一个成年人的消费场所。”

“我不管，我不管，我又没给你多要，只是500元而已，你怎么那么小气？”儿子丝毫不考虑爸爸的感受，还在纠缠着让爸爸拿出给同学过生日的钱。

看到儿子的无理取闹之后，李先生才意识到自己的疏忽，以前他总是一味地满足孩子各种各样的要求，从来没有意识到要对孩子进行理财教育，以至于孩子根本就不理会爸爸妈妈现在的处境。

孩子之所以出现花钱大手大脚的现象，就是因为他们不知道金钱来之不易，他们不懂得应该去珍惜父母的劳动成果，也不知道在父母保护下的自己是多么幸福。

所以，父母们应该意识到，让孩子知道金钱是怎么来的是一件很重要的事，并且在向孩子讲解金钱的来历时，一定要结合身边和孩子关系比较密切的小事，这样不仅能引发孩子的兴趣，还能加深孩子对金钱问题的理解程度。

亮亮的爸爸妈妈共同经营着一家水果店，夫妻两个很重视对孩子财商的培养。眼看着亮亮就要上幼儿园了，爸爸决定带着亮亮去交学费。

被好奇心左右的亮亮用稚嫩的声音问爸爸："爸爸，去幼儿园为什么要交那么多钱啊？"

看着儿子渴望知识的眼睛，爸爸开口说道："因为幼儿园的老师付出了劳动，所以幼儿园要给他们支付工资，除此之外，幼儿园还要给小朋友们买玩具、买饮料等，这些都需要很多钱。否则的话，幼儿园的各项工作就不能正常开展。我和妈妈也是通过自己的劳动才得到了金钱的。假如一个成年人不想付出自己的劳动的话，那么，他就得不到金钱，就不得不过着贫穷的生活。"

亮亮的爸爸很聪明，他能够及时地抓住有利时机对孩子进行教育，让他知道父母的钱不是凭空而来。孩子在这个过程中明白了交钱才能上幼儿园的原因，也明白了要想得到金钱，就必须付出劳动。

让孩子知道金钱的来源是每一位家长的必修课，不管你的家庭是富裕还是贫穷，都应该让孩子明白，只有通过辛勤的劳动才能获得财富。

否则，孩子长大以后的理财能力就会非常差，即使做父母的给孩子留下了大量的财富，也会被他们在很短的时间内挥霍一空。

要让孩子知道金钱的来源，并让孩子懂得珍惜父母的劳动成果，就要从以下几个方面做起：

1.恰当地延长满足孩子要求的过程

在孩子的成长过程中，必然会有很多购买的欲望，当孩子提出自己的要求时，不要立即兑现。这时候可以告诉孩子，目前还不能帮他实现这个梦想，因为自己还要努力工作攒钱。这样一来孩子就会懂得原来父母口袋里的钱并不是想什么时候取，什么时候就会有的。金钱是父母努力工作后才得来的。

曾经有一个小男孩对弹钢琴萌发了强烈的兴趣，因此他缠着妈妈给他报了钢琴辅导班。当他得知参加培训的小朋友都有自己的钢琴时，他告诉妈妈自己也想要一架钢琴。小男孩的母亲很聪明，她没有立刻满足孩子的要求。

后来，当母亲发现儿子已经深深地爱上了音乐之后，才决定为他买一架钢琴。不过她却对孩子说："宝贝儿，买一架钢琴需要很多钱，妈妈现在还没有这个能力，我得努力工攒钱，等到有了足够多的钱时才能给你买，所以你现在不得不等一段时间。"

不知不觉，半年已经过去了，儿子一直记着母亲的承诺。当他再次向母亲提及此事的时候，母亲说道："实在对不起啊，宝贝儿，那架钢琴实在是太贵了，我还没有攒够钱呢？再过一段时间吧，到时候妈妈一定给你买！"

又过了几个月，妈妈知道应该兑现给儿子的承诺了，她从银行取出了两万多元的现金，并且让工作人员把那些钱全部换成10元的。当母亲把一大堆钱摆在儿子面前的时候，儿子大吃一惊，那时候他才意识到，

原来买一架钢琴需要这么多钱。

从那以后，孩子明显变得比以前懂事多了，他不像从前那样动不动就乱买东西了。

2.让孩子感受一下自己的工作环境

在孩子的眼中，爸爸妈妈每天会在一声道别之后去工作，每个月爸爸妈妈都会拿回在孩子看来很丰厚的工资。这时孩子只把目光聚焦在“钞票”上，他们对“工资”这个词汇只有模糊的认识，而不能理解它蕴含的真正意义。很多孩子都忽略了爸爸妈妈在这个过程中付出的辛勤劳动。

有一天，玲玲要妈妈给他买一部价值500元的MP4，她的理由是同桌琳琳的妈妈刚给琳琳买了一部很漂亮的MP4。看着琳琳听音乐时陶醉的表情，自己别提有多羡慕了。可是妈妈觉得对于玲玲来说，MP4还不是一件必需品，根本就没有购买的必要。

妈妈并没有明确地拒绝女儿的要求，她让丈夫带着女儿来到了自己打工的工厂。因为自己的劳动强度特别大，每天都会特别累。当女儿在爸爸的陪同下看到妈妈工作的情景时，女儿开始变得沉默了。

爸爸跟女儿说：“你看妈妈工作多累啊，她一个月才挣1000元，可是你张口就要拿500元买一部MP4，这已经是妈妈半个月的工资了，妈妈要干多少活才能让你买一部MP4啊？”

“爸爸，我错了，我不应该和同学攀比。”懂事的女儿抽噎着说道。

3.让孩子看看体力工作者的生活

家长不妨让孩子多观察一下体力工作者的生活，让孩子看一看建筑工地上的工人是怎样工作的。那些工人虽然每天天不亮就要起床做一些超负荷的工作，可是他们的待遇却非常低，一个月的工资很有限。他们非常节俭，从来不会乱花钱买东西。当孩子知道那些人的生活情景的时候，他们就能够体会到赚钱真的是一件非常辛苦的事情，就能更真切地体会到父母的艰辛了。

4.让孩子对刷卡消费有一个正确的认识

刷卡消费给现代人的生活带来了很大的方便，人们上街购物的时候再也不用带着大量的现金了。可是刷卡消费会让孩子在消费的时候更加肆无忌惮，因为他们觉得卡里面一定有用不完的金钱，他们意识不到在消费的时候，卡里的金钱数额在急剧地减小。

所以，在刷卡消费的时候，父母要让孩子明白，刷卡只是在使用自己预先存进银行的钱，这和现金给付是没有本质区别的。在消费的时候卡里的钱就会相应减少，另外还要让孩子明白，银行卡并不是免费使用的，银行每年都会自动扣除一定的费用。当孩子明白这些的时候，就会珍惜银行卡里的钱了。

常见的财商教育误区

我们不得不承认，现在的孩子在理财上出现的问题越来越多。当然，很多家长都认识到了提高孩子财商的重要性，他们开始有意识地培养孩子的财商，但是培养孩子的财商是一个循序渐进的过程，千万不要操之过急，须知欲速则不达。同时，在培养孩子的财商时，家长还要采取科学的方法，否则，孩子的财商不仅不会得到有效的提高，还会下降。

李女士的儿子已经上小学三年级了，她从一开始就很关注孩子的财商。为了不让孩子养成拜金主义的性格特点，她拒绝让孩子接触金钱。上幼儿园的时候，儿子的玩具、零食、学习用品、衣服等都是由李女士一手操办的，孩子从来没有体验过花钱是一种什么样的感觉。他对金钱的态度非常冷淡。刚开始的时候，李女士还以为自己的教育方法得当而感到异常兴奋。

随着时间的流逝，李女士终于意识到问题的严重性了，因为上小学三年级的儿子在面对金钱的时候依然很冷漠，他现在都不知道该如何使用金钱。有一次学校组织郊游，李女士给儿子的口袋塞进了20元钱，可是儿子却一直推搡着不想要。在李女士的再三劝说下，儿子答应了把这些钱带在身上，可是当儿子结束了郊游活动回到家的时候，那20元他竟然分文未动，而别的孩子在郊游的时候纷纷买回了自己喜欢的小商品。还有一次，李女士把用来做过年的红包的钱散落在了地板上，可是孩子竟然对那些10元、20元的纸币毫不在意，来来回回地在上面踏了好几遍。

李女士完全没有想到，自己的教育方法竟然会适得其反，以前的她为了不让孩子养成大手大脚花钱的习惯，才不让孩子接触金钱。现在的李女士正在为担心孩子不会花钱而感到苦恼。

其实，不恰当的财商教育方法会导致很多问题的出现。下面这个小女孩身上的问题表现得更加突出。

有多年的教学经验的张老师，是一位很有威信的班主任。让她感到头痛的是从三个月前开始，班里出现了一位小小的“购物狂”。

张老师本来不想接手这个新班级了，可是由于工作需要，她不得不勉为其难当上了这个班级的班主任。有一次，张老师偶然发现一个扎着小辫子的小女孩在课间的时候从小卖部买回了很多零食。张老师感到非常奇怪，以一个小女孩的食量，根本就吃不了那么多。从那以后，张老师就开始注意那个小姑娘，每天下午放学后，小姑娘的课桌里总会剩下一大堆的新买的东西，其中不仅有各种各样的零食，还有一些花里胡哨的玩具、文具等。可以看出来，有很多东西小女孩还没有来得及拆封。

张老师经过调查后得知，班里的学生都把这个小女孩称作“购物狂”。因为只要一下课，小女孩就会以迅雷不及掩耳之势迅速跑到小卖部，不久就会抱着一大堆东西心满意足地回到教室。张老师曾经多次批评了这个小姑娘，可是小姑娘却依然我行我素。

后来，张老师开始和女孩的父母进行沟通，这时张老师终于知道了孩子出现这种情况的根本原因。

原来，小女孩来自一个“重组”家庭。虽然继母对孩子很好，但是爸爸总觉得亏欠女儿太多，所以他就尽量在物质上满足孩子的要求，虽然他们没有统计过给孩子的零用钱的数量，但是女孩的爸爸说每个月肯定不会少于700元。在父母的意识中，孩子花钱并不是什么大不了的问题，只要孩子不逃学，不跟一些不三不四的人混在一起，他们就感到很

高兴了。

后来，张老师多次找到小女孩谈心。小女孩看着老师真诚的眼神，终于忍不住掉下眼泪。她说因为自己的成绩不好，自己的爸爸妈妈又离婚了，所以她总感觉同学们都看不起她，不喜欢和她在一起。可是每当她抱着一大堆东西走进教室的时候，所有的人都会向她投来羡慕的目光，所以她渐渐地喜欢上了购物。另外，最重要的是爸爸总会源源不断地给她提供零用钱，所以她有了更大的支配权，这让她感到很兴奋。

上面两个事例分别代表了两种不同的财商教育理念。李女士为了不让孩子养成拜金主义的性格特点，拒绝让孩子接触金钱，从而导致了孩子对于金钱没有任何感觉。而后面的那个小女孩的爸爸为了补偿孩子精神上的亏欠，没有节制地给孩子提供大量的零用钱，最终导致孩子成了一个小小的“购物狂”。

毋庸置疑，不管出现了上述的哪种现象，都不利于孩子的健康成长，而这些问题出现的根源，就是家长对孩子的财商教育采取了错误的方法，或者说根本就没有意识到要对孩子进行财商教育。假如孩子这样发展下去，不仅会对自身不利，而且也会给身边的人带来不良影响。

父母应该知道的

关于对孩子的财商教育，很多父母都存在误区，无论是不让孩子接触金钱，还是放手任由孩子花钱，都不利于孩子树立正确的金钱观，同时也不利于孩子的健康成长。所以，对于以下几个理财商教育的误区，父母们一定要规避。

1.对财商教育异乎寻常的“追捧”

有一些家长似乎总是站在时代的最前列，在如何教育孩子的问题上，他们有自己的一套理论。因此他们也很重视对孩子进行财商教育，这些家长很早就对孩子灌输赚钱的重要意义、怎样赚钱等。

他们用金钱来与孩子的学习成绩挂钩，当孩子取得了较好的成绩时，家长就会拿出很多钱来鼓励孩子。在这个过程中，家长忽视了要对孩子进行理财教育，长期下去，孩子就开始用金钱作为衡量一切的唯一标准，这样下去很容易让孩子养成拜金主义的性格。

有一个刚刚两岁的小男孩，由于家长采用了不正确的财商教育方法，孩子对金钱的占有欲望特别强，他甚至开始用金钱的多少来衡量别人对自己的关爱程度。据说，在收到压岁钱的时候，他会偷偷地转过身去，先看看别人给了自己多少钱。如果对方的红包里装的是二百元，小家伙就会立刻转身鞠躬两次；如果对方给了一百元的话，他就只鞠躬一次。

家长需要注意的是，如果在对孩子进行财商教育的时候过于注重让孩子追求金钱，就有可能让孩子成为一个唯利是图的人，所以一定要及时抛弃这种错误的教育方式。

2.没有节制地给孩子提供零用钱

现在的生活条件好了，很多家长都会给孩子大量的零用钱。于是孩子手中零用钱的数目水涨船高。可是家长却忘了要让孩子学会正确使用零用钱。毕竟孩子的自控能力还很弱，当他们手中的钱大幅度增多的时候，他们的消费欲望也会随之无限度地膨胀。因此很多孩子都有乱消费、高消费的习惯。所以在给孩子零用钱的时候，父母们一定要控制在一定的范围之内，不能因为自己的经济条件稍微好一些，就没有计划地给孩子提供过多的零用钱。这样做不仅不是爱他们，还会催生孩子很多不良的生活习惯，这是对孩子的人生不负责任的一种表现。

3.无条件满足孩子的各种需求

很多家长在日常生活中不愿意看到孩子生气的样子，因此不管孩子提出什么样的要求，都会无条件地满足。这种方法很不对，当父母这样做的时候，孩子就会以为父母的钱来得特别容易，不管自己想买什么都可以说出来。如果爸爸妈妈不想给自己买的话，只要自己发一下小脾气，他们很快就会就范，当家长这样做的时候，还怎么能够奢望孩子能够体会父母的辛苦，养成勤俭节约的好习惯呢？应该让孩子明白，并不是所有的要求都能够得到实现。父母应该让孩子懂得珍惜劳动成果。

4.没有必要培养孩子的财商

有些家长深受传统思想的影响，他们认为孩子的本职工作就是努力学习，根本就不需要对孩子进行财商教育。他们唯一的要求就是希望孩子能够好好学习，将来考取一所不错的大学，这样一来孩子必将有一个美好的将来。因此家长不惜倾其所有为孩子创造一切有利条件，可是，很多情况下，孩子并不能体会到父母的苦心。这些孩子过着衣来伸手、饭来张口的生活，等到长大后，他们的理财能力很差，一不小心就会沦为“月光族”。

如果你也秉承着这种教育思想，那么，肯定会对孩子的发展带来不良影响，要记得孩子的财商不是天生的，他需要一个后天的培养过程。父母应该明白，孩子的财商并不会随着年龄的增长而自发提高。要想让孩子拥有一个幸福美满的人生，必须及早对孩子进行财商教育。

让自己成为高财商的父母

一个人的为人处世方式在无形之中会受到他身边的人的影响，这是被无数事实证明的真理，我国有句古话叫做“近朱者赤，近墨者黑”，说的就是这个道理。对于孩子来说，对于他们理财能力影响最深的人，莫过于他们的父母。

曾经有人针对16岁以下的孩子做了一项小调查，内容就是“在你的消费习惯的形成过程中，谁给你带来的影响最深刻”，面对这个问题，有超过85%的孩子选择了父母。可是很多父母却没有意识到自己的消费习惯竟然会对孩子产生如此深远的影响。

毫无疑问，父母要想培养高财商的孩子，自己首先就应该成为一个高财商的人，只有自己成为一个高财商的人，自己的言行才更具有威信和说服力。不难想象，如果父母的财商很低，但是又试图通过自己的努力培养出一个高财商的孩子，这无异于天方夜谭。

孩子出生以后接触到的第一个环境就是家庭，父母的一言一行都会给孩子带来深远的影响。不管父母有没有意识到，孩子都在他们的言行中逐渐地领会着有关财商的知识。

和所有的女人一样，赵女士非常注重日常的护理，她还经常拉着几个好姐妹去美容院做保养，如果她自己不说出年龄的话，肯定没有人会相信她已经是一个10岁的孩子的妈妈了。

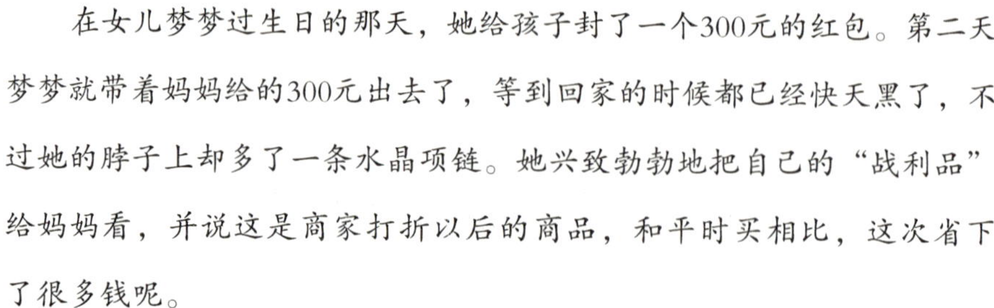

在女儿梦梦过生日的那天，她给孩子封了一个300元的红包。第二天梦梦就带着妈妈给的300元出去了，等到回家的时候都已经快天黑了，不过她的脖子上却多了一条水晶项链。她兴致勃勃地把自己的“战利品”给妈妈看，并说这是商家打折以后的商品，和平时买相比，这次省下了很多钱呢。

赵女士接过女儿手中的项链仔细看了又看，然后大声训斥：“这哪里是什么水晶项链？明明是玻璃做的！”接着赵女士就开始数落女儿，责备她不应该没有计划性地花钱，小小年纪竟然在一天之内就花去了300元，更让人无法忍受的是居然还买了假货。

女儿本来想让妈妈赞赏自己一番，可是不料想遭到了妈妈的责备，她没想到在过生日的时候妈妈还会训斥她。于是梦梦用一种说不清楚是委屈、不满、还是愤怒的情绪开始反驳妈妈，她说道：“我只不过是花了你给我的红包而已，这才只是300元，你就这样责备我！可是你上次不也是花了1000多元买了一副假冒的白金耳坠吗？和你花的钱相比，我的已经很少了，你凭什么一直这样说我啊？你花钱的时候更加大手大脚！”

面对女儿的反驳，赵女士一时哑口无言，她不知道自己应该用怎样的方式和女儿交流了。女儿说得很对，既然自己花钱的时候都是大手大脚的，又有什么资格去教育别人呢？

孩子的理财能力不强，和父母有很大的关系，有的家长忽视了孩子的财商培养，所以他们的孩子理财能力很差。可是还有另外一小部分家长，虽然开始注意培养了孩子的财商，但是孩子的财商却总也不见提高，究其原因，就是家长的理财能力不强。

21世纪是一个信息爆炸的时代，各种各样的资讯铺天盖地而来，广告业也得到了长足的发展。商家为了谋取利润，不断翻新产品的花样，他们的促销手段也越来越多元化。不断地吸引人们的眼球。尤其是一些电视购物的广告，更是把自己的商品吹嘘得天花乱坠，并且一再宣称已经降到了“跳楼价”，很多商店门前的海报上永远写着“房租到期，最后三天”、“挥泪大甩卖”等。

在这样的广告效应下，很多人往往会无法抵御诱惑，买了一些自己原本并不急需的商品，或是用很多钱买一些所谓降价的“钻石项链”、“高科技手机”等。殊不知，这些人的这种消费行为会在无形中给孩子带来很大的影响，就像上文中的赵女士一样，当她试图改变女儿花钱大手大脚的问题时，不料却遭到女儿的反驳。这时她就会有一种心虚的感觉，当然就无法教育好孩子了。

只有父母成为高财商的人，做孩子理财的榜样，那么，父母教育孩子的时候才会更加有威信和说服力，那样的话，才能让孩子的财商不断地提高。

要想培养出高财商的孩子，当务之急就是让自己变成高财商的父母。

1.父母要认识到拥有高财商的意义

人们关心的通常是那些和自身的利益有一定关系的事情，所以父母首先要认识到拥有高财商的重要意义，只有父母做到了这一点，才能有意识地去改变自己在理财方式上的不好的习惯，不断地提高自身的财

商，这样才能成为培养孩子财商的最好的老师。

2.父母要做到勤俭持家

当父母认识到财商的重要意义以后，就要把自身的改变落实到实际生活中来，千万不要光说不练。不管买什么东西，都不应该和他人进行盲目攀比，否则的话就会让自己的负担越来越重。很多家长有的盲目攀比的心理，当他们看到邻居买了哪种商品，而恰恰自己家也需要购置这种商品的时候，就暗暗下决心一定要买一件档次更高的，价格更贵的。试想既然家长都这样做了，我们还有什么资格要求孩子去勤俭节约呢？

3.父母要制订一个家庭消费计划表

父母在每个月的月初，都应该制订一个家庭消费计划表，把当月有可能需要买的东西列出来，再留下应急的金钱。父母在制订家庭消费计划表的时候，不妨让孩子也参与到讨论当中来，这样孩子对家庭消费就会有一个大致的了解，潜移默化地学到理财知识。既然已经制订了一个家庭消费的计划表，就要严格按照计划表来行事，谁也不能随意地超出计划。

4.家长应该有一个良好的储蓄习惯

家长应该有一个良好的储蓄习惯，每个月家长都要把自己的工资分成若干份。一部分用于家庭日常生活的开支，例如买米、买面的钱。另一部分用于处理好人际关系，例如同事或者朋友结婚生子的时候自己随份子的钱。最重要的一份就是用于储蓄的资金，这一部分钱不到万不得已的时候，千万不可以随便乱动。

5.父母应该用正确的途径获取财富

毫无疑问，在市场经济浪潮的影响下，人们有了更多谋取财富的方法。当然有一些在短期间就有可能取得巨大收获的方法，但是很多情况下他们从事的都是一些违法的活动，尽管如此，很多人还是抱着侥幸的心理加入这个队伍。即使有些人通过这种方法得到了一笔财富，但是他的内心也会备受煎熬，因为他不仅丢掉了生命中最宝贵的品质，更重要的是他们已经触犯了法律，父母用这种方法获取财富，无疑会给孩子带来严重的消极影响。

盖茨的父亲是怎样教育孩子的

比尔·盖茨用自己传奇的一生书写了一个史无前例的财富神话。他从一个普普通通的中产家庭的男孩，以迅雷不及掩耳之势成为世界首富，成为无数人追捧的偶像，更令人感到匪夷所思的是，在退休之际他竟然作出了将自己的全部资产悉数捐给慈善事业的决定，人们在惊诧之余还给予了盖茨很高的敬意。人们无不对这位具有传奇色彩的世界首富的生平有着极大的兴趣。无数人都希望能够从盖茨的成长经历中找到自己所需要的人生财富。

比尔·盖茨于1955年10月28日出生，父亲是西雅图的一名普普通通的律师，母亲是大学教师，比尔·盖茨还有两个姐姐。盖茨在小时候就表现出了不同于一般同龄人的聪明才智，盖茨曾经先后就读于西雅图的公立小学和私立的湖滨中学。中学时他已经发现了自己对软件有一种非常浓厚的兴趣，让很多人难以相信的是，在盖茨还是一个13岁的孩子时，他就已经开始了计算机编程。

后来，聪明的盖茨没有辜负父母的期望，他在1973年顺利地考入了很多人梦寐以求的大学——哈佛大学，在这里，他开始了自己的象牙塔之旅。可是接下来发生的事情让父母难以理解。他竟然放弃了自己的学业。并且真正开始了有关计算机的研究和开发。直到后来，他用自己敏锐的眼光和聪明的才智，终于成了一位名副其实的世界首富。

比尔·盖茨的父亲写了一本名为《参与生活》的书，在这本书中，盖茨的父亲用朴实的语言记录了孩子从一个普通人成长为世界首富的经过。和人们想象中的情形有些不同，父亲在教育盖茨的时候，并没有让孩子把追求金钱作为生活的终极目标。相比这些，父亲更在意的是让孩子成为一个极具人情味的人。在书中，老盖茨讲述了自己教育孩子的心得，他让孩子明白了不管到什么时候，人们生命中最重要的是并不是金钱，而是自己的家人、朋友以及为公众服务。

盖茨的父亲是聪明的，他知道应该怎样培养孩子，他也明白不管到什么时候，家人永远是一个人最大的财富。相比于社会上的一些钩心斗角和尔虞我诈，家人永远会站在自己的身后，默默地支持并且鼓励自己，培养孩子关爱、照顾自己的家人是一件十分重要的事情。

盖茨的父亲深信一个充满着温馨和谐氛围的家庭需要全体家庭成员的精心呵护与经营。为此，老盖茨为全家人订立了一个规矩，不管平时有多忙，全家人在周日的时候必须共进晚餐。当然，他们并不仅仅是为了在一起吃饭，更重要的增进家庭成员之间的感情交流，那时候全家人坐在一起其乐融融，晚饭之后全家人坐在一起谈天说地，讲述一下各自在生活中遇到的奇闻轶事，并且时不时地展开一些小小的讨论，让家庭成员能够更好地相互了解。

盖茨的父亲主张和孩子建立相互尊重的朋友式关系，毕竟每个家庭成员都有自己的特长，让孩子和父母成为朋友，就能够让彼此之间的交流在一种轻松愉悦的氛围中进行。对于现在大多数的家庭来说，这样的形式显得更加重要，因为很多孩子是独生子女，所以父母就更应该把孩子当做朋友来对待，只有这样做才有可能最大限度地减轻孩子的孤独感，最重要的是在这个过程中，孩子会逐渐体会到父母是他们终身的情感寄托。现实生活中很多父母忙于工作，因此对于孩子就疏于管理，他们也很少能够和孩子敞开心扉，进行交流。所以很多孩子只好以玩游戏

和看电视来排解自己烦闷的情绪了。

老盖茨在教育孩子珍惜家人的同时，也让孩子明白朋友的重要性。他让孩子明白朋友是自己人生中一笔非常重要的财富，人们可以在朋友身上学到很多东西。真正的朋友能够在你身处险境的时候拉你一把。后来盖茨果真与他孩提时代就已经成为朋友的保罗一起成立了微软公司，打开了财富之门。

当然，盖茨的父亲并没有忘记让孩子参加公益活动。盖茨的母亲经常参加一些公益性的活动，父亲也经常带着盖茨阅读一些有关公益事业的书籍。盖茨之所以在退休的时候选择将自己所有的资金全部捐献给慈善事业，和父母对他的教育有分不开的关系。

父母是孩子的第一任老师，父母在生活中对孩子进行言传身教，会给孩子的人生观，价值观以深远的影响。因此，要想教育出好孩子，就要首先做合格的父母，而一个人的品质教育显然是重中之重，有了良好的品质，就不愁没有财富。

父母应该知道的

每位家长都希望自己的孩子能够过上美满幸福的生活，谁也不想让自己的孩子成为一个一无所有的穷光蛋。所以很多家长就一味地鼓励孩子多挣钱，挣大钱，在这个过程中，孩子渐渐地把生命中一些最重要的事物给悄悄地弄丢了，这样岂不是得不偿失？

家长让孩子追求财富并没有错，盖茨父亲的教子方式告诉我们，还有一些更重要的东西是不能丢弃的，为了能让孩子在财富之路上更好地前行，父母要注意以下几点内容：

1.金钱不是最重要的东西

父母应该让孩子明白，赚钱的目的是为了生活得更加美好，但是人不能一直为了金钱而活着。如果一个人的眼中装满金钱的话，那么他就会逐渐变得冷漠、可悲，甚至是可怜，因为到那时就没有什么东西能够真正感动他，他也不会找到真正的幸福。所以父母应该让孩子关注一下金钱以外的东西，现实生活中，有很多人虽然没有太多的金钱，但是他们却生活得非常幸福。

2.让孩子体会到来自家庭的温暖

不管平时多忙，父母都要抽出一定的时间陪陪孩子。很多家长以为只要给孩子足够的零用钱就等于爱他们，可是不要忘了，孩子是一个活生生的人，他需要来自父母的关爱。金钱代替不了珍贵的亲情。如果长期下去的话，孩子和父母的关系肯定会越来越远，到那时候，会出现更多难以解决的问题。

3.让孩子多交一些朋友

父母应该鼓励孩子多交一些朋友，一个人的朋友越多，人际交往圈子越大，他为人处世的能力就越强，遇到困难的时候就能够得到更多的帮助。当然，父母应该让孩子明白，朋友之间的帮助是相互的，谁也没有权利只享受别人的帮助，自己却不付出。谁也不愿意和这样自私的人做朋友。

4.让孩子学会奉献

父母应该让孩子学会奉献，即使面对一些不认识的人，也应该怀着一颗慈爱的心来对待他们。平时多带孩子参加一些公益性的活动，让孩子拿出一部分零用钱捐给贫困地区的失学儿童等。父母要在实践活动中培养孩子的爱心，让他们体会到帮助别人给自己带来的快乐。

我们应该向李嘉诚学习什么

我国有句古话叫做：“王侯将相，宁有种乎？”这是对现实生活的一种巨大的不满和挑战。没有谁生来就是高贵的，也没有谁生来就是卑贱的。只要勇于拼搏和奋斗，命运始终掌握在自己的手中。同样，没有哪个人出生的时候就注定一生大富大贵，也没有谁一出生就注定了要一直贫贱下去。

是的，每个人的家庭背景都不一样，也许有些人出生在富豪之家，可是如果他没有接受良好的财商教育的话，那么他最终就会成为一个纨绔子弟，当父母不再有往日风采的时候，他不但帮不上忙，并且还有可能一如既往地挥霍，成为真正意义上的“败家子”。这种现象人们已经见怪不怪了。相反，如果一个穷人家的孩子有着良好的财商的话，那么，他就会想尽一切办法改变自己的命运，历史上那些白手起家的成功人士也并不少见。这些人不仅自己拥有很高的财商，同时他们也非常注重培养孩子的财商。下面就让我们一起看一看著名的华人企业家李嘉诚是怎样从一个穷小子摇身一变成为亚洲首富的吧。

李嘉诚于1928年7月29日出生在广东的一个书香门第，父亲是一位小学校长，他很重视对孩子的教育。李嘉诚的父亲很开明，他不仅让孩子学习传统文化科目，同时还注意培养孩子的金钱观。全国性的抗日战争爆发以后，为了拥有一个相对安全的生活环境，父亲带着全家辗转来到了香港，那时候李嘉诚刚刚11岁。

1940年，父亲患上肺病，可是由于拿不出昂贵的医药费，最终病逝了。那时候李嘉诚深切地体会到贫穷是一个让人感到耻辱的字眼。他在一遍遍地思考着，如果那时候家里有钱，母亲就不必为支付父亲昂贵的医药费发愁，父亲也许就不会那么早就去世。如果有钱，那么国家就不会受到外来者的侵略，全家人也不会背井离乡。

父亲去世后，李嘉诚就担负起了照顾母亲和妹妹的任务。后来他不得不离开自己深爱的学校，对于一个热爱学习的孩子来说，这是一种难以忍受的痛苦。但是他明白，自己最重要的任务是要挣钱养家，年纪轻轻的李嘉诚已经认识到了金钱的巨大威力。不过，他并没有因为想要赚钱而走上歧途，自己从小接受到的生活理念根本不允许他那样做，他也从来没有那种不正常的想法。李嘉诚立志要改变家庭贫穷的生活，离开学校后他毅然决然地投身到了荆棘丛生的商界，那时候的李嘉诚刚刚14岁，还是一个稚气未脱的孩子。

一开始，李嘉诚成了一家玩具制造厂的推销员，为了把工作做好，好强的李嘉诚每天都要强迫自己来回奔波16个小时。在工作中，李嘉诚表现出了自己所有的优点如聪明、踏实、有上进心。等到20岁的时候，李嘉诚已经被老板任命为玩具厂的经理了。

李嘉诚深深地懂得积累财富的重要意义，因此他在生活中十分节俭，有时候对自己竟然会达到吝啬的地步。除了必须的支出以外，他从来不舍得给自己买一件质量好点的新衣服。经过努力，他终于赚到了第一桶金，在1950年，他开办了长江塑胶厂，由于自己对玩具市场已经了如指掌，所以他的塑胶厂主要生产玩具，还有一些家庭用品。

直到这时李嘉诚依然没有放松对自己的要求，刚开始创业的时候，李嘉诚都分不清自己担任的究竟是什么职务。他一边管理工厂的日常事务，一边监督生产流程，还要去外边推销产品。一天下来四肢酸痛，为

了不耽误第二天的工作，他竟然在床头放了好几个闹钟。

我们不得不承认，李嘉诚的财商确实非常高，他始终知道自己最需要的东西是什么，他也知道应该通过什么样的途径来获得自己想要的东西。因此他才成了一个财富神话。

李嘉诚坦言，对自己影响最深的就是父亲，因为是父亲让他明白了，不管做什么事情都要专注，并且要付出百分之百的努力。李嘉诚不仅是一个孝顺的儿子，同时，他还是一位非常优秀的父亲。作为一名商人，李嘉诚深知财商的重要性，在对待子女的教育问题上，他更是一丝不苟，渴望把孩子打造成一流的商业奇才。事实证明，他的教育方式是非常成功的，他的两个儿子都表现出了过人的经商才能。

父母应该知道的

李嘉诚在教育孩子的问题上有一套属于自己的理论，那么，父母们，如果你们也想让你们孩子成为一个高财商的人，不妨借鉴以下几点内容：

1.培养孩子勤俭节约的品质

在很小的时候，李嘉诚就养成了勤俭节约的优良品质，后来，为了教育孩子，他更是处处以身作则。即使他拥有亿万资产的时候，他依然恪守着这个准则。在他的手腕上是一块产自日本的廉价手表，而他的西装也已经陪伴他许多年了，他不像其他人那样追求奢华的生活。他的住所还是几十年前的老房子。他要求孩子养成勤俭节约的好习惯，从来不放任孩子挥霍钱财。

李嘉诚鼓励孩子勤工俭学，很多人不理解李嘉诚的做法，他们觉得一个富翁这样对待自己和孩子，未免有些太过吝啬，可是李嘉诚认为勤俭节约在任何时候都不应该被丢弃。

2.教育孩子不要过分地在意个人得失

李嘉诚告诉孩子，刚开始踏上追逐梦想的路途的时候，最重要的是让自己的能力能够在短时间内得到有效的提升，不要太在意个人的得失，这时候只要全心全意地付出就足够了。要相信，总有一天付出与收获的天平会达到平衡。

3.重视孩子整体素质的提高

李嘉诚非常重视孩子整体素质的提高，他很早就开始对孩子进行财商教育。当孩子八九岁的时候，李嘉诚就让他参加公司的董事会。每次开会，他都会让孩子坐在事先准备好的椅子上，李嘉诚经常鼓励儿子要提出自己的疑问，不管孩子提出什么样的问题，他都会十分认真地做出解答。

李嘉诚把孩子送到了美国去留学，他说这样做不仅可以让孩子接触世界领先水平的科学技术，又让他们开阔了眼界。

4.教育孩子要诚信

据说当年李嘉诚为父亲找下葬的地方时，有两名男子欺负李嘉诚年纪幼小，决定把埋有他人尸骨的土地卖给李嘉诚。得知真相后，李嘉诚就转身离开了，在那之前他不知道世界上竟然有如此昧良心的生意人。他们连死人都想坑，这让李嘉诚感到十分震惊。

那件事给年轻的李嘉诚带来深远的影响，他告诫自己，不论在什么时候都要秉着诚信的原则做人，绝对不能出现欺诈顾客的现象。

李嘉诚以身作则，树立了非常好的诚信榜样，他在培养孩子的诚信品质时也丝毫不含糊。他说假如没有了诚信，那么，也就意味着生意走到了尽头。

5.不要贪图便宜，要为对方考虑

市场经济时代，很多人追求的是让利益最大化。人们在经济交往中更是煞费苦心地赚取更多的金钱。可是李嘉诚却告诉孩子，不要过度贪恋财富，在和别人进行经济往来的时候，要考虑到他人的利益，以达到双赢。他说只有这样做，才能让对方体会到合作的愉快，保持长久的合作关系，这样对双方都有好处。

6.让孩子学会做人

身为商界人士，必须学会与不同的人进行沟通和交流，在这一方面李嘉诚还是倾向于中国的传统文化。他曾说过这样的话："对于现代的经济管理学我们可以向西方国家学习，但是在做人这一方面，必须遵守中国的传统文化。"

是的，我国传统思想非常注重一个人内在品质的培养，主张谦逊、吃苦耐劳、隐忍等重要内容，这对于人的一生具有重大意义。

洛克菲勒家族是怎样教育孩子的

当今世界最富有的家族莫过于洛克菲勒家族了，掀开美国的历史书，洛克菲勒家族是一个永远无法绕过的话题。洛克菲勒王朝的创始人约翰·戴维森·洛克菲勒是地球上有史以来第一位亿万富翁。

约翰·戴维森·洛克菲勒1839年7月8日出生于纽约州哈得逊河畔的一个名叫扬基的小镇。他的母亲是一名虔诚的基督教徒，对于孩子的要求非常严格。他的父亲是一个善于冒险的人，父亲名叫威廉，人称“大个子比尔”，他喜欢游历四方，经营木材生意，有时候还会兜售能够医治百病的“仙药”。

除此之外，他还出卖土地、买卖毛皮、贩盐、推销杂货。父亲喜欢结交朋友，他有一些任性、倔强，又有一些以自我为中心。

洛克菲勒从父亲那里学到实用主义，同时他又在母亲的身上学会了勤劳、节俭、诚信、认真的优良品格，这些东西对洛克菲勒日后的发展产生了深远的影响。

有一次，洛克菲勒把自己积攒下来的50美元零用钱借给了附近的农民用，一年之后他得到了4美元的利息。

当他拿到利息的时候，他跑着告诉父亲，自己什么都没有做就赚取了4美元，可是自己帮助父亲在地里干一天活，累的筋疲力尽才能挣到0.3美元，这种挣钱方式太累了。

约翰·戴维森·洛克菲勒长大后创立了石油公司，他也是在这里赚到了第一桶金。可是约翰·戴维森·洛克菲勒对当时上流社会津津乐道一些奢华的娱乐项目没有任何兴趣，他把自己的资金投入到了铁路、煤矿、建筑等事业上，因此他的财富以前所未有的速度疯狂聚集起来。

约翰·戴维森·洛克菲勒热衷于公益事业，20世纪20年代他创立的洛克菲勒基金会已经成为世界上最大的慈善机构，一百五十多年来热衷慈善事业的优良作风一直在洛克菲勒的家族中延续着。1921年，洛克菲勒建立了北京协和医科大学，如今这所学校已经为中国培养了无数优秀的医学人才。

虽然洛克菲勒是有史以来第一位亿万富翁，但是他从来没有放任子女挥霍钱财，他的子女中有的成为副总统，有的当上了参议员，有的成为银行家。

他的孩子曾这样叙述爸爸对自己的教育模式："在我们很小的时候，爸爸每天只分给我们兄弟每人25美分，如果哪个人想得到更多的钱的话，他就必须付出更多的劳动。每个孩子都必须明确地记录下来自己的钱都花在了哪些地方。即使是从父亲这里得来的少数的钱，我们也没有完全意义上的支配权。因为我们必须将其中的10%用于慈善事业，再把10%存起来，然后才能支配剩下的80%的钱。"

现如今，洛克菲勒家族已经走过了一百五十多年的历史，从某种角度来说，他正是美国经济发展的一个缩影，我国有句话叫做"富不过三代"，可是现在洛克菲勒家族已经到了第六代，他们依然掌握着常人难以想象的巨额财富。

之所以出现这样的现象，和洛克菲勒家族的教育理念和教育方式有很大的关系，他们从孩子很小时就注重培养孩子的财商，因此才成就了这样一个财富神话。

现在就让我们一起走近洛克菲勒家族，看一看究竟是什么原因让这个家族长盛不衰，洛克菲勒家族对孩子的教育模式也许会给你带来启示。现在来对比一下我们的家长还需要向洛克菲勒家族学习哪些东西吧！

1.让孩子处处小心

在洛克菲勒很小的时候，爸爸就给他讲了那个著名的犹太人的故事。在故事中，年轻的父亲很喜欢和孩子一起玩耍，孩子最喜欢玩的游戏就是站在一段矮墙上，然后鼓足勇气往下跳，这时候父亲就会不失时机地把儿子接在手中。可是有一次，当孩子再从墙上往下跳的时候，父亲却没有像往常那样把孩子接在手中，孩子重重地摔在了地上。年幼的孩子不停地埋怨着父亲，可是父亲并没有上前扶孩子起来，等到孩子满脸泪痕，从地上爬起来的时候，爸爸跟他说，其实在这个世界上每个角落都塞满了危机，世界上还有一些人们看不到的阴暗面。所以不管在什么时候，面对什么样的人，都应该处处小心，时时小心，这样才能把外界对自己的伤害降到最低。

2.相信孩子的能力

洛克菲勒的爸爸给予了他足够的信任，爸爸从来没有用命令性的语言和洛克菲勒说话。当孩子遇到问题的时候，爸爸总是鼓励孩子自己想办法渡过难关，很少帮孩子出主意。爸爸总是鼓励洛克菲勒按照自己的想法做事。据说有一次洛克菲勒被骗走了100美元，当时他难过得要命，当他把这件事告诉爸爸以后，爸爸只是拍了拍他的肩膀说："宝贝儿，不要难过，我相信你会处理好这件事情的。"除此之外，爸爸没有说出任何责备孩子的话。

3.让孩子学会帮助他人

尽管洛克菲勒家族拥有的财富让所有人难以望其项背，但是这个家族里没有一个恣意挥霍财产的成员。之所以出现这样的局面，还要归功于约翰·洛克菲勒，他曾经给家族的其他成员说过这样的话："拥有大量的金钱并不代表他就是一个富有的人，如果一个富翁从心底感到快乐的话，那一定是因为他帮助了别人。说实话，按照我们现在的经济实力，如果我们全家不做任何事情的话，我们也不需要为生计发愁。可是，假如我们因为自己有无数的钱财就开始挥霍的话，不久之后我们一定会遭受到所有人的厌恶和唾弃。"

约翰·洛克菲勒还对孩子严格要求，从来不允许孩子乱花一分钱，他鼓励孩子把钱花在那些需要的地方，要学会帮助他人，让自己的钱财给他人也带来幸福和快乐。

约翰·洛克菲勒教育孩子要懂得赠予，刚开始的时候，他要求孩子把自己的零用钱中非常小的一部分赠予当地的各项公益事业。随着孩子年龄的增大，他们支配金钱的数额也开始变大，于是他们的胸怀和眼界也越来越大，后来约翰·洛克菲勒还创立了一个基金会，致力于帮助那些需要帮助的人。

4.让孩子在经验中吸取教训

有时候，单纯的说教可能会让孩子产生厌烦和抵触情绪，如果这时候父母保持沉默，让孩子在经验中吸取教训的话，就会加深孩子的理解和反思的程度。

据说，有一次约翰·洛克菲勒要带着孩子去郊外的山地爬山，他们还准备在那里住一晚上。临行前孩子显得特别兴奋，他把应该准备的东西都装进了背包里面。约翰·洛克菲勒帮儿子检查的时候却发现孩子带的衣服太薄，因为山里的气温要比外面低得多，但是约翰·洛克菲勒并没有急于向孩子说明情况，他只是象征性地让孩子确认一下自己是否准备好了。当他们到达目的地的时候，孩子才发现自己带的衣服根本无法抵御山里的低温。

这时候他跟爸爸说："我以为外面和山里的气温都一样，所以我带的衣服少了，下次再出去的话我一定先要看看当地的天气情况，然后再选择应该带哪些东西过去。"

很多时候，父母总是会包揽下全部事情，他们认为这样就是爱孩子。殊不知，这种爱对孩子今后的人生不会有好处。只有让孩子亲身体验了，孩子才能获得深刻的教训，从而懂得如何处理以后的事情。

第二章
别让金钱戕害了孩子的幸福

金钱是一把双刃剑，左侧是慷慨、幸福和安康，右侧是吝啬、诡计和囚笼。拥有金钱是一件好事，但是别因对金钱的过度渴求而变得贪婪，拥有财富本是为了提升幸福，如果让财富毁了孩子的幸福和前途，那就得不偿失了。所以，父母们要注意让孩子学会和金钱保持适当的距离。

让孩子体会一下“贫穷”的滋味

每当新学期到来之际，商场里的文具柜台也到了销售的黄金季节。各式各样的文具让孩子们感到眼花缭乱，随着一系列“天价”商品的刺激，在青少年为主要顾客的文具也出现了价格不菲的现象。一个文具盒将近一百元、一个名牌的双肩包要几百元、一部电子辞典就要花费近千元，不少文具的价格让人瞠目结舌。有人说，只要有卖家就会有买家，不管多贵的东西，总会有人喜欢。事实正是如此，很多孩子一进商场就把目光瞄准那些所谓的“名牌”商品。表现出了非某个“名牌”商品就不要的大义凛然的架势。

孩子之所以出现这样的消费现象，和商家的宣传有很大的关系。“女人和孩子的钱最好赚”——这几乎成了一条真理。于是很多商家在儿童用品上可谓煞费苦心，他们只有一个目的，那就是从父母们的口袋中掏出一张一张钞票。于是花样翻新的文具盒、可爱的卡通造型书包、藏在零食里的精致的小玩具、形形色色的小卡片诞生了，这些东西无疑对孩子有巨大的诱惑力。商家只想赚取金钱，却很少考虑这种消费方式会给孩子带来哪些不良影响，他们为孩子的高消费推波助澜。

不过，虽然商家对孩子高消费现象的出现有着不可推卸的责任，但是归根结底，对孩子的消费方式起到决定性作用的还是父母的教育观念和教育方法。

以前很多人被贫穷的生活吓怕了，他们再也不想过那种贫穷的日子了，于是一句叫做“再苦也不能苦孩子”的口号便应运而生。这句话曾经被大肆粉刷在街头巷尾，同时也时常被很多父母挂在嘴边，这句话也从侧面表明了要不惜一切代价让孩子在良好的环境下生活的决心。现如今，人们当然不会像从前那样忍饥挨饿了，可是人们又为这句话赋予了新的含义。很多孩子不顾自己的家庭条件，总是向父母提出一些无理的消费要求，父母为了不让孩子难过、受委屈，就会毫不犹豫地答应。按理来说，孩子在暑假当中应该好好地放松一下紧张的心情，为进入下学期做好充分的准备，可是在某些地区，暑假中的孩子过得也并不是很好。很多孩子都会选择在暑期由家人陪同外出旅游，可是近年来外出旅游已经成为很多孩子相互攀比的一个全新的项目。父母的初衷是为了开阔孩子的眼界，所以才带孩子在暑期游玩，可是现如今这已经演变成孩子旅游线路和家庭经济实力的比拼。那些旅游线路较远，景点门票比较贵的孩子往往有一种优越感，而那些旅游线路较近，景点门票价格较低的孩子会有一种莫名其妙的失落感。如果哪个孩子选择了出国旅游，那么，他无疑就会成为全班同学羡慕的对象。

很多人认为勤俭节约是工薪家庭的专利，那些家庭条件好的孩子就不必养成这样的习惯，因为那些富裕的家庭有着花不完的金钱，即使他们一直不工作，也不用担心会有饿肚子的危险。其实不然，在一些经济比较发达的国家，富翁对孩子的消费有着严格的管理，有时候会让人觉得他们有些“吝啬”。因为他们懂得，如果仅仅因为自己比较富有，就无条件地满足孩子的任何要求的话，孩子的上进心就会一点一点地被消磨掉，他们不知道金钱是来之不易的，因此就不会珍惜父母的劳动成果，任意挥霍。

一位年轻的爸爸马上就要迎来他的第二个孩子了，这一天他带着3岁的女儿陪着妻子来到一家医院做检查。当妻子进入诊疗室的时候，他和

女儿在大厅里默默地等候，不久女儿吵嚷着口渴，并且用渴望的眼神看着不远处的自动售货机。父亲已经明白了孩子的意思，但是他却接着装糊涂，起身向热水器走去，用一个免费纸杯为孩子接了一杯水。不是这位父亲买不起饮料，他是一家体育用品公司的主管，年薪高达几十万美元。

其实，在发达国家中，这样的现象有很多，虽然他们富裕起来了，但是却时时刻刻注意着培养孩子勤俭节约的品质。可是，截至目前，很多中国家长还没有认识到这一点的重要性，再加上现在的孩子大部分是独生子女，所以孩子身上承载了过多的关爱。只是这时候的关爱往往会在无形之中给孩子的成长带来不利的影响。

毫无疑问，每个人的成长都需要一番历练，如果孩子从小就过着富足的生活，不知道珍惜劳动成果，那么这样的孩子只会沉溺在父辈留下的财富当中。渐渐地，他们就会变得越来越平庸。

我国有句古话叫“穷人家的孩子早当家”，说的就是贫穷对一个孩子的成长所起到的重大作用。因为家境贫寒，所以这些孩子在消费的时候往往表现得更加理智，他们能够明确地区分哪些东西是生活必需的，哪些东西是自己想要，但是如果没有也不会给生活带来太大不便的。

父母应该知道的

无数事实已经证明，艰苦的生活条件能培养孩子多项优良的品质。每一位家长都应该明白，不论自己的经济条件如何，都应该让孩子从学会吃苦开始，培养他们独立的人格。父母要狠下心来让孩子真正体味一下“贫穷”的滋味，这将是孩子在成长道路上的一笔丰厚的财富。那么，让孩子体验“贫穷”的生活究竟有哪些好处呢？不妨看看以下几个方面：

1.困境让孩子体会生活的艰辛

一般情况下，富裕人家的孩子从小会受到更多的关爱和照顾，相对于一般家庭的孩子，他们不知道什么叫做“拮据”，也少有人告诉他们要勤俭节约。正由于他们遇到的挫折比较少，得不到应有的锻炼，所以他们的心理承受能力很弱。等到长大后，当他们面对困难的时候，往往比较容易打退堂鼓。而那些穷人家的孩子由于经历了种种磨难，所以他们应对挫折的能力就会更强。

贫穷或者困境会让孩子体会到生活的艰辛，会让他们明白生活并不是一帆风顺的，还会有各种各样的打击和灾难。当孩子通过贫穷体会到生活的艰辛的时候，他们就会变得越来越自信，等到再遇到困难和打击的时候，他们就可以从容地应对了。

2.贫穷让孩子更坚强

很多家长担心，如果让孩子体会贫穷的话，会消磨孩子的斗志和对生活的热情，其实不然，孩子在小时候经历贫穷的生活，不但不会消磨他的意志，还会变得更加坚强。艰苦的生活经历会成为孩子的一笔丰厚的财富，不断激励着他走向下一个成功。有很多人都是经历了困苦生活的磨砺，才逐渐变得强大起来。

我们所说的让孩子体味贫穷，并不是让他过衣不遮体、食不果腹的生活，只是让父母选择某一个时期让孩子体验一下就可以了。如果有条件的话，可以带着孩子深入一些比较偏远的山区，让孩子在那里生活几天，让孩子感受一些当地的同龄人是怎样学习和生活的。相信这样的活动会给孩子的心灵带来非常大的触动。孩子很可能会由此反思自己平时一些不良的消费习惯。

3.贫穷可以激发孩子成功的渴望

那些家境贫寒的人之所以能够做出一番成就，就是因为贫穷的生活激发了他们对于成功的渴望。经历过贫穷的孩子更渴望改变自己的命运，他们迫切地希望命运之神能够降临在自己的头上，所以他们一直都在默默地努力着，直到有一天自己摇身一变成为很多人羡慕的成功者。这就是为什么在同一家公司里，同时入职的员工中，那些来自农村的年轻人更容易成功。因为他们深深地懂得，只有用自己的双手才可以改变命运，机遇来临的时候，他们能够奋不顾身地抓住他们，于是戏剧性的事情就发生了，很多同时入职的同事依然在原来的职位上浑浑噩噩地度日，可是那个家境贫寒的年轻人已经步入公司的管理阶层了。

不要让孩子成为“小富翁”

过年的时候，长辈给未成年的孩子压岁钱是一个传统的风俗习惯。随着经济的发展，人们物质生活水平的提高，长辈给孩子的零用钱的数额也在不断变大。很多孩子在过年的时候都会得到几百元甚至几千元的压岁钱。毫无疑问，孩子会在过年的短短几天里，从囊中羞涩摇身一变成为一个名副其实的“小富翁”。

可是很多家长却从来不过问孩子的压岁钱花在哪里，加之孩子的消费观念很不成熟，于是就产生了一系列的问题。下面就让我们一起看看我们的“小富翁”都把钱用在什么地方了吧。

网吧是很多孩子的首选之地。

很多孩子不喜欢出去运动，也不喜欢结伴出去游玩，但是他们却对网络游戏有着近乎疯狂的执著。春节期间，很多孩子最常去的就是网吧，因为在家里的时候，爸爸妈妈总会以各种各样的理由约束孩子的上网时间。如果这时你去网吧看看的话，就会发现那里面经常是黑压压的一片了，绝大多数的孩子正在聚精会神地玩网络游戏。众所周知，玩网络游戏不仅要花费大量的精力，还要不停地往账户里面充钱，最后的赢家还是商家。

很多中学生对酒吧情有独钟。

春节期间，很多酒吧迎来了年轻的客人，很多中学生三五成群地来到充满时尚气息的酒吧。在昏暗的灯光下，一张张稚嫩的脸庞故作成熟，几个女孩模仿着成年女性的风情，而那些男孩子则不停地喷云吐雾，好像这样做就能让他们看起来更酷。而他们桌子上摆放的各种品牌的啤酒和红酒更让人眼花缭乱。孩子们之所以能够担负起这样高的消费，是因为他们的口袋里装满了长辈塞给的压岁钱。更有一些大胆的中学生，大年初一竟然不回家，硬是在酒吧呆了一晚上。

迪厅成了追逐时尚和动感一族学生的最爱。

由于迪厅本身所具有迷离的光线、张扬而放肆的氛围、热辣的舞蹈等特点，因此成了追逐时尚的年轻人的最爱。有一个留恋迪厅的孩子这样说道："在迪厅里我可以毫无顾忌地放松自己，平时上课的时候枯燥得要命，可是自己还得硬着头皮去学，毕竟还要承受这巨大的升学压力。好不容易熬到过年了，再说自己的手里也有钱了，当然要好好地放松一下。否则等到开学时就再也没有这种机会了。"

不得不承认，让孩子成为"小富翁"是一种很不明智的做法。因为他们没有经过劳动就轻而易举地得到了一笔财富，会使消费欲望急剧膨胀。同时，很多父母又不关心孩子如何运用这些金钱，孩子由于年龄还小，没有一个科学合理的消费观念。因此，当他们占有很多财富的时候，就容易养成乱花钱的毛病。这些孩子一味地追求高消费，他们马不停蹄地穿梭于网吧、酒吧、游戏厅等场所。还有一些孩子竟然花钱雇佣别的孩子为自己做作业。有些孩子已经沾染上了社会上的一些不良作风，小小年纪就开始利用压岁钱"行贿"。这些孩子或者给班干部送礼、或者给老师送礼，还有一些早熟的孩子竟然不惜花大量金钱给自己的"女朋友"买礼物。

一旦这些孩子没有足够的金钱，又不好意思再从父母那里索取的时候，他们就会萌生邪念。有的会去偷盗，有的则会拦截比自己小的孩子强行索取零花钱。这样下去得不到制止的话，很有可能导致孩子走上犯罪的道路。

如今的人们越来越富裕了，孩子的手中的钱也越来越多了。可是这并不是一件好事，一个孩子不需要太多的金钱，如果手中的钱过多的话，就会给他的发展带来不良影响。

据可靠的调查数据表明，目前我国大中城市里有80%的孩子过年的时候会收到1000元钱以上的压岁钱，有大约5%的孩子压岁钱超过了5000元。在这些孩子中竟然有85%的人表示自己会把压岁钱用于购物和请客，只有很少一部分的孩子表示自己会把钱存起来。

由此看来，孩子支配金钱的能力还非常差。所以家长要注意，千万不要让孩子成为“小富翁”。

让孩子不劳而获成为一个“小富翁”，是一件非常危险的事情，家长应该采取各种有效方法防止“小富翁”的出现，为了实现这个目标，家长一定要从多各方面做起。

1.不要给孩子太多的零用钱

在日常生活中，家长不要总是没有节制地给孩子提供大量的零用钱。零用钱会激起孩子的购买欲望，这已经是一个不争的事实，如果孩子手中的钱太少，他就会不自觉地克制自己的消费欲望。孩子手中的钱减少了，那些所谓的“小富翁”也就会消失不见了。

林林的爸爸经营着一家知名运动品牌的专卖店，每个月都有一笔丰

厚的收入。因此在对待孩子零用钱的问题上，他显得特别的大方，不像有些家长，当孩子的开销稍微大一点儿的时候就心疼得不得了。这位林先生总是担心孩子会受委屈，因此总是不停地给孩子零用钱。林林刚刚10岁，他每个星期至少会从爸爸那里得到300元的零用钱。刚开始的时候，300元足够林林用很长时间，可是后来，林林缩短了花掉手中的钱所需要的时间，他买的东西越来越多，不过他很快就会对刚买来的东西失去了兴趣。

2.让孩子正确地认识金钱

任何事物都有两面性，金钱同样如此。家长给孩子金钱的时候，一定要让孩子明白，不要一味地追求金钱，如果一个人拥有了太多的金钱，又缺少对金钱正确的认识时，就很容易为其所累。金钱往往会迷惑人的眼睛，让人误入歧途。

所以父母一定要让孩子用科学、理智的态度去看待金钱，不要让拜金主义靠近孩子。让孩子明白，除了金钱，人们还应该有更高的人生追求。

3.帮助孩子管理好压岁钱

对于孩子来说，压岁钱是一笔巨额的财富，但是孩子的心志不太成熟，他们没有科学的消费观念。所以这个时候家长如果没有向孩子伸出援助之手，就很容易导致孩子出现铺张浪费的现象。家长可以帮助孩子制订一个合理科学的支出计划，再把剩下的钱存入银行，等到需要的时候再取出来。

小明在过年的时候收到了很多压岁钱，高兴得都合不拢嘴。可是接下来新的问题又出现了，他不知道该怎么处理这些钱。于是妈妈和小明商量之后决定，先拿出一部分钱作为日常之用，再拿出一部分捐献给灾区的小朋友，剩下的那些钱就先存入银行。

再有钱，也别让孩子炫富

每个人都希望自己能过上舒适富裕的生活，这是无可厚非的，可是假如一个人在富裕之后处处显摆，就不免流于低俗了。如果孩子沉溺在父辈积累的财富当中，并且到处炫耀的话，就会在无形之中削弱自己的勇气和毅力，这样的孩子知道享受，却不懂得如何去创造财富。等到长大以后，他们的表现也往往不尽如人意。

可是，目前还有很多孩子喜欢炫耀从父辈那里得来的财富，有些家长不但不及时制止，甚至在孩子炫富的活动中还充当了“军师”的角色，一心计划着如何让孩子大出风头。

一天夜晚，南京某个高档度假村张灯结彩，显得热闹非凡，这里处处流光溢彩，人潮涌动，处处洋溢着欢乐的气氛。原来那天是一个年仅十岁的小女孩的生日宴会。这个奢华的生日宴会震惊了所有到场的嘉宾。在此之前，女孩的爸爸向孩子的三十多位同学的家长送去了邀请函，让他们陪着孩子一起来参加生日宴会。并且还说明宴会中还设置了一个抽奖的环节，一定会让所有的人大吃一惊。

果然，宴会进行的高潮就是抽奖环节的到来。三个特等奖都是价值不菲的小轿车，一、二等奖是翡翠首饰，三等奖是笔记本电脑。奖项设置和中奖率之高让所有到场的人为之热血沸腾。

其间，十岁的“小寿星”当场宣布把宴会收来的二十多万元礼金全部捐献给灾区，另外还有爸爸妈妈用五十多万元定制的棉衣棉被。据知情人士透露，当天的生日宴会估计要花掉几百万。人们从来没有见过谁肯为一个孩子的生日付出这么大的代价，可以肯定的是主人的财力是不可估量的。

现在不知道还有多少农村的孩子从来不知道蛋糕是什么滋味，不知道这些孩子看到自己的同龄人做出这样的举动时会有什么样的反应，那些挣扎在温饱线上，依靠社会救济生活的人得知这一消息后，又会作何感想呢?

可以肯定的是，主人是为了让孩子学会与他人分享，才举办了这场隆重的宴会，他们希望孩子懂得关爱他人，懂得去奉献。可是我们不禁要问，如果仅仅是为了让孩子学会奉献的话，真的有必要举办如此奢侈的宴会吗？家长的初衷并没有错，可是，这种行为却深深地伤害了别人的自尊，确切地说是拿自己的富裕来刺激他人的神经。

近年来，关于“富二代”的讨论越来越多，人们关注最多就是富二代的狂妄，对他人的蔑视，以及炫富的种种丑陋行为。而在这个过程中，家长的教育起到了决定性的作用，就如上文中提到的以宴会的形式搞慈善活动一样。原本不必这样隆重，在这个过程中势必会增长孩子相互攀比的心理，同时也会引起人们的怀疑，这究竟是一场慈善活动还是富人的又一次别开生面的表演?

很多人之所以炫富，就是他们被贫穷的生活吓怕了，所以一旦自己取得了成功，就敲锣打鼓地昭告天下，生怕别人不知道自己已经加入了富人的行列，殊不知，这样做，受伤害最大的人，就是自己的孩子。

与此相比，很多国外的富翁在教育孩子的时候就显得明智得多。他们想尽办法让孩子抛弃自身的优越感，试图让孩子融入大众的社会当中去。因为他们知道，如果让孩子躲在自己的保护伞下，让他们有一种天生的优越感的话，对孩子的健康成长极为不利。这些富翁在对待自己的孩子时甚至让人觉得他们有些吝啬。他们只给孩子提供非常少的零用钱，如果孩子想多要一点的话就不得不打工挣钱。他们试图让孩子明白，比财富本身更重要的是积累财富的过程，因为只有在这个过程中，人们才能体会到自身的价值。

一个额头上有伤疤、带着一副厚厚的眼镜、骑着飞天扫帚的名叫哈利·波特的魔法小子红遍了全球。创作《哈利·波特》系列书籍的J.K.罗琳也因身价高达5.45亿英镑而荣登《福布斯》富豪排行榜。罗琳的财富是她用一个字一个字码起来的。

在此之前罗琳的生活十分窘困，在大女儿杰西卡刚刚三个月的时候，由于家庭贫困，她不得不住进了一个十分狭小的房子，不久她又和丈夫离婚。酷爱写作的罗琳每天都会带着女儿来到一家咖啡馆，为的就是在那里取暖。

《哈利·波特与魔法石》发表后，罗琳一夜走红，那些天罗琳的银行账户里每天都会多出几十万，甚至上百万英镑。成名后的罗琳除了参加图书签售会之外，从不喜欢在公众面前露面。同时她也总是告诫自己的三个儿女，不要因为自己有一个很富有的妈妈就到处去炫耀，那样只能招来别人的厌恶。

毫无疑问，家长的教育方式决定了孩子将来会成为一个什么样的人。作为一个明智的家长，应该从小就制止孩子的炫富行为。炫富不仅有损个人能力的提高，并且还会招致他人的厌恶。

父母应该知道的

曾经有一位富翁对女儿说过这样一段话："是的，宝贝儿，我的确很有钱，但那都是我一分一分赚来的。这些财富和你没有任何关系，虽说你是我的女儿，但是你依然不能随心所欲地花这些钱。不能因为我有很多钱，你就觉得自己比其他人高出一个等级。"

是的，父母一定要告诫孩子，不要把金钱当做一种身份的象征，坚决杜绝孩子的炫富行为。在这个过程中应该采取哪些行之有效的措施呢？家长朋友们不妨尝试以下几种方案：

1.家长要反省一下自己是否有炫富的行为

父母是孩子的第一任老师，父母的一言一行都会深深地影响到孩子。一切学习都是从模仿开始的，如果孩子出现了炫富的行为，也不要急于责备孩子，首先要反思一下，自己以前有没有炫富的行为。如果有的话一定要及时改正，等到自己改正过来的时候，再去教育孩子，才具有说服力。否则的话，自己在孩子面前就会失去威信，不管付出多大努力都是无济于事。

2.杜绝孩子的优越感

要让孩子明白，不管父母多有钱，多富有，也不能代表孩子的能力有多高，更不能说明孩子高别人一等。每个人都是平等的，不管他是腰缠万贯还是一贫如洗。谁也没有权力规定哪个人生来就是高贵的，哪个人天生就是低贱的。父母还要让孩子明白，每个人都应该通过自己的努力来获取成功。

3.让孩子对自己有一个客观的认识

要让孩子抛开家庭条件，对自己有一个客观的认识，不要让孩子养成妄自尊大的性格。要让孩子一切从实际出发，不要因为家庭条件比较好就无限度地放大自己的优点，看不到自己的缺点。与此同时，还要让孩子明白，很多事情并不是单靠一个人的力量就可以完成的，每个人都有自己的缺点和长处，这时就需要大家相互配合，才能更好地完成某项工作。

4.让艰苦奋斗代替孩子的炫富

和以前相比，现代人的生活条件得到了很大的改善，但这并不代表着不需要艰苦奋斗的精神了。越是在这种情况下，越要让孩子学会艰苦奋斗。

如果孩子一味地沉溺在父辈创造的美好生活中的话，他的创造力和进取精神就会逐渐地被消磨殆尽，当孩子没有了创造力和进取精神的时候，不管他从父辈那里继承了多少财产，他都是一个失败者。而艰苦奋斗则是孩子走向成功的不二法门，没有哪一个人的追梦路途是坦坦荡荡的。人们必将会遇到种种艰难困苦，在走到命运的低谷时，艰苦奋斗的精神就会发挥它强大的作用，帮助人们顺利渡过难关，走向成功。

金钱并不是奖励孩子的最好选择

做父母的都希望孩子有不错的学习成绩，为了鼓励孩子，很多父母采用了孩子的学习成绩和金钱挂钩的方法。如果孩子的分数上升的幅度比较大，孩子得到金钱的数额相对就大，如果孩子的分数上升的幅度比较小，那么，他得到的奖金的数额就比较小。这种设立奖金的制度已经被广泛地应用到了各个大中专院校当中，奖学金制度的设立既可以激发学生的潜力，又可以帮助学校发现人才。

不过，因为孩子的世界观、人生观和价值观还在形成过程中，这种做法不宜过早地应用到家庭教育当中来。虽说奖金制度在短时间内能够收到一定的成效，但是从孩子的长远发展来看，将会给孩子带来很大的负面效应。

李女士说，从女儿来到这个世界上的那一秒开始，她就和丈夫下决心不管付出多大的代价，一定要把女儿培养成一个出类拔萃的人才。为了能够找到一种行之有效的教育方法，她和丈夫不知道翻阅了多少教育书籍。

后来，在一个很偶然的机会中，她发现5岁的女儿对金钱非常敏感，于是李女士茅塞顿开，她认为自己找到了教育女儿的最好的方法——金钱激励法。

经过一番周密的思考之后，她决定实施自己的教育方案了。假如孩子很听话，各项任务完成得都比较好，那么，自己就会象征性地给孩子发放数额不等的奖金，这时候女儿往往表现得非常兴奋。

为了激励女儿，李女士曾经制订了一个报酬表。表格里分别给出了完成相应的工作时妈妈应该付给女儿的报酬。比如每帮助妈妈洗一次碗可以获得5角，给花草浇一次水并进行修剪可以得到5角，进入班级前五名可以得到5元……在这种制度的激励下，孩子做家务和学习的热情明显得到了提高。李女士说如果去商店买酱油或者其他生活用品的话，找回的零钱就归女儿所有。于是这个精明的小姑娘再去商店买东西的时候就会盘算着买哪种商品最划算。等到女儿上学后，李女士让金钱的作用发挥到了极致。刚开始的时候孩子的学习成绩不好，考试的时候总是不及格，因此赵女士就和女儿说，如果她的数学可以拿到70分的话，就给女儿100元作为奖励。后来，在下一次的测验中虽然孩子没有拿到70分，可是毕竟她有了进步，赵女士依然给了女儿80元作为奖励。随着孩子的年龄越来越大，赵女士给女儿设置的奖金数额也在不断变大。

后来，女儿开始把自己挣来的钱放到存钱罐里。没事儿的时候她就会把里面的钱拿出来数着玩，每当这时，孩子的小脸上就洋溢着幸福笑容。

可是，随着年龄的增长，李女士发现女儿在花钱的时候很冲动，曾经有好几次，女儿都因冲动买下了不合适的商品或者是假货。尽管如此，女儿依然听不进去妈妈的劝告。有一次，女儿又要买一款新上市的化妆品，但她在不久前刚买了一套还没怎么用。当李女士试图说服女儿不要再买的时候，没想到女儿却突然说道："这些钱都是我的'工资'，是我辛辛苦苦做家务挣来的，我想怎么花就怎么花！"

当父母对孩子实行金钱奖励的时候，孩子最关心的是自己能够得到多少奖金，而忽视了他所做的事情的本身的意义，这种情况下孩子就容易变得很功利，只有那些能够获得利益的事情他才做，而那些不能获得利益或者是在短期内取得利益不明显的事情就再也不能引发他们的兴趣

了。当孩子从某件事中得到一些金钱的时候，他的欲望就开始膨胀，试图获取更多的金钱。这时候就容易滋生孩子的享乐主义，他们认为那些钱是他们通过劳动挣来的，自己想怎么花就怎么花，不管是谁都无权干涉。

其实，随着生活水平的不断提高，现在的孩子在物质生活上几乎并不缺少什么。即使有一些缺少的东西，也并不是他们生活和学习中必不可少的事物，如果要让他们通过付出很大的努力才有可能得到，或是即使付出了努力，得到的可能性也不太大的话，很多孩子就会选择放弃。家长用金钱作为砝码来激励孩子，在短期内可能会收到一定的效果。但是，这是一种很肤浅的手段。有时候金钱奖励办法不仅不会收到良好的效果，甚至还有可能适得其反，让事态变得更加糟糕。

例如，如果家长设置了一笔数额巨大的资金作为对一个成绩中等的孩子取得全年级第一名的奖励，这时候孩子内心的压力就会非常大。刚开始的时候，孩子可能踌躇满志，坚信自己肯定能够实现这个目标，可是随着学习的深入，他开始客观地估量自己的能力，于是越来越没有信心，看着那些出类拔萃的同学依然鹤立鸡群地占据着考试成绩的前列，他们就会变得没有信心，犹豫、不安、急躁等各种情绪会一发不可收拾地涌上前来。这时候他就很可能选择放弃。如果放弃的次数多了，孩子的挫败感就会越来越强烈，他只能变得越来越没有自信。他们会在心中逐渐地产生这样一种心理暗示——学习是一件非常痛苦的事情。

其实比金钱奖励更有效的激励手段，就是让孩子发现学习本身的魅力，让孩子在其中找到自己的快乐，这才是长久的激励之法。这样一来，孩子才会自主地学习，而不是为了得到家长的奖励而学习，如果孩子看重的是家长的奖励的话，一旦家长不再设置奖励，或者自己对家长的奖励不再有兴趣，那么，他就不愿意再继续努力了。即使父母总能想出让孩子感兴趣的事情作为砝码，那么，这样的孩子长大之后也会一直被别人的激励所引导，他们也不会找到真正的自己，无法更好地活出自己。

事实证明，用金钱作为奖励孩子的砝码弊大于利，家长一定要慎用这种方法。不要一味地用金钱奖励孩子，那么在日常生活中家长需要注意哪些细节呢?

1.不要把孩子的学习成绩和金钱挂钩

不要把金钱和孩子的学习成绩紧紧地连在一起，否则的话就会让孩子产生一种错觉。他们会认为只要自己的学习成绩好了就会得到很多金钱，得到金钱成了学习的最终结果，如果没有奖金的话，在学校学习就成了一种浪费生命的行为。

所以家长不能一味地用金钱奖励孩子，而是应该让孩子明白，读书的真正意义是得到更多知识，不断地用知识武装自己，让自己变得强大起来，这样才能够让自己的人生变得更加精彩。

2.别让金钱代替亲情

很多家长觉得金钱是最有效、最直接的关爱孩子的方式，因此只要孩子做了一丁点儿事情的时候，家长就会拿出很多钱来奖励孩子。他们不仅用金钱鼓励孩子好好学习，日常生活中的很多事情他们都希望通过给孩子钱，让孩子替自己完成。这样做的最严重的后果就是会淡化亲子关系，越来越多的功利思想会充斥在父母和孩子之间，孩子看重的是父母手中的金钱，他们对父母的关心程度会逐渐降低。如果父母没有给出

奖励的话，他们甚至毫不关心父母的感受，拒绝为父母做事。父母的初衷是好的，但是却不曾想到自己越是利用这种方法，孩子和自己的关系就越疏远。

明明今年已经9岁了，小家伙看上去乖巧伶俐，所以深得家人的喜爱。7岁多一点的时候，小家伙就已经学着帮助妈妈干家务了，有时候帮助妈妈拖地，有时候帮助妈妈洗碗，每当这时，妈妈都会象征性地给他一些零用钱作为报酬。在这刚刚过去的两年中，小家伙做的家务越来越棒，他洗的碗比以前更干净了，可是随之而来的是他的胃口也越来越大，他向妈妈要求的报酬也从刚开始的5角钱上升到了现在的5元钱。上个星期，妈妈下班的时候淋雨感冒了，虽然看了医生，但是回到家里的时候依然发着烧。恰巧那个时候爸爸又在外地出差，于是妈妈只好硬着头皮给孩子做了晚饭。吃晚饭之后，妈妈说让明明把碗筷收拾一下。这时候明明向往常一样向妈妈伸出了胖乎乎的小手，他希望在自己干活之前妈妈能够先把报酬付给自己。可是妈妈却说："宝贝儿，不要闹了啊，妈妈的钱包没带在身上！"明明听到这样的话以后，坚决拒绝去洗碗，尽管妈妈说自己生病了，可是明明却依然当做耳旁风一样。明明的举动让妈妈感到非常伤心，这时候妈妈才意识到自己的错误。

3.别让孩子用金钱弥补过错

在日常生活中，孩子犯错是一件很正常的事情，有些家长为了惩罚孩子，当孩子犯错的时候就会相应地减少孩子的零用钱。用这种方法可能会减少孩子犯错的次数，但是，它会带来更大的负面效应。如果长期这样下去，就容易让孩子以为不管自己犯了什么错，都可以用金钱来摆平，容易让孩子养成拜金主义的性格特点。

4.用"爱"来奖励孩子

很多家长忙于工作，疏于照顾孩子。相对于金钱来说，孩子更需要的是来自父母的关爱、肯定和赏识，这些东西能让孩子感受到自我存在的价值。通过这些他们会清楚地感受到，不管父母多忙，他们最在乎的人还是自己。父母一句发自内心的赞赏、一个温暖的拥抱对于孩子来说都是最好的奖赏。所以父母应该在日常生活当中多和孩子进行情感上的沟通和交流，让孩子真切地体会到来自父母的爱。

别让盲目攀比的心理靠近孩子

在经济飞速发展的当今时代，人们的物质生活水平得到了极大的提高，消费形式和消费内容也越来越多元化。商场柜台里的商品琳琅满目，人们无时无刻不被广告的狂轰滥炸弄得心烦意乱。这种情况下很容易让孩子滋生盲目攀比的消费心理。这是一种建立在虚荣心之上的畸形的消费理念，在这种心理的影响下，孩子觉得只要别人有的东西自己都要有，别人没有的东西自己也要有，而且自己的东西要更高档。孩子通过相互攀比来满足虚荣心，让自己变得与众不同。如果父母发现孩子有攀比的消费观念和消费心理的时候，没有及时地进行引导，就会让孩子的欲望无限制地膨胀，孩子就会成为金钱的奴隶。

现在孩子相互攀比的内容已经延伸到了各个方面，他们的消费水平让很多人大吃一惊，有时候已经不能用简简单单地花钱大手大脚来描述了。

平时在公交车上经常可以看见那些背着书包去上学的中学生，因为学校要求学生在校期间必须穿校服，所以很多中学生就在鞋子的样式上面下足了工夫。如果留心的话，经常会发现有中学生穿着名牌的运动鞋，如果你有兴趣到学校看一看的话，就会发现穿名牌运动鞋的孩子已经不在少数了。这种现象在高年级的学生当中更为明显。一家耐克专卖店的售货员说，他们每天都可以卖出6双以上的鞋子给中学生，而另一位阿迪达斯的售货员则明确表示，他们平均每个周末都会卖出二十几双鞋子给中学生，这些鞋子的价格都在700元到1100元之间，大部分学生都是在父母的陪同下来买鞋的。

孩子上学骑的自行车也没有逃过攀比的厄运。曾经有一位家长在儿子将要升入初中的时候给他买了一辆崭新的自行车，这可把儿子乐坏了。可是好景不长，儿子不久就不愿意再骑妈妈刚买的行车了，并且三番五次地要求妈妈再买一辆更好的。原因就是有几个同学说他的自行车不上档次。因为竟然有一个同学居然拥有一辆价值一万元的自行车，在同学中间很是风光，虽然明知道妈妈不会给自己买那么好的自行车，但是他还是希望妈妈能给自己换一辆更好的车子。

有一位中学老师说，他的班里有一位家境不错的男生，由于父母忙于工作，无暇照顾孩子，所以就给他请了一个保姆。这个孩子每个月从爸爸妈妈那里得来的零用钱竟然高达三千元，这些钱甚至比一名老师的月薪都要高很多。

虽然学校禁止学生饮酒，但是很多学生还是忍不住偷偷地聚餐，尤其是有哪个学生生日的时候，更免不了一番推杯换盏。当然，庆祝生日并不仅仅意味着请大家吃饭，饭后的娱乐活动也是必不可少的一项重要内容，KTV和游戏厅无疑是最佳的去处。一般情况下，每次生日宴会都会花上几百元，多则一千多元。很多学生都说，既然别人在生日的时候请了自己，那么，在自己生日的时候如果一声不响地悄悄过，就会被同学扣上“小气鬼”、“吝啬”、“铁公鸡”的帽子，于是原本关系很亲密的同学就有可能疏远起来。另外，既然要给自己庆祝生日，那就不要太寒酸，不能比其他同学的档次低，起码也要去相同等级的地方消费，否则自己在同学面前也抬不起头来。

孩子之所以有相互攀比的现象，和他们的心理发展阶段有很大的关系。从孩子有了自我意识的时候起，他们就开始有了表现的欲望，于是他们就会用自己漂亮的衣服或者新奇的玩具来引起其他小朋友的注意。

另外，孩子有很强的好奇心，他们很容易盲从其他小伙伴，因此就产生了相互攀比的现象。等到进入学校以后，由于学习成绩的差别，更加剧了孩子在其他方面的攀比心理。于是自己的衣着、文具盒的档次、零用钱的多少、花钱时的态度、家里房子的大小、父母的职位、汽车的品牌等，都有可能成为孩子攀比的对象。

其实，孩子出现攀比行为并不是一个不可饶恕的错误。只要父母能够采用科学有效的方法，一定能及时改善这种不良现象。

有一天，爸爸妈妈带着明明出去玩，后来在一个儿童玩具专柜，爸爸发现了一款刚从国外进口的一辆小汽车模型。

于是，爸爸问明明："儿子，我看这辆小汽车不错，还是进口的呢，你喜欢吗？"

"我才不想要它呢，看上去一点也不漂亮，咱们还是去别处看看吧。"明明毫不犹豫地对爸爸说道。

可是等到明明回家后，才发现竟然有好几个小伙伴都在玩这种最新款的小汽车。几个小家伙玩得正起劲，有一个胖胖的小男孩冲着明明大声说道："明明，你有这种新款的小汽车吗？你看我们大家都有。"

那一刻，明明忽然觉得有一种很惭愧的感觉驱使着他迅速离开。他一脸沮丧地回到了家里。

"怎么了宝贝儿，谁又惹你了？"妈妈问道。

"妈妈，我突然又想买那辆最新款的进口玩具小汽车了。"明明的话语中充满了后悔。

"那我们就回去把它买回来吧。"妈妈说道。

听到妈妈的话后，明明感到非常高兴，可是就在这时。一旁的爸爸开口说话了。

"你不是很讨厌那辆小汽车吗？现在为什么突然又想要了？"

“是的，爸爸，我很讨厌那辆小汽车，可是如果我没有那一款小汽车的话，他们就会不停地嘲笑我。”

爸爸突然明白了，儿子想要那辆玩具车的真正目的就是为了不让小伙伴取笑自己，这就是攀比心理在作祟。爸爸沉思了片刻，然后很认真地问道：“儿子，你喜欢它吗？”

小家伙摇了摇头。

“既然这样，我们为什么要花钱买一个你不喜欢的东西呢？并不是爸爸舍不得那些钱，如果我们用这些钱买你喜欢的东西，不是更好吗？”爸爸接着说道。

明明沉思了一会儿，他好像在思考爸爸的话。不久，他说道：“我决定不要那个小汽车了，因为我不喜欢它。即使把它买回来，我也不会想起来和它一起玩的。”

只要父母们留心一下就会发现，孩子有很多刚买回来不久就不再继续使用的东西。孩子在买这些物品的时候受到了外界的影响，有的是因为商品时尚的包装，有的是因为同学已经有了这件商品，说到底还是盲目攀比惹的祸。这种现象在青少年当中屡见不鲜。如果孩子盲目攀比的心理没有得到及时有效的引导，在他们成年之后就不能很好地控制自己的消费欲望，不能理智地消费，因此往往会陷入个人财务危机中。

毫无疑问，盲目的攀比将会给孩子的健康成长带来很大的消极影

响。那么，家长要想改变孩子盲目消费的现象，不妨从以下几个方面做起：

1.让孩子明白“谁知盘中餐，粒粒皆辛苦”

我们经常可以看到一些家长对于孩子盲目攀比的行为很头疼，可是自己又无计可施。其实，我们的孩子都很懂事，当他们体会到金钱来之不易的时候，就不会盲目地和别人进行攀比了。

曾经有一个小男孩升入初中以后，看到很多同学都在穿名牌服装，自己很是羡慕。于是他就缠着妈妈给他买名牌衣服，虽然妈妈觉得孩子还小，根本就没有必要买那么名贵的衣服，可是她拗不过孩子，最终还是给孩子买下了他心仪已久的衣服。

后来，孩子变本加厉，不管是文具还是日用品都要求买名牌。可是不知从什么时候开始，妈妈发现儿子突然变得很节俭了。当她问儿子的时候才知道，原来儿子有一位学习成绩很好的同学，深受大家的喜爱。可是这位同学从来不乱花钱，在一个周末，他看到那位成绩优异的同学正在帮着妈妈卖早点，母子两个累得满头大汗。

那时，这个男孩才知道，原来有很多人挣钱特别不容易，但是他们却依然很有骨气，所以也得到了人们的尊重。

2.让孩子树立正确的消费观念

在培养孩子正确的消费观念时，要让孩子客观地看待广告。商家为了吸引顾客，广告中就难免会掺入一些夸大的成分，不要盲目相信广告。另外，在消费内容上要让孩子注意自己是“学生”这一身份，不要消费成年人的物品。有的青少年看到成年男性抽烟后觉得特别酷，于是就竞相学着抽烟，盲目地进行消费。这样不仅不利于提升孩子的理财能力，还会有损孩子的身体健康。

3.父母要给孩子树立一个榜样

俗话说“近朱者赤，近墨者黑”，如果父母很喜欢和别人进行攀比，作为孩子，肯定也会沾染上这样的习气。如果不想让孩子加入盲目攀比的队伍，做父母的首先就应该以身作则，不要总是与同事、朋友或者其他人进行盲目的攀比。

让孩子远离拜金主义

有人说这是一个缺乏信仰的时代，金钱以其强大的威力渗入日常生活中的各个角落。我们的衣食住行处处都离不开金钱。

孩子们也知道，爸爸妈妈有了钱，就可以给自己买好玩的玩具，有了钱可以买漂亮的衣服，有了钱可以去游乐场，有了钱可以外出旅游等。在如今的社会，孩子从小就被灌输了这样的教育理念——好好学习，长大后赚取更多的钱。于是在很多孩子的眼中，只要有了钱，就等于有了自己想要的一切。

可是，生活中并不是这样的，还有很多东西是金钱无法买到的。曾经有人说过这样一段深入人心的话：

“你可以用金钱来购置一套豪华的别墅，但是却买不回一个家；你可以用金钱买来制作精良的闹钟，却买不回已经流逝的时光；你可以用金钱买来一张舒适的床，却买不回充足的睡眠；你可以用金钱买来一套测试题，但是却买不回聪明的头脑；你可以用金钱买回给同学的生日礼物，但是却买不回纯洁的友谊；你可以用金钱买到完善的医疗服务，却买不回健康的身体；你可以用金钱买到地位，但是却买不回人们发自内心的尊重；你可以用金钱买到他人的服从，却买不回忠诚。”

13岁的小海是家里的独生子，爸爸是房地产开发商，没有人知道小海家到底有多少钱。全家人都把小海当做小皇帝一样，不管小海提出什么样的要求，都会在很短的时间内得到满足。尤其是小海的爷爷奶奶，更是对这个宝贝孙子疼爱有加。奶奶曾经说："谁也不能委屈了我的宝贝孙子，要是小海咳嗽一声，你们必须都得感冒。"这句话可以表现出奶奶对孩子的溺爱。

可是小海的爸爸毕竟是在商场上经历了惊涛骇浪的人，他知道应该培养孩子健康的人格，让孩子广交朋友，这样才有利于孩子的成长。尽管如此，小海还是养成了任性、淘气的性格，上幼儿园的时候，很多小朋友不喜欢和这个任性得有些无理取闹的男孩玩耍。等到小海进入小学以后，他变得更加孤独了。他动不动就和同学吵架，有几次还动手打人。

小海把这种情况告诉奶奶后，奶奶思考了很久，终于想出了一个非常"棒"的办法，至少奶奶是这样想的。他让小海每天去上学的时候都带很多钱，课间的时候去小卖部买回很多的零食或者新奇的玩具，然后再把这些东西慷慨地送给同学。小海按照奶奶的吩咐做了，果然很多同学和小海的关系立刻就亲密了起来。以前他们很不欢迎小海加入他们的游戏队伍，可是现在很多人都会主动地拉着小海去玩，并且在游戏中，小海还拥有其他人不能享有的特权。小海把这种改变告诉奶奶后，奶奶得意洋洋地说："宝贝儿，看到了吧，这就是所谓的拿人手短，吃人嘴软，同学们在你这里得到了好处，他们当然要好好地回报你了。这次你不必担心自己的朋友不多了。"

不久以后，有一件事情重新让小海陷入了低落的情绪之中。语文老师给大家布置了一个名为《我的朋友》的作文题目。刚开始的时候，小海还在偷乐，心想这次一定有很多人把他写进作文中了。可是，等到评作文的时候，小海才发现竟然没有一个人把他当做朋友。这让他感到特别伤心难过。

小海把这种情况告诉了爸爸，爸爸得知事情的来龙去脉后，跟儿子说："儿子，你为什么一定要用金钱去收买你的同学呢？当你送给他们东

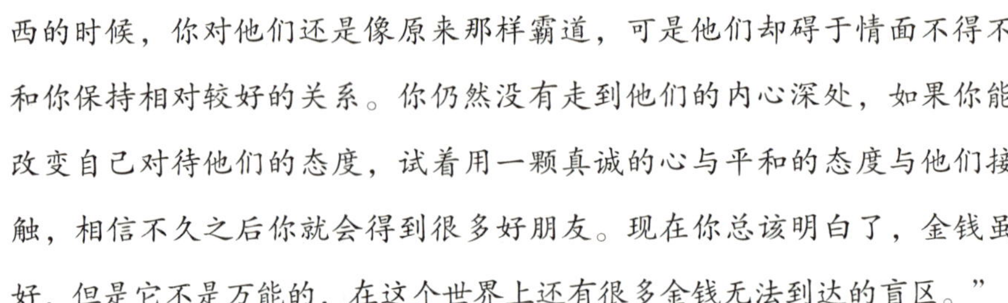

西的时候，你对他们还是像原来那样霸道，可是他们却碍于情面不得不和你保持相对较好的关系。你仍然没有走到他们的内心深处，如果你能改变自己对待他们的态度，试着用一颗真诚的心与平和的态度与他们接触，相信不久之后你就会得到很多好朋友。现在你总该明白了，金钱虽好，但是它不是万能的，在这个世界上还有很多金钱无法到达的盲区。”

听了爸爸的一番话之后，小海用力地点了点头，好像他已经明白了其中的含义。

《思考致富》的作者——美国著名的成功学大师拿破仑·希尔，总结了人生最重要的12种财富。其中金钱却排在这十二条的末尾，也就是说在人们的生活中，金钱并不是最重要的。

在生活中，有一些人虽然很有钱，但是他们依然感觉自己不够幸福，内心的孤独让他们常常有一种不安全感，究其原因，就是人们的幸福感和金钱的多少并没有直接的关系。幸福是一种源自内心的自我感觉。父母要让孩子知道，正是由于人们对金钱的永无止境的追逐，人们才会经常陷入焦虑，进而产生严重的安全感的缺失。很多时候，金钱的多少成了人们向他人证明自我存在价值的工具。很多人喜欢通过挥霍钱财来吸引他人的注意。让别人对自己生出一种由衷的羡慕，这时候自己的虚荣心也会得到满足，从而获得了良好的自我认同感。

其实，一个人是否感受到自己富有，并不完全取决于他占有金钱的多少。比如一个曾经富可敌国的人，如果有一天他的家道中落，即使他还是当地数一数二的富豪，但是和自己之前的生活状况有了很大的差别，这时候他们就会感觉自己很“穷”。与此相反，当一个乞丐沉浸在午后的阳光里时，虽然他没有太多的金钱，可是他却依然感觉自己是幸福的。当然，在生活中很多人不至于沦为乞丐，只是他们并没有很多的金钱，尽管如此，他们依然能够找到一份内心的宁静。不能说有钱人就一定是幸福的，也不能说那些贫穷的人就一定是痛苦不堪的。

父母应该知道的

如果孩子养成金钱万能的观点，那将是一件非常可怕的事情。父母要预防孩子形成这种观点，应该从以下几个方面做起：

1.肯定孩子对金钱重要性的认识

在教育孩子的时候，父母们不可走向极端。不能因为金钱有其本身的局限性，就把金钱批评得一无是处，毕竟金钱在日常生活中发挥着不可替代的作用。家长要让孩子明白，有了金钱就可以生活得更加美好，金钱是物质生活的基础。

2.让孩子明白拥有金钱不等于拥有了一切

要让孩子明白，在这个世界上还有很多金钱无法到达的盲区。有些人虽然很有钱，但是也无法逃脱疾病的折磨，无法逃脱种种意想不到的灾难，并不是说有了金钱就可以高枕无忧了。有钱的人依然要承受种种人世的无常，很多事情并不是有了金钱就可以解决的。有很多富有的人，他们的朋友很少，经过了太多的尔虞我诈，所以他们会感觉到更加孤独。

3.让孩子明白除了金钱，人生中还有很多值得珍惜的事物

要让孩子明白，虽然一个人不能太过贫穷，但是也不能让金钱成为他生命的全部。除了金钱，还有很多值得我们去珍惜的东西。亲情、友情以及成年之后将会得到的爱情，这些都不是金钱可以被取代的。如果拥有它们的时候不懂得珍惜，一旦失去就再也无法挽回了。

4.让孩子树立远大的理想

要帮助孩子发现自己的特长和兴趣爱好，帮助孩子树立远大的理想。让他明白除了金钱，一个人应该有更高的追求。当孩子有了理想的时候，他的生活就会变得更加充实。父母应该让孩子懂得一个人要想尽办法实现自己的理想，这样的话才不会虚度此生。

让孩子学会独立

近年来，有不少新的名词开始进入人们的视野，而当中较引人注目的莫过于“啃老族”和“月光族”了。

乍一听，“月光族”还是一个富有诗意的浪漫的名字。月光族指的是那些刚刚参加工作不久，每个月都会把工资花光花净的一类人。这些人本来应该享受大好的青春年华，可是他们却不得不为自己的财务危机感到苦恼。因为没有良好的理财能力，工作一段时间之后，他们依然囊空如洗。

这些年轻人坦言，他们很害怕同事结婚，害怕有人过生日，因为每当这时，自己就不得不备上一份礼物前去祝贺，为了面子不得不节衣缩食。不过他们最怕的还是过年。对于孩子来说，过年是最幸福的事情，因为他们可以得到很多压岁钱。可是对于这些“月光族”来说，过年就意味着一笔更大的支出，这笔支出让他们几乎喘不过气来。买年货需要钱，走亲戚需要钱，和朋友聚会需要钱。除此之外，这些年轻人还要给晚辈压岁钱，很多年轻人过年的时候竟然选择继续留在外地。孤独地度过一个冰冷的春节，这不能不让人感到难过。

之所以出现这种情况，和现在的就业形势有关，但是更重要的还是这些人没有学会经济自立。中国的父母喜欢大包大揽，孩子小的时候要花钱供养他们吃喝，等到大一点了，又要负担孩子上学的费用，从小学到初中、高中然后再到大学，父母为孩子的成长付出了非常多的心血，等到孩子好不容易大学毕业了，又要找关系帮助孩子安排工作，然后给孩子准备结婚用的房子、车子。孩子在这样的环境下长大，他们的理财能力自然差到了极点。很多人根本就没有仔细考虑过自己的收支状况，一旦发工资了，就会拼命地花钱，买高档的服装，去高档的娱乐场所进行消费，而到了后半月就会捉襟见肘，不得不节衣缩食，甚至开始举债度日。到了下个月发薪水的时候，还完上个月的欠款，然后再买一些日用品，又剩不了多少钱了，如此一来就形成了恶性循环。

如果家长在孩子小的时候就注意培养孩子的自立精神，等到孩子长大后，就不会出现这种尴尬的局面了。在很多发达国家，家长很重视培养孩子在经济上的自立精神。他们希望这样能够有效地提高孩子的财商，让他们拥有一个更加美好的未来。

美国是当今世界的经济中心，这个资本主义国家虽然不像其他很多国家那样有着悠久的文化传统，但是从另一个方面来说，这又是他们的优势。因为他们的思想很少受到束缚，所以相比于有些国家的人民来说，美国人的思想比较开放，尤其是在教育子女的问题上，他们更有一套属于自己的理论。在我国的传统思想里，欠债是一件很不光彩的事情，所以家长主张挣一分花一分，可是美国人却早已经习惯了花未来的钱。

他们在教育孩子的时候受到本国浓厚的商业气息的影响，很多孩子在读小学的时候就已经学到了很多经济常识和商业常识。他们认为一个人理财能力的高低，与他的事业能否取得成功和家庭是否幸福有很大的关系。所以美国的家长希望孩子尽可能早地实现经济上的自立。很多家长在孩子两三岁的时候就开始对他们进行理财教育。他们希望孩子在赚钱、花钱、积累钱财和与人分享钱财的过程中不断地提高理财能力。

在美国，每年都会有几百万的中小学生走上不同的岗位打工挣钱。美国人常常将自己闲置已久的物品从家里拿出来销售，孩子则学着爸爸妈妈那样把自己不玩的玩具摆在家门口出售。美国的父母认为这样一来会激发孩子赚钱的欲望，同时也能增强他们的家庭责任感。据说，一名十五六岁的美国中学生完全可以依靠自己的双手来养活自己。

如果我们这些做父母的能够在孩子很小的时候就注意培养他们经济自立的能力，等到孩子长大后，就不会再遭遇“月光族”的尴尬地位了。不过可喜的是，很多父母已经认识到要培养孩子的自立性了。

赵女士平时的工作非常忙，并且时常要到外地出差，因此花在女儿身上的时间相对就少了很多。她把家里的零用钱和一个记账本放在了抽屉里，不管是哪个家庭成员需要用钱，都可以随时从那里拿。可是有一点，必须在账本上写明那些钱买了什么东西以及每件物品的价格，到月末的时候再核对账目。赵女士的女儿从上小学就开始独自从抽屉里取钱，然后按照妈妈的要求记下来，月末的时候和爸爸妈妈一起对账，这一举措对提高她的数学成绩也起到了很大的作用。

等到女儿升入初中的时候，赵女士开始把女儿买辅导书的费用、伙食费和零食费合并在一起，每个月给一次。并告诉女儿她有权决定如何处理节省下来的钱。随着时间的流逝，女儿的理财能力得到了很大的提高，等到母亲节和父亲节的时候，女儿还会用自己节省下来的零用钱给父母送上一份精心准备的礼物。

女儿还说，从现在开始她就要想办法挣钱，等到上大学的时候就自己打工挣学费和生活费，那样，爸爸妈妈就不必太辛苦了。

父母应该知道的

培养孩子自立精神的终极目标，就是让孩子学会依靠自己挣钱，这是一种基本的生存能力和生存意识。在竞争日益激烈的当今时代，自立精神显得日益重要。父母们在培养孩子的自立精神时，需要从以下几个方面做起：

1.对待孩子要“狠心”

无论到什么时候，在孩子的眼中父母都是最值得依赖的人，不过如果长时间让孩子停留在父母的保护伞之下的话，必将对孩子的健康成长造成不良影响。毕竟，父母不可能永远陪在孩子的身边，孩子有自己的人生之路要走，总有一天他要建立属于自己的家庭。如果孩子一直对父母有着严重的依赖心理的话，他们就不能很好地处理各项事务，也不会取得事业上的成功。

所以父母们在对待孩子的时候要适当“狠心”，让孩子学会独立处理一些事情。不要把孩子所有的事情都包揽下来。也许刚开始的时候孩子还有些不适应，做父母的看到孩子为难的样子也会很心疼，但是过一段时间之后，你就会发现孩子已经有了明显的改变，处理事情的时候他们开始变得有主见了。

曾经的世界首富比尔·盖茨就非常注意培养孩子的独立性。像很多家长一样，比尔·盖茨在孩子入学的第一天也是亲自护送的。不过等他把孩子带到教室的时候，却弯下腰十分认真地说道：“孩子，现在你已经知道来上学的路怎么走了，从明天开始，爸爸妈妈就不再送你来上学。因为我们还有很多其他的事情要做，更重要的是我们觉得既然你已经长大了，那么就没有让爸爸妈妈送你上学的必要了。”

从那以后，盖茨的孩子每天独自去学校上学，下午放学的时候也是一个人回来。有时放学回家后家里没人，孩子就到附近的地方去坐一会儿，而不是像有些孩子一样四处疯狂地找爸爸妈妈。

盖茨是一个说话算数的人，不管刮风下雨，他都不会去接孩子放学，即使他路过孩子的学校也不会停下车接孩子。曾经有一次，外面下着瓢泼大雨，孩子一个人雨中穿梭。他躲到了一家商铺门前，然后小心翼翼地在避雨地带走着。当时开车路过此地的盖茨夫妇看到这一幕之后别提有多心疼了，可是他们仍然没有下车接孩子。

在很多人的眼中，盖茨的做法严酷得近乎残酷，但是这种做法却是最明智的。毕竟等到孩子长大之后会有很多事情需要他独自去面对，父母不可能一直陪在他们的身边。如果一个人无法独立，他就不可能从容地应对变幻莫测的人生，更不要说拥有一个富足的人生了。

2.让孩子体会生活的艰辛

有句古话叫做“穷人的孩子早当家”，就是因为穷人家的孩子过早地体会到生活的艰辛。经历的艰苦岁月让这些孩子比较早熟，这些孩子的独立精神也比较强。他们懂得怎样做才能让自己生活得更加美好，怎样做才能更好地抵御来自各方面的压力。

当孩子吃到苦头的时候，就能更好地磨砺他们的意志，加深对事物的理解，让他们更加睿智。当然，最重要的一点就是可以有效地提高孩子的自立意识。

3.别怕孩子犯错

培养孩子的自立意识，必须允许孩子犯错，父母要给孩子一定的空间，孩子在做事情的时候犯错是很正常的，不必大惊小怪。人们常说吃一堑，长一智，不管是谁都会犯错，又何况是少不更事的孩子呢？做父母的不要担心孩子犯错，大胆放手，给孩子一个展示自我的空间。

如果父母从来不给孩子提供成长的机会，那么，又怎么提高孩子的自立意识呢？

4.不要吝惜对孩子的表扬

不管是谁，都需要得到他人的肯定。对于孩子来说，父母的表扬有着不可估量的力量。父母要尽可能多地对孩子进行表扬。孩子在父母的表扬之下，会变得越来越自信。

当然，父母在表扬孩子的时候要言之有物，要说明孩子在哪一点上做得比较出色，也就是人们常说的既然要夸人，就要夸到点子上，否则就会让人有一种敷衍的感觉。另一方面，如果孩子做事的时候遇到了一些小小的困难和挫折，作为父母，也要及时鼓励孩子，帮孩子打气，让他重新找回自信。不然，孩子就会产生自卑的心理，觉得自己什么事情都做不好。

第三章

严格把关零用钱，让孩子逐步学会理财

零用钱是孩子得到的第一笔“财富”，要想提高孩子的财商，让孩子学会理财，就要从孩子的零用钱抓起。如何让孩子成为零用钱的主人，如何让孩子学会利用和分配自己的零用钱，这是一件非常重要的事情。当孩子掌握了这种本领，也就意味着孩子向财富之门一步步靠近了。

让孩子成为零用钱的真正主人

随着经济的发展，人们的生活水平也有了很大的提高，随之而来的就是人们不断膨胀的消费欲望，这一现象出现的根本原因就是人们手中的金钱越来越多。这种现象在孩子身上的反映就是他们的零用钱越来越多了。

有关学者曾做过一个广泛的调查，在日本、韩国、越南和我国的青少年当中，中国大中城市的孩子最“富裕”，中国城市中的孩子从父母那里得来的零用钱的平均值要比其他三国的孩子多很多。不过，这其中有一个很重要的现象引起了学者的高度重视，由于家庭条件不同，中国同龄孩子的零用钱的数量相差很大。家长在给孩子发放零用钱的时候没有一个相对合理的计划，同时中国的孩子支配零用钱的权力也不同程度地被剥夺了。

李明今年刚上初一，妈妈跟爸爸说孩子已经长大了，不能再像以前那样只给孩子很少的零用钱了。征得爸爸的同意后，妈妈每个月都会给李明500～600元的零用钱。尽管如此，李明说自己的零用钱并不是班上最高的。

李明从家长那里得到的零用钱竟然是日韩学生平均零用钱的2～3倍。据调查，日本的同龄人每个月的零用钱在2000～3000日元，相当于人民币140～200元。韩国青少年的零用钱比日本的相对要少，越南的青少年得到的零用钱是这几个国家孩子中最少的。

在调查研究的过程中，有些孩子羞于向学者谈论自己的零用钱。原因就是父母给的零用钱太少了，这让他们在同学面前抬不起头。这是一个不容忽视的重要问题，这种现象已经给某些孩子的心灵造成了很大的伤害。

最近一段时间，慧慧没有以前那么活泼开朗了，总是一副心事重重的样子。慧慧的改变引起了妈妈的注意。有一天晚上，在睡觉之前妈妈来到女儿的房间里，她想知道究竟是怎么原因让慧慧产生了如此巨大的改变。

“慧慧，你最近遇上了什么麻烦吗？”妈妈问道。

“没有，妈妈！”慧慧满脸疑惑地答道，此时的她还不知道妈妈已经觉察到了她的变化。

“可是，为什么你最近总是闷闷不乐呢？妈妈知道你肯定有心事了。你可以告诉我吗？”

“嗯……嗯……其实也没什么了。我们班上最近来了一位新同学，她长得可漂亮了。”慧慧说道。

聪明的妈妈知道问题就出在这位新来的同学身上，但肯定不是因为这位同学长得漂亮。因为她发现女儿的眼神游离不定，这说明女儿感到心虚。于是她追问道：“新来的同学长得漂亮又能怎么样呢？这又不是什么优秀的品质，要知道每个人的容貌都是独一无二的，自己的才是最好的。你是不是还有什么事情瞒着我啊？你大胆说出来心中的想法吧，没有关系，妈妈肯定不会怪你的！”

“嗯……新来的同学说她每个月都会从妈妈那里得到1000元的零用钱，每次她都会买很多零食，还有很多漂亮的衣服。在学校的时候她经常给同学买好吃的。所以有很多同学很快就和她熟悉了。尽管她是我的

同桌，她对我也很好。可是我的心里就是很难受，因为我每个月的零用钱只有400元，真是太寒酸了。在她面前，我总觉得低人一等。她越是对我好，我就越感到难受。”慧慧终于说出了问题的根源。

其实慧慧的表现是当下青少年的一个缩影，由于经济条件和教育观念的不同，中国的父母给予孩子零用钱的数额也存在着巨大的差别。因此也就造成了同一个班级内的孩子有着巨大的“贫富差距”，当孩子长期处在这种影响下的时候，非常容易导致心理不平衡。

与中国的父母恰恰相反，日本的父母在给孩子零用钱的时候，往往会相互询问，然后确定一个大致的数目，以防孩子由于在相互比较零用钱数额多少的时候造成心理失衡，影响他们的健康成长。

除了中国学生得到零用钱的数额存在巨大的悬殊之外，另一个现象也引起了有关学者的注意。那就是几乎所有的中国孩子都不能对自己的零用钱享有绝对的自主支配权。最突出的表现就是对孩子压岁钱的处理上，中国的父母会给孩子大量的压岁钱，但是这些压岁钱往往会通过父母以“暂时保管”的理由从孩子的手中拿走。这种现象在日本、韩国等国家很少出现，虽然他们给孩子的零用钱相对要少，但是这些国家的家长却很少干涉孩子零用钱的使用方式，更不会重新收回。

父母应该知道的

孩子的零用钱过多造成的青少年的“贫富差距”以及孩子对零用钱

支配权的缺失是目前我国青少年在零用钱上存在的两大问题。如果让这种现象继续持续下去，无疑对孩子财商的培养会造成不利的影响。

为了改变这种现状，家长朋友不妨从以下几个方面做起：

1.不要让孩子在零用钱的数量上“鹤立鸡群”

家长在给孩子零用钱的时候，不妨借用一下日本、韩国的经验，看一看孩子的同龄人在父母那里通常会得到多少零用钱。然后参考这个标准，制订一个数目。给孩子零用钱的时候不要比同龄人多太多，那样的话会让孩子产生一种盲目的、肤浅的优越感。这种情况下就容易导致孩子轻视那些零用钱少的同学。当然，另一方面也不应该给孩子的零用钱太少，否则就会让孩子出现自卑的心理。

总之，在给孩子零用钱的时候，要把握好一个度，不要让孩子在拥有零用钱的数目上和别人有太大悬殊就好。

2.让孩子成为零用钱的真正主人

“宝贝儿，先把压岁钱交给妈妈保管吧，你什么时候想花了，就跟妈妈要，妈妈肯定会给你的。不然，在你手里拿着如果丢了的话，那可就坏了。”妈妈笑眯眯地跟9岁的小磊说着。

小磊看着妈妈和蔼可亲的样子说：“你说的是真的吗，我想要的时候你一定会给我？”

妈妈点了点头。接着小磊就很不情愿地从口袋里掏出刚从外公、外婆和舅舅那里得来的压岁钱。

相信很多家长在小时候亲身经历过类似的场景，本来以为得到压岁钱以后就可以买很多心仪已久的东西。可是，还没有等钱在自己的裤兜里暖热，不管你有多少个不愿意，妈妈依然会以各种理由拿走你口袋里的压岁钱。

现在，那些曾经被没收压岁钱的孩子已经为人父母，可是这时候自己又以相同的方式对待孩子。殊不知，这样不仅不利于培养孩子的理财能力，相反，有很多孩子拿到压岁钱之后害怕妈妈故技重演，因此就会以最快的速度去购物或者去娱乐场所玩，因此有人说，家长应该对孩子的挥霍负有大部分的责任。

所以，从现在开始，就应该让孩子成为零用钱的真正主人，让他们自己管理自己的金钱。当他们成为金钱的主人之后，就会有计划地使用金钱，这还有助于帮助孩子树立勤俭节约的意识。

3.把支配零用钱的权利交给孩子

事实上，有很多家长虽然把孩子的零用钱悉数交给了孩子，但是却不让孩子充分地享有支配零用钱的权利。当孩子想要购买某件物品，而家长认为根本没有必要的时候，家长就会毫不留情地拒绝孩子的要求，给家长与孩子之间的沟通和交流带来消极影响。

家长不但应该把零用钱的所有权交还给孩子，还要把零用钱的支配权也交给孩子，否则“让孩子真正拥有零用钱”就成了一句空话。不过，当孩子想要消费的时候，家长可以给予合理、科学的建议，但是要尊重孩子的最终选择。也许孩子的决定会蒙受一定的损失，家长也应该看到孩子在自己的决定中能够学到很多东西，这些经验将伴随他们一生，小时候一时决策失误造成的损失，要比长大后由于理财能力欠缺而造成的损失要小得多。

4.培养孩子合理的消费观念

当孩子有了属于自己的金钱之后，家长就应该让孩子逐渐学会如何使用金钱。也就是说要培养孩子合理的消费观念。几乎所有的人都是这样，当他们用别人的金钱的时候丝毫不知道节制。因为这些钱不是他们的，他们完全不必在意这些钱花得值不值。

一旦让孩子用自己的零用钱为自己的消费买单的时候，他们就会开始考虑商品的价值、价格和质量了。所以家长朋友们应该让孩子明白一个道理，即“花自己的钱，办自己的事情”。当孩子明白这个道理之后，他们的理财能力就会得到很大的提高。

给孩子发放零用钱也需要一定的智慧

随着孩子的年龄越来越大，父母们不得不面临一个很严肃的问题——给孩子发放零用钱。可是什么时候给孩子发放零用钱、怎样给孩子发放零用钱、一次给孩子发放多少零用钱等问题也随之而来。

这些问题看似简单，可是一旦处理不好的话，就会产生严重的不良后果。

在一次名为“勤俭节约，从我开始”的主题班会上，班主任张老师面带笑容地问道：“同学们，爸爸妈妈在一个月之内会给你们多少零用钱啊？”

“230元”、“300元”、“350元”、“400元”、“600元”……

一时间，班里好像炸了锅一样热闹非凡，与其说是讨论会，不如说孩子们在相互比拼零用钱的多少。那些零用钱少的同学很快就开始沉默不语了。

“2000元！”一个从后排传来的稚嫩声音让全班变得顿时鸦雀无声，同学们纷纷顺着声音传来的方向望去，原来是平时的捣蛋鬼小良。

“你怎么会得到那么多的钱呢？”老师满脸狐疑地问道。

“爸爸经常出差，每次从外地回来后，爸爸都会把口袋中的零钱送给我，除此之外，我又不断地从爷爷奶奶那里得到零用钱。尽管如此，我仍然感觉自己的钱总是不够花。”

其实，小良之所以出现这样的情况，就是家长在给孩子零用钱的时候没有制订一个合理的计划，孩子也没有意识到对自己的消费做一个安排。所以造成了有些孩子虽然零用钱很多，但是好像自己的零用钱永远也不够花。

很多家长已经意识到了，给孩子发放零用钱不仅是一种智慧，更是一种艺术。当然，发放之前需要让孩子对金钱有一个正确的认识。

冯女士说，她在女儿刚刚三岁的时候就开始给女儿零用钱，但是那时，她只是象征性地给女儿一元、五角，并且让女儿把这些钱放到属于她自己的“小宝库”里。等到孩子六七岁的时候，孩子已经能够区分不同钱币的面额，在这几年当中，孩子的计算能力也有了提高，此时，冯女士就开始给女儿发放较大数额的零用钱了。

刚开始的时候，冯女士一天给孩子发放一次零用钱，到后来就演变成了三天发放一次。刚开始的时候，女儿花钱的计划性很差，经常还没等到下一次发放零用钱，她就已经囊空如洗了。要么就是把钱给弄丢了，要么就是在一天之内就把三天的零用钱都花光了。

不过女儿就是在这个过程中逐渐学会了怎样对待妈妈给的零用钱。

在给孩子发放零用钱的时候，有些家长挖空了心思，他们想让孩子通过做家务劳动来赚取零用钱，可是却不曾想到这种做法又导致了新问题的出现。

玲玲的妈妈是一位干练的会计师，她想把自己在工作和生活中的收获潜移默化地传授给孩子。于是她开始通过给女儿给付劳动报酬的方法，代替直接给女儿发零用钱的传统方式。家里的汽车开始让女儿擦洗，旧报纸和一些饮料瓶也由女儿拿出去卖掉，当妈妈的单位准备组织青少年夏令营活动的时候，女儿参与了招生工作，每成功招到一名学生，可以得到相应的提成。

在这些活动中，玲玲确实挣到了很多钱，她也知道妈妈挣钱不容易，还提议不让妈妈像小时候那样给自己零用钱了，她要自己挣。可是后来，妈妈发现玲玲变得越来越吝啬。有一次，玲玲和妈妈的同事一起去吃饭，等到付款的时候，帮妈妈拿着钱包的玲玲却借故上厕所逃走了，让那位阿姨付款。

这时玲玲的妈妈开始反思自己，她在想，究竟是哪个环节出错了，竟然让女儿变成一个如此吝啬的人。

其实，当孩子做家务的时候，父母并不是不可以给他钱，如果你想奖励他的话也可以，不过要让他明白，这些钱和做家务没有直接的关心，做家务应该是每个家庭成员应尽的义务。

给孩子发放零用钱是家长必修的一门重要功课，在这门功课中，有以下几点需要父母们特别注意：

1.父母要让孩子接触消费活动

在给孩子发放零用钱之前，应该充分了解孩子的消费需求。很多家长觉得孩子还小，根本就不要给他们零用钱，这是一种错误的观点。毕竟，当今是一个经济飞速发展的时代，孩子迟早都要走上社会，扮演形形色色的经济角色，参与到各种各样的经济活动中来。现实生活中有一些孩子到了小学二三年级还从来没有自己买过东西，这样孩子和同学相处的时候就容易产生自卑的心理，给他们的成长造成不利影响。

所以家长有必要让孩子在小时候就接触消费活动，让他们从切身的实践当中学到必要的有关消费的知识。

2.父母应该了解孩子都有哪些消费内容

做父母的应该明白孩子的主要消费项目是什么。刚开始的时候，你可以拿一个小本记录下某一时间段内为孩子支付的所有物品。这其中既应包括偶然性的消费，即给他们买的糖果、连环画、玩具等，也要包括孩子在学校的伙食费等项目。等到了解孩子日常消费的主要项目之后，就可以确定出一个大致的零花钱的数目了。当然，在这个过程中，你可以根据情况作具体的调整，如果你觉得某项消费太过奢侈就可以相应调低该项目的资金数额。

3.可以适当地增加孩子的零用钱数量

当做父母的了解了孩子的消费需求之后，就可以大致确定孩子的零用钱数量了，这时候不妨适当地增加孩子零用钱的数量。

4.给孩子的零用钱不是越多越好

父母们应该明白，并不是说给孩子的零花钱越多越好，诚然，以前由于经济条件不好，很多人的童年都没有太多的玩具。每当想起这些的时候，很多人都不免黯然神伤。现在的经济条件好了，很多父母觉得自己以前受了那么多苦，一定不能让孩子再受苦了，于是他们就尽量多给孩子一些零用钱。

还有一些父母觉得自己没有给予孩子足够的关怀和照顾，因此就想用金钱弥补自己的过失。

可是，父母们不要忘记，不管你多么有钱，也不能满足一个孩子的所有要求。孩子在小的时候，一块糖果就可以让他高兴很长时间。可是随着孩子的长大，这些东西已经没有曾经的巨大魅力了，现在的孩子关注更多的是游戏机、电脑、数不尽的漂亮的衣服等，如果偶尔给孩子购买一两次也无可厚非，可是一旦孩子的欲望无限制地膨胀，就会给家庭带来沉重的负担。

即使非常富有的父母可以满足孩子种种奢侈的念头，可是，当你满足孩子纸醉金迷的欲望之时，孩子的人格也开始渐渐地产生了扭曲，这是任何家长都不想看到的一幕。

5.在决定零用钱数额时要征求孩子的意见

在决定孩子的零用钱的过程中，要让孩子也参与进来，允许孩子提出自己的意见，如果父母和孩子之间出现了分歧，那就需要找一个折中的办法，争取让双方都比较满意。

另外，由于孩子也参与了全过程，所以当零用钱不够用的时候，就不会盲目地让父母增加零用钱的数量，他们会主动从自身寻找原因。

6.让孩子明白知足常乐

由于家庭条件各不相同，所以在同一个班级当中，有可能出现有的孩子零用钱有很多，有的孩子的零用钱却很少。零用钱少的孩子就容易在相互的攀比之中产生自卑心理。父母应该让孩子明白知足常乐的道理，不要因为自己手中的零钱少就觉得闷闷不乐。

7.定期给孩子零用钱

父母在给孩子发放零用钱的时候不可太随便，应该定期给孩子发放零用钱，这样做的最大好处就是有利于孩子有计划性地使用零用钱。对于年龄比较小的孩子，可以一天发一次零用钱，每次的数额也不宜过大，等到孩子稍微长大以后，就可以一周发一次，最后再逐渐演变成一个月一次。

让孩子学会储存零用钱

不可否认，现在的孩子从父母那里得到的零用钱越来越多了，很多孩子拿到零用钱之后会在很短的时间内把它们全部花光，这不利于培养孩子的理财能力。

小磊是一名小学四年级的学生，之前爸爸每个月给小磊提供200元的零用钱，当然，这其中不包括他的伙食费，可是往往还不到月末小磊就已经身无分文了。爸爸知道这种情况后，还以为自己给小磊的钱太少了，于是每个月又给他多加了100元，可是后来小磊依然不到月底就把钱花完了。直到爸爸把小磊的零用钱增加到每个月400元的时候，情况依然没有得到好转。小磊像很多刚刚参加工作的年轻人一样，很快就成了一名“月光族”成员，不过和真正的“月光族”相比，他的钱不是自己挣来的，而是从爸爸那里不费吹灰之力得来的。

每次小磊从爸爸那里得到零花钱的时候，就会进行一番疯狂的消费，和同学一起玩游戏，去溜冰场，听着好哥们儿对他慷慨行为的赞赏，小磊的心里就像开了一朵花。可是过不了多少天，他就开始变得闷闷不乐，摸摸口袋已经没有几张钞票了。每当这时，小磊就会特别后悔自己之前盲目的消费，可是，钱已经花出去了，再后悔也没有任何作用。于是只好强忍着，心里盼望着让爸爸快点给自己零用钱。看着别的同学还可以随心所欲地买自己喜欢的东西，小磊的心里别提有多嫉妒了。他暗暗地告诉自己，下次一定不能再这样把钱花得一分不剩了。可

是等到爸爸再次给他零用钱的时候，小磊早已经把自己“穷困潦倒”的情景忘得一干二净了，于是他又在重复着以前的过错。

无独有偶，小磊的同学小敏也经常遇到在零用钱上的苦恼。小敏的妈妈是一家公司财务部的业务骨干，妈妈很注意培养孩子的理财能力。为了让孩子真正地享有零用钱的支配权利，她很少过问孩子的零用钱的使用去向。

可是，小敏的零用钱经常在很短的时间内就没有了。刚开始的时候妈妈并没有把这些事情放在心上，毕竟现在的孩子有很多消费需求，零用钱花得多一点也不是什么大不了的问题。

可是后来妈妈发现虽然给女儿的零用钱越来越多，可是并没有发现女儿买什么东西。有一天当她用疑惑的眼光看着女儿时，女儿终于说出了事情的来龙去脉。

原来小敏是一个粗心大意的孩子，每当妈妈给她零用钱的时候，她会像其他小朋友那样满心欢喜地收下，可是，她做事情总是丢三落四，会经常忘记把自己的东西放在哪里了，刚开始的时候她经常把零用钱乱放，之后就再也找不到了。为了防止自己再把钱弄丢，她悄悄地给自己买了一个很精致的粉红色钱包，把妈妈给的零花钱全部放在钱包里，可是，不久之后这个小丫头又把钱包给弄丢了。心怀歉疚的小敏告诉妈妈，她已经先后弄丢三个钱包了。小敏不好意思地在妈妈面前低下了头。妈妈看着这个懂事而又有些羞涩的小姑娘哭笑不得，她知道应该给孩子进行及时的指导，帮助她提高理财能力了。

当孩子有了多余的零花钱时，父母就应该不失时机地让孩子开始学着储蓄了。让孩子把自己的零花钱储存起来，是一个很好的理财教育方法。

让孩子学着把自己的零用钱储存起来有很大的好处，既可以培养孩子不盲目消费的意识，又可以让他们形成用积攒下来的钱买自己想要的“贵重”物品的观念。

让孩子把自己多余的零用钱储存起来，需要一个循序渐进的过程，父母们要想达到这个目标，就要从以下几个方面做起：

1.给孩子买一个存钱罐

要想让孩子把自己多余的零用钱储存起来，父母们首先要做的就是给孩子买一个存钱罐。当然，在选择存钱罐的时候要考虑孩子的审美需求，现在市面上有很多卡通形状的存钱罐，这无疑对孩子有很强的吸引力。另外，如果可以的话，不妨给孩子买一个透明的存钱罐，这样一来孩子就可以很清楚地看到存钱罐里钱币数量的变化，事实上很多孩子非常享受这个过程。

王老师有一个刚刚4岁的女儿，有一天逛街的时候，王老师看到了一个非常精致、漂亮的存钱罐，是很多小女孩喜欢的芭比娃娃造型。王老师当场把那个存钱罐买下，准备回家后送给女儿。等她把存钱罐递到女儿手中的时候，女儿显得非常兴奋。当女儿找到在这个可爱的芭比娃娃的帽子上有一个可以投掷硬币的小孔的时候，她立刻转身在家里的抽屉里不停地翻找。然后把一枚枚的硬币投进去，女儿还时不时地歪着脑袋看着硬币落进存钱罐里的情景。可以看出来，女儿非常喜欢这个漂亮的存钱罐。从那以后，她经常拿一些硬币主动地放进去，有时候女儿会拿起存钱罐使劲摇晃，当她肯定里面的硬币在渐渐变多的时候就忍不住笑出声来。

2.帮助孩子树立一个储蓄目标

为了激发孩子储存零用钱的兴趣，就要帮助孩子树立一个储蓄目标。当然，在制订这个目标的时候，家长一定要很清楚地知道孩子最想要的东西是什么。然后把储存零用钱和他们梦寐以求的东西联系起来，当他们意识到储存零用钱是为了实现自己的梦想的时候，他们会特别兴奋，这会在无形之中给予他们储蓄的动力。

当孩子有了一个月或再稍微长一点时间的存款，然后买下了自己想要的小玩具或者其他东西的时候，他们就会有一种很强烈的成就感。这是父母无法给予的一种财富。

当然，在给年龄小的孩子制订目标的时候，要注意选择那些在短期内就可以实现的，切合实际的目标。如果达到目标的时间太长，孩子就会认为那种目标根本就不可能实现，他们会觉得父母让自己学习存钱的真正目的就是为了从自己的手中把钱拿走。

父母们要切记，帮助孩子制订目标的时候，一定要充分地尊重孩子本人的意见。制订的目标要明确，不能模棱两可。如果可以的话，让孩子把自己最想要的东西画出来，每天激励自己。此外，在孩子存钱的过程中，父母们应该起到督促和监督的作用。为了帮助孩子更好地实现目标，你可以让孩子分步完成自己的计划，当孩子的存款达到一定数额的时候，要进行及时的表扬和肯定。

赵女士的女儿已经7岁了，像其他的小姑娘一样，女儿也非常喜欢芭比娃娃。她喜欢把芭比娃娃所有的服装都放在一起，然后自己来决定芭比娃娃服装的搭配。每当这时她就会变得非常开心，有时候看着芭比娃娃在自己的精心打扮下变得光彩夺目，她就会有一种强烈的自豪感。

有一天，女儿跟妈妈说：“妈妈，我们班的小红刚刚买了一款最新的芭比娃娃，那个芭比娃娃还有一匹长着一双洁白翅膀的小马。您能不能给我也买一个啊？”

“宝贝儿，你知道哪里卖那一款的芭比娃娃吗？要不咱们先一起去看看吧？”妈妈说道。

“知道，我知道哪里卖，我带你过去吧。”女儿以为妈妈已经答应给她买了，她显得非常高兴。

赵女士在女儿的带领下来到一家玩具店，女儿兴高采烈地指着那个芭比娃娃说：“就是它，就是它！”

赵女士拿着那款芭比娃娃仔细地看了又看，然后很认真地说出了自己的想法。

“妈妈认为这个芭比娃娃并没有什么特别之处，它看上去也不是特别漂亮，它的做工也不是很精致。另外，价格也偏高。还是不买了吧。”

遭到拒绝以后，女儿突然变得很不高兴。她撅着小嘴说道：“我知道你根本就不想给我买！”

女儿知道母亲已经决定了的事情就不会轻易改变，所以她不再说什么，于是跟着妈妈离开了玩具店。

晚饭之后，女儿小心翼翼地跟妈妈说：“妈妈，我以后可不可以每周把您给我的零用钱节省一部分存起来啊？”

“当然可以，这个主意很不错啊！可是你要存零用钱做什么呢？”妈妈看透了女儿的心思，但还是问了出来。

“我想用自己存起来的钱买那个芭比娃娃！”女儿终于说出了自己的小算盘。

从那以后，当女儿再想买什么东西的时候，赵女士就不再充当那个有着决定权的角色了。她只会问女儿存下的零用钱够不够支付想要购买

的东西。

3.为孩子开设家庭银行

当孩子对储蓄有了初步的认识之后，父母不妨为孩子开设一个家庭银行，开设家庭银行与让孩子拥有自己的存钱罐并不矛盾。要让孩子认识到这两者各有不同。拥有存钱罐的好处是简化了存钱的手续，自己想什么时候花就什么时候花，如果孩子把钱放到家庭银行当中的时候就要履行一定的手续，当然只是模拟银行的手续而已，不过当孩子把钱放到家庭银行中的时候，父母要给孩子支付一定的利息。这样一来不仅有利于培养孩子合理用钱、勤俭节约的优良品质，还可以让他认识到储蓄的好处。

孩子的压岁钱中隐藏着理财教育良机

很多孩子喜欢过年，因为过年的时候，孩子们再也不用像以前那样一直把自己埋在做不完的题海中，并且可以从长辈那里得到很多的压岁钱。

我国自古以来就有给孩子发放压岁钱的习俗，在古代，压岁钱只是长辈在过年的时候给晚辈的一种象征性的礼物，是想通过压岁钱讨一个吉祥。可是随着经济的飞速发展，人们的物质生活水平不断提高，孩子从长辈那里得来的压岁钱的数额也在不断地变大。很多孩子拿到压岁钱之后会肆意地挥霍，养成了不好的习惯。其实当孩子收到压岁钱的时候，也是父母对孩子进行理财教育的大好时机。

张先生说，前几年过年的时候，一家人围坐在一起谈天说地，共享天伦之乐。当外公外婆给孩子红包的时候，小家伙会忙不迭地接过来，以最快的速度打开红包，然后把里面的钱全部抖落出来，当他发现里面除了除了一些钱之外再找不到其他的东西的时候，就会有一丝失望的神情。然后他就会把红包塞到妈妈的手中，让妈妈替他保管。

随着孩子一天天长大，他也有了自己的“小算盘”。这种情况却在不久之前发生了很大的改变。

今年春节的时候，孩子依旧得到了很多压岁钱，当妈妈像往常一样要把孩子的压岁钱收回“暂时保管”的时候，儿子连忙摆手说道：“还是我自己保管吧，如果把钱给了你们，等我再想花的时候就要不回来了！”

看着孩子一本正经的样子，张先生和妻子都忍不住笑出声来，他们认识到孩子已经长大了，开始有了自己的主见了。张先生好奇地问孩子："儿子，你要这些钱做什么呢？"

"我要去吃肯德基，买一个奥特曼，夏天的时候我要买很多很多的冰淇淋。"儿子兴致勃勃地说道。

这些东西都是以前张先生和妻子对孩子严加限制的，于是他跟儿子说道："宝贝儿，爸爸妈妈不是和你说过很多次了吗？咱们家并不是吃不起肯德基，爸爸妈妈也不是小气鬼，可是假如经常吃肯德基的话很容易让人发胖的，你是不是想要变成一个小胖子呢？"

儿子看着爸爸的眼睛用力地摇了摇头。

张先生接着说道："冰淇淋里虽然好吃，但是如果吃得太多就很容易导致蛀牙，等到那时候再后悔的话可就来不及了，你总不想这么小就装一口假牙吧？"

听完爸爸的话，儿子连忙说道："我不想去吃肯德基了，这些钱还是给妈妈保管吧。"

压岁钱在孩子的成长过程中扮演着越来越重要的角色。据调查，不同年龄段的孩子在长辈那里得到的压岁钱的金额有很大的不同。在城市孩子当中，年龄在12～18岁之间的孩子得到的压岁钱最多，通常都在1000元左右，其次是12岁以下的孩子，他们得到的压岁钱大致在200～1000元，得到压岁钱最少的就是正在上幼儿园的孩子，通常在100元左右。不过让人匪夷所思的是在某些地区，一些长辈依然会给未婚的成年男女发放压岁钱，这些数额之大就有点让人瞠目结舌了。

孩子的心志发展还很不成熟，他们还不知道怎样合理地运用这些压岁钱。如果父母放任不管的话，很容易让孩子养成一些坏习惯。于是如何帮助孩子处理好压岁钱渐渐地被家长提上了教育日程。

截至目前，家长对待孩子的压岁钱通常有以下三种做法。

一，完全没收孩子的压岁钱。

有些孩子收到压岁钱的时候，并没有显示出应该有的兴奋和愉悦，因为他们知道妈妈不等这些钱在自己的手中暖热就会全额取走。采取这种做法的父母通常情况下都比较专制。不管孩子收到了多少压岁钱都要悉数充公，孩子对于自己的压岁钱没有所有权，也不具有自由支配权。

这种做法将会给孩子的心灵造成很大的伤害，长期下去容易导致父母在孩子心目中的地位下降，不利于建立和谐温馨的家庭环境。

二，暂时替孩子保管。

有一部分父母也会收回孩子的压岁钱，但是他们会向孩子说明自己只是暂时替孩子保管，孩子依然是压岁钱真正的主人。不过这个“主人”的权力会受到一定的限制，当孩子需要使用压岁钱的时候必须经过父母的同意才可以。

三，放任不管，不仅让孩子享有压岁钱的所有权，还让孩子享有支配权。

这些父母对于孩子如何处理压岁钱毫不关心，他们觉得既然是孩子的压岁钱就应该完全让他们自己来支配，做父母的不应该有任何干预。这些父母采用这种方式的时候却忘记了，毕竟孩子的理财能力还很差，如果放任不管的话，将对孩子理财能力的培养造成很大的消极影响。

刚上初一的小峰过年的时候收到了1000元的压岁钱，他用300元为自己买了一双名牌鞋，剩下的那些钱就在和自己的好哥们儿吃饭、玩游戏中用完了。

不难看出，以上三种方法对于提高孩子的理财能力都有着自身的局限性，家长朋友必须找到一个合理、科学、有效的方法，提高孩子管理压岁钱的技能。

父母应该知道的

如何对待孩子的压岁钱，怎样才能让孩子在压岁钱中学到更多的理财知识，这是父母们应该给予足够重视的问题。下面几种处理孩子压岁钱的方法，也许会给你带来一些帮助：

1.让孩子在压岁钱接触金融管理

父母不可小看孩子的压岁钱，如果利用得当的话，可以让孩子从中学到很多知识。借助压岁钱，让孩子学到资金管理方面的知识，不失为一个很好的办法。

李先生一直都很重视提高孩子的理财能力，在儿子9岁的时候，他就开始让儿子学着管理自己的压岁钱，不过他给儿子准备了一个账本，在他的指导下，儿子每一项收入和支出都记录得清清楚楚的。当儿子的钱积累到一定的数量的时候，就会主动让爸爸妈妈帮自己存到银行里，有时爸爸妈妈着急用钱，可是又来不及去银行取的时候就会向儿子“借款”，借款的时候双方会约定还款期限、利率等各项事宜，并以书面形式记录下来，由双方签字。有时爸爸妈妈故意拖延还款时间，于是就要和孩子再签订续借协议。

李先生说，在这个过程中孩子学到了很多有关金融的知识。例如如何借款、存款、在这个过程中应该注意哪些事项等，同时孩子也明白了信用对一个人的重要性以及在借款过程中应该承担起的责任等。

2.让孩子把一部分压岁钱存起来

父母应该建议孩子根据自身的需要把压岁钱分为若干份，孩子在日常生活中需要的资金可存到储蓄卡上，孩子如果需要消费的话可以随时取出。孩子将来有可能需要购买的大件物品例如电脑、电子辞典等资金可以存为半年到一年的短期存款。如果还要让孩子为将来的学生生活准备资金的话，就要存为3～5年的长期储蓄了。

3.让孩子用一部分压岁钱购买保险

现在很多保险公司都设立了与孩子有关的保险项目，让孩子用压岁钱购买保险无疑是一种受益终生的理财方案。

4.让孩子用压岁钱参与到收藏活动中来

邮政部门经常会销售一些限量版的、有纪念意义的邮票，如果父母每年都让孩子压岁钱购买一两套邮票的话，既拓展了孩子的视野，又得到了收藏品，真可谓一举两得。此外，还有一些年代久远的纸币、景区的门票等，都可作为收藏品。不要忘了，这些物品的升值幅度有可能超乎你的想象。

5.让孩子把一部分压岁钱投资到学习中

无论什么时候，对于学习的投资都是最明智的投资方式，当父母指导孩子用好自己的压岁钱时，不妨让孩子留出一部分资金用于订购学习资料、报纸、杂志等。这有利于让孩子养成爱读书、爱学习的好习惯。当然这种投资方式可能在短时间内看不出明显的效果，但能在潜移默化中影响孩子，提高孩子的综合素质。

6.让孩子学会分享

我们经常可以看到这样一些人，虽然他们非常富有，但是他们却并不感到快乐。因为他们的内心充满了自私的念头，他们从来不懂得财富是需要分享的。当这些富翁们渐渐领悟到这个道理之后，他们就开始踊跃地参加各种各样的公益活动和慈善活动。纷纷把自己的财富拿出来做慈善事业，让别人分享自己的财富，这时候他们就会有一种非常充实的满足感和巨大的成就感。所以父母应该让孩子学会与他人进行分享，鼓励孩子多参与公益性的捐款活动，拿出自己一部分的压岁钱捐赠给灾区，向母亲水窖、希望工程等项目捐款，培养孩子的分享意识、奉献精神和爱心。在这个过程中孩子的分享意识、奉献精神都会增强，他们也会变得越来越有爱心。

让孩子学会使用零用钱

梅梅已经是一名小学一年级的学生了，开学的第一天，她显得很兴奋，又有一些紧张。快到学校的时候，梅梅却停了下来，她抬起头说："妈妈，我马上就是一名小学生了，是不是从今天开始我就是一个大孩子了啊？"

"当然了，梅梅已经是一个大孩子了，不再是从前的那个不懂事的娃娃了。"妈妈面带微笑答道。

"也就是说，从今天开始，我就可以做自己喜欢做的事情了吗？"听到妈妈的回答后，梅梅兴奋地说道。

"对啊，梅梅可以做自己喜欢做的事情了。"妈妈答道。

"嗯，我知道了！"得到妈妈的肯定回答后，梅梅在妈妈的带领下走到了学校。

很快，梅梅发现了一件很重要的事情，午休的时候，很多同学都会一窝蜂地挤到小卖部，他们纷纷拿出自己的零用钱买了各种各样的零食和一些新奇的小玩具。这让梅梅非常羡慕，后来梅梅就把这件事告诉了妈妈。

"妈妈，为什么别的同学可以自己去小卖部买东西，而我却不可以呢？每当看到别的同学拿着东西从小卖部里走出来，我别提有多羡慕了。"

妈妈看着一脸委屈的女儿，也感到十分心疼。以前她总是觉得孩子还小，什么东西也不缺，所以根本没有必要给她准备零用钱。现在她终于认识到，女儿的年纪虽然很小，但是已经有了强烈的消费欲望。于是妈妈和女儿商定，每个周一妈妈都会给梅梅一定的零用钱。

刚从妈妈那里得到零用钱的时候，梅梅通常都会特别兴奋，她在心里盘算着应该给自己买什么样的东西。后来梅梅的购物欲望越发强烈，通常情况下还没等妈妈给的零用钱在自己的手中暖热，她就已经把这些钱慷慨地花掉了。不过在梅梅的房间里却多了一些没有实用的花花绿绿的玩具，而这些玩具又是她刚刚买回来的。把钱花光了的时候，梅梅就会向妈妈伸手要，虽然妈妈已经意识到孩子在花钱的时候有些浪费，可是自己经不住梅梅的百般讨要，于是又给孩子一些零用钱。每当梅梅再次从妈妈那里得到零用钱的时候，她就会有一种很强烈的成就感，之后就会重复自己之前的疯狂消费行为。

很多父母都遇到过类似的经历，如何让孩子科学地使用零用钱是很多父母面对的一个问题。

要想让孩子学会科学地使用零用钱，父母必须对孩子的消费现状有一个客观、清醒的认识。调查表明，我国城镇中的青少年大部分都可以自由支配自己的零用钱，他们的父母不会给予太多的干涉。绝大多数的孩子的零用钱都用于购买零食。很多孩子被那些五颜六色的包装所吸引，可是他们不知道那些食品基本上都没有什么营养价值，只是口味新奇一些罢了。当孩子兴致勃勃地把这些东西送进口中的时候，也给自己的身体健康带来了隐患。此外，孩子还经常被路边的小商贩出售的新奇的小玩意儿吸引，商家就是凭借这些伎俩从孩子的口袋中掏走父母们辛辛苦苦赚来的血汗钱的。

当孩子乱花钱的时候，很多父母都会特别着急，他们非常担心假如这样下去的话，不利于孩子养成勤俭节约的好习惯，于是他们开始果断地限制孩子的零用钱。可是他们却不曾想到，这样一来又出现了新问题。

张先生说在他的儿子读小学的时候，曾经有一段时间绝大多数男生都拥有了一辆属于自己的玩具赛车，课间的时候他们就会把各自的赛车集合起来，然后分一个高下。儿子看到唯独自己没有赛车，心里感到特别不是滋味。他多么希望自己也有一辆赛车下啊。

于是，儿子偷偷地回家把自己存钱罐里的钱全都拿了出来，他数了数竟然有将近两百元的现金，小家伙拿着现金毫不犹豫地去商店买了一辆高档玩具赛车。张先生和妻子知道这件事后非常生气，他们开始严格控制孩子的零用钱。缩减孩子的零用钱数额，不管孩子想要买什么东西，必须经过父母的同意。坚决杜绝孩子乱花钱，让他知道金钱来之不易，逐渐培养孩子的勤俭节约的意识。

刚开始的时候，孩子很不适应，常常会闹情绪。过了一段时间，孩子也开始慢慢地接受这个现实了，不过张先生却发现孩子有时节俭得近乎吝啬。

不久之前，学校组织学生春游。俗话说穷家富路，为了不让孩子在同学面前感到难堪，张先生给孩子的零用钱就比平时多了一点。他希望孩子能够从春游活动中找到自己的快乐。可是等到孩子回家的时候，张先生发现孩子竟然分文未动地把零用钱拿回来了。

还有一次，学校组织了一个大型的公益募捐活动，可是他却没有任何要捐款的意思，后来看到所有的同学都捐了，自己也不好意思这样下去，于是他只是象征性地捐了一点钱。

毋庸置疑，张先生的这种做法是不科学的，非但没有起到教育孩子的效果，还让事情变得更加糟糕。

如何让孩子用好零用钱是一门很深的学问，如果把握好了，就能让孩子的理财能力得到很大的提高。如果父母在教育孩子使用零花钱的时候采取了不正确的方法，就会给孩子的发展带来很不利的影响。

那么，在培养孩子正确使用零用钱的过程中，究竟应该注意哪些内容呢？

1.要把零用钱的使用权归还给孩子

要想让孩子学会科学合理地使用零用钱，父母首先就要把零用钱的使用权归还给孩子。如果父母给孩子零用钱，却不让他有自由支配的权利，那么，孩子就会有一种被欺骗的感觉。他们认为父母总是说话不算数，这样父母在孩子心中的威望就会大大降低。

2.对孩子零用钱的控制要适度

父母要把零用钱的支配权交给孩子，并不是说就放任孩子，很多父母为了让孩子享有充分的零用钱支配权，因此给孩子零用钱之后就不管不问，孩子也很少向父母主动谈起零用钱的去向。这样一来孩子受不到任何约束，他们就容易养成乱花钱的毛病。

父母在把零用钱的支配权交给孩子的同时，还应该对孩子进行一些必要的限制措施。这种措施既不能太严格也不能太松弛，家长应该掌握好一个度。例如给孩子零用钱的时候就应该告诉孩子，虽然他们拥有零用钱的支配权，但是却不能购买那些对身体有害或者不是自身急需的物品。

3.让孩子有计划地花钱

父母应该让孩子养成记账的好习惯，每当孩子领到零用钱的时候应该让他制订一个消费计划表。让孩子制订一个每周预算，其中包括交通费、学习用品支出、零食等，当孩子超出自己的预算目标时，就要主动地限制零花钱的使用。

4.允许孩子在零用钱的使用上犯错

人非圣贤，孰能无过。当父母把零用钱送到孩子手中的那一刻就应该明白，孩子很有可能会犯错。很多成年人都会由于抑制不住内心的冲动，从而买下一些很昂贵的或者根本就没有实用价值的东西。更何况孩子刚刚接触金钱不久，他们犯错是情理之中的事情。当孩子犯错的时候，有些父母一气之下就会拒绝给孩子发放零用钱，这不是最好的解决办法。

父母应该让孩子明白，他必须为自己的过错付出代价，让孩子承担事情的后果。例如当孩子由于冲动花掉了所有的零花钱时，做父母的不应该随意给孩子追加零用钱，应该让他们体会一下手上没有零用钱的窘境。

5.鼓励孩子把零用钱用于学习

应该鼓励孩子把钱投入教育中来，当孩子用零用钱购买文学书籍的时候，应及时地进行鼓励和表扬。如果可以的话，父母们不妨和孩子一起进行有关书中的人物性格、情节发展等方面的讨论，这样不仅有利于提高孩子的理财能力，还能拓展孩子的视野，帮助孩子提高阅读能力和写作能力。

6.理智地对待孩子节省下的零用钱

有些孩子在生活上比较节俭，每到月末的时候，他们通常会给自己节省下一笔零用钱。做父母的不能因为孩子的手中还有零用钱，就减少给孩子发放零用钱的数额。对于父母来说，那点零用钱算不了什么，但是对于孩子来说有着非同一般的意义。

7.让孩子学会关心他人

要鼓励孩子把自己的零用钱拿出来一部分捐献给公益事业，支援贫困地区的教育，从小培养孩子的奉献精神和爱心。

让孩子学会花“自己”的钱

当孩子长到十岁左右的时候，很多法国的父母就会给孩子开办一个个人银行账户，并给孩子存入一定数额的金钱。金钱的多少因家庭条件和父母的教育理念的不同而有所差异，有的会给孩子1000左右法郎。而有的则会给孩子数千法郎。当父母给孩子开办银行账户以后，就不会像以前那样定期给孩子零用钱，他们只在一些重大的节日或者孩子生日的时候给孩子一些零用钱。

他们煞费苦心地为孩子设立一个银行账户，并不仅仅为了让孩子消费时更加自由，当然更不是为了逃避一次次给孩子发放零用钱的繁琐。他们是为了及早地培养孩子的理财能力。因为他们明白，当孩子拥有了独立的账户的时候，孩子会自主地选择消费内容，这时候孩子理财教育才算是进入了正式的培训期。

很多孩子在第一次拥有那么多金钱的时候，会表现得十分亢奋，因为自己突然有了支配权利，很多孩子的消费欲望会突然膨胀，他们会因心血来潮而购买一大堆没有实用性或者自己很少用到的物品。当孩子出现这样的情况的时候，家长应该给予及时的引导。也可以让孩子吃一堑，长一智，他们会吸取失败的教训，然后不断地成长起来。当然，还有另外一类孩子，他们知道既然父母把钱给了自己，那么，就应该想尽办法减少开支。

很多孩子会在父母的指导下给自己建立一个零用钱记账本。别小看孩子的记账本，它对培养孩子的理财能力有很大的帮助。这些孩子既有了自己的银行账户，又有了自己的记账本，这样一来他们消费的时候就会更加有针对性。

由于自己的消费计划已经在记账本上明确地记录下来，所以有记账本的孩子很少会出现盲目消费的现象。

当孩子有条不紊地记录下自己的各项支出的时候，父母应及时给予鼓励和表扬，如果孩子记录的账目不清楚，父母就要对其进行一定的教育。

值得高兴的是，很多父母已经了解到给孩子建立记账本的重要性，并且已经开始逐步实施自己的理财教育计划。

张女士于2008年获得了某市十大杰出母亲的光荣称号，她很注重对孩子理财能力的培养。

张女士说，自己结婚之后他们一家就开始了记账，大到买车、买房，小到去菜市场买菜，家庭的日常每一项支出都会清清楚楚地记录在家庭账本上。

当孩子还是三四岁的时候，她就会让孩子参与到家庭大会当中来。很多时候，她和孩子的爸爸都是聚在一起商量购买大宗物件的计划，儿子虽然插不上嘴，但是在耳濡目染之后，儿子渐渐地体会到了账本的重要性。有时在睡觉之前，他还询问妈妈有没有把当天的支出都记录在账本上。

现在儿子虽然刚满9岁，但是他已经有了自己的账本，在这个账本上清楚地记录着儿子买学习用品花了多钱，买零食用了多少钱，交通费用了多少。

更有意思的是儿子还经常会写一些消费心得。上面写着儿子对自己的消费行为的反思。有的东西并不是必不可少的，还有一些东西可以买一些更便宜的等。

当孩子有了一个账本之后，就可以对自己的消费做出一个合理的预算。当孩子遇到诱惑的时候，在衡量利弊之后很有可能改变自己的消费主张，做出最合理的选择。

女儿琳琳问妈妈能不能在肯德基给她过生日。为了说服妈妈，她还说自己有好几个同学都是在那里过的生日。

妈妈没有直接说明自己的态度，她只是面带微笑地说："宝贝儿，你有没有想到更有意义的庆祝生日的方式呢？现在妈妈给你150元钱，你自己决定过生日的方式和地点，不过我要告诉你，过生日剩下的钱全归你。你仔细考虑一下，好吗？"

在接下来的几天当中，琳琳把妈妈给的150元钱放在了枕头底下，然后在自己的账本上算来算去，最终还是放弃了去肯德基过生日的念头。因为如果拿150元钱去肯德基的话肯定是杯水车薪，与其如此，还不如在家庆祝呢。

于是有一天，琳琳又找到了妈妈说："妈妈，我想在家里开一个小型的生日Party，把我的好朋友都请来，您看这样好吗？"

"这个主意很不错呀，妈妈支持你，有什么需要我帮忙的吗？"

"您就帮我一起买些需要的东西，然后布置一下客厅吧！"

于是琳琳和妈妈一起采购，布置场地，生日那天来了好几个好朋友，他们玩得都非常开心。而节省下来的几十元当然就归琳琳自己所有了。琳琳后来说，还是妈妈给自己的账本发挥了作用，如果自己坚持要去肯德基的话，那么，前些日子节省下来的零用钱肯定都得用完，即使这样也不会玩得很开心。可是现在既节省了资金，又让朋友们玩得非常开心，她也非常高兴。

事实证明，一个小小的账本将对提高孩子的理财能力起到不可替代的作用，它不仅仅是让孩子记录下自己的收入和支出，最重要的还是让孩子的心中有一个财务规划的意识。

那么，父母在为孩子准备账本的时候应该注意那些事情呢?

1.让孩子记清楚自己的资金来源

首先应该让孩子把自己的资金来源搞清楚。也就是说让孩子清楚地知道自己的钱都是从哪里来的，这其中包括上个月的结余，本月从父母那里得来的零用钱、爸爸妈妈奖励自己的钱、爷爷奶奶等长辈给自己的钱等。总之，不管孩子用什么样的方式得来的钱都必须记录清楚。

2. 让孩子为自己的支出分类

为了不让自己的财务出现危机，父母不仅应该要求孩子把自己的支出记录清楚，还要把这些支出分类，通常情况下，人们喜欢把支出分为储蓄、馈赠、消费三大类。而消费当中又有享受性支出和投资性支出，前者可以方便自己的生活，让自己生活得更加舒服，例如偶尔打车去上学；而后者则是为了让自己的能力得到提高而进行的消费；例如孩子给自己选购一些课外书籍，参加一些自己喜欢的培训班等。

3.让孩子为自己的消费买单

父母应该让孩子学会为自己的消费买单，例如去公园或者动物园的时候，父母可以试着让孩子用零用钱买门票。此外当孩子购买书籍的时候也不妨让孩子从自己的腰包里往外掏钱。当孩子发觉自己口袋里的零用钱在一点一点地减少的时候，他们就会有意识地开始节约开支了。

4.对孩子进行必要的指导

父母为孩子准备好一个账本后，并不意味着就可以高枕无忧了，因为孩子的年龄还小，他们的执行能力还不是很好。有时候虽然制订了一个合理的消费计划，但是在实际操作中却往往由于种种原因而不能完全依照计划行事。

所以父母不妨时常翻看一下孩子的账本，看看孩子是否按计划消费，如果没有的话，就要对孩子进行一下引导，让孩子进行必要的修正，这样有助于孩子在提高理财能力的时候少走弯路。

第四章
让孩子学会赚钱，为美好人生奠定基础

俗话说“授人以鱼不如授人以渔”，孩子终究要离开父母独自生活，你不可能永远地陪在他们身边。与其费尽心机留给孩子一笔丰厚的财产，不如在孩子还小的时候就开始培养孩子赚取财富的本领，唯有如此，才能让孩子拥有一个富足的人生。

孩子会赚钱才能更好地生存

虽然说金钱不是万能的，但是，金钱毕竟是人们生活的一个物质基础。我们不能因为看到某些人不正当地使用金钱造成了一系列严重的后果，就对金钱横加指责。毕竟金钱本身是没有善恶对错之分的，关键是持有它的人怎样使用它，或者说追逐财富的人是否用了光明正大的方法。

我们不得不承认，金钱还是有很大威力的，有了足够的钱就可以拥有一所大大的房子，有了钱就可以更好地照顾爸爸妈妈，有了钱就可能让自己的儿女上一所比较好的学校。无论你有多么崇高的理想，也不管你有多么远大的抱负，你首先遇到的事情就是要学会生存。是的，要想生存就离不开钱，赚钱是一个人最基本的生活能力。

很多国外的父母都鼓励孩子通过自己的劳动来赚钱。他们提倡孩子把自己不玩的玩具拿出去出售来获取零用钱。有时他们还让孩子做一些家务来获取报酬，但是父母们要注意，并不是孩子在家里做的任何事情都会得到报酬。那样的话，很容易养成孩子唯利是图的性格，因为孩子是家庭中的一员，他有责任也有义务完成一部分家务劳动。但是那些原本要花钱请钟点工做的事情，例如修剪草坪、洗车等工作，父母可以让孩子来完成。当然，在实际的操作过程中，父母可以根据实际情况决定哪些是孩子应尽的义务，完成哪些工作孩子可以得到相应的报酬。

在美国，很多父母都会告诉孩子这样一句话："想要花钱的话，那就自己去挣。"这些父母在孩子很小的时候就给孩子灌输了挣钱的重要性。每年寒暑假，美国都会有几百万的中小学生通过打零工挣钱，而在日常生活中他们则通过帮助邻居送报纸、修剪草坪、浇水等活动赚取数额不等的零用钱。小女孩则会帮助邻居做一些力所能及的家务来赚钱。在美国父母的意识里，一个孩子有两件必须要做的事情，一件是学会交往，另外一件就是学会独立。让孩子一个人赚钱的时候最重要的就是让孩子得到历练，尽快地成长起来，那么，成年后他就能更好地适应这个社会了。

有一天，一个刚满9岁的美国小女孩兴致勃勃地给妈妈带回来了一张名片，名片的标题是“冰箱清洁”，下面则写着，“您想要一个干净清洁的冰箱吗？那就赶快给约翰打电话吧，我会为您提供最好的服务。”刚开始的时候妈妈还以为是哪家公司散发的名片呢。但是下面却赫然写着“约翰：今年8岁，不过工作起来很勤奋，每清洁一个冰箱需要您支付5美元。”上面清楚地写着约翰的住址和电话。

后来女儿告诉妈妈，这个约翰是班里的一名男生，刚开始的时候他因为帮助妈妈清理冰箱得到了5美元，小家伙尝到甜头以后就开始为邻居提供有偿服务。过了一段时间，他果然挣了不少钱，因此他就想着要拓展自己的经营范围，并用一部分钱印制了名片。而班上的另一个叫做查理的男孩受到启发后就想到了和约翰合伙经营，当约翰帮助别人清理冰箱的时候，查理则为主人深情款款地拉上一段大提琴。这样一来他们就可以得到10美元的收入了。后来查理突发奇想搞起了家庭音乐会，为客人演奏大提琴。他把门票的价格定为每人5美元。不过，他和父母商定这其中的一半应该交给父母作为场地费用。虽然这个小男孩的大提琴拉得还不是很好，但是邻居们为了鼓励这个小男孩，都积极地买票参加了。

美国各个州的法律不太一样，不过大部分州都规定，当孩子到了13岁的时候就可以出门打工。很多父母在孩子过完生日不久就忙着协助孩子找工作，上文提到八岁的约翰打工挣钱的事例在当地并不少见。很多人都诧异，这么小的孩子能做什么样的工作呢。其实大部分孩子做的工作在我们的眼中都是很“下等”的，因为他们经常会选择做餐馆的服务生、清洁工、保姆等工作。而这种现象在富翁当中更为常见，那些餐馆里的传菜生没准就是哪个亿万富翁的儿子呢。调查结果表明，那些越早开始打工的孩子，成年后他们的收入往往就会越高。

据说，英国有大约16%的青少年会利用课外时间打工挣钱。通常情况下他们每周从父母那里得来的零用钱在6英镑左右，可是他们通过打工挣的零用钱平均每周就有24英镑。这些孩子最喜欢的工作就是帮别人送报纸，还有一些孩子会进入商场、酒吧、饭店打零工。而那些年纪太小的孩子想要挣钱的话，只能在家里做事，例如清理花园、洗车等。照此计算的话，一个孩子一年中通过打工挣到的零用钱数目大得惊人。

其实让孩子打工的意义不仅仅是孩子可以挣到零用钱，更重要的是可以让孩子的做事能力得到有效的提高。大部分孩子做的都是一些最低端的工作，他们需要和很多人进行面对面的沟通。例如有的孩子会选择做销售员，这时他们的沟通能力、说服能力以及是否能够让对方相信你的话，都会成为他能否顺利售出商品的重要因素。孩子们在这些事情中得到的锻炼是在学校永远也学不会的。

让孩子学会打工不仅可以补贴他们的零用钱，还可以让他们的各项

能力得到有效的提高，父母们不要再犹豫了，从今天开始，让孩子尝试着用自己的劳动获得金钱吧。

要让孩子学会挣钱，就要从以下几个方面做起：

1.让孩子认识到打工的妙处

现在的孩子大部分都是独生子女，他们被父母娇惯坏了。如果让他们打工的话可能会遭到其拒绝。所以父母要让孩子明白，如果适度地打工不仅可以得到一些报酬，更重要的是能够让自己变得越来越有责任心，同时又可以学到与人进行沟通和交流的技巧，让自己接触到更多的人，并且很有可能和他们成为朋友。更重要的是可以提高孩子的理财能力，有了良好的理财能力，长大后就能生活得更加美好。

15岁的小磊长得高大威猛，已经是一个非常帅气的小伙子了。和别的家长不一样，小磊的妈妈除了关心孩子的学习成绩之外，还希望孩子能够多和社会接触。所以暑假的时候妈妈并没有给他报辅导班，相反却提议让孩子到叔叔的酒楼里去做一段时间的服务生。刚开始的时候小磊拉不下面子，不想去。不过，在母亲的劝说下，他还是决去尝试一下。

可是，当小磊真正成为酒楼的一员之后，才发现这里竟然可以学到那么多东西，在这里工作的一个多月里，他见到了很多不同类型的人，和这些人打交道的时候小磊忽然发现自己特别幼稚，他也明白了和不同的人沟通时要用不同的方法。

2.不要让打工占据孩子的全部业余时间

父母们要明白，让孩子打工只是为了提高他的理财和其他各方面的能力，但是一定要把握好打工的度。不要让孩子大部分的业余时间都用于打工挣钱，这样势必会影响孩子正常的学习。

有些孩子因为打工时间过长而导致不能及时地完成家庭作业和对新课程的预习，从而导致学习成绩不断下降。过量的打工还会给孩子的全

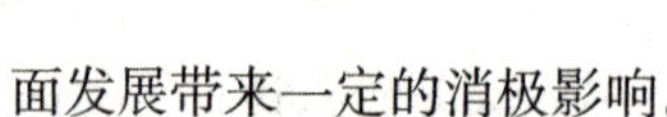
面发展带来一定的消极影响。

3.让孩子学会管理“工资”

由于孩子年龄还小，他们无法面对很多事物的诱惑。当孩子通过打工挣到钱的时候，做父母的就应该发挥自己的作用，让孩子学会管理好自己的“工资”。否则，孩子会养成大手大脚花钱的坏习惯。

当孩子拿到自己的工资时，父母不妨陪同他到银行开办一个个人账户，把这些钱存进去。另外，还要及时制止孩子的不良消费习惯，让孩子时时刻刻都有勤俭节约的意识。

4.让孩子小心“就业陷阱”

父母应该告诉孩子不能由于“求职”心切就盲目地选择工作，有很多工作根本就不是给孩子准备的。如果盲目选择，可能会给自己带来一定的伤害，甚至还可能触犯法律。例如不要让孩子帮助别人散发、张贴小广告等。

孩子赚钱时必须拥有一个良好的心态

曾经有人说，一个人的心态如何，决定了他是否能够取得成功。也许这其中有夸大的成分，但是我们不得不承认心态的好坏的确对一个人有很大的影响。

现实生活中有很多人虽然遭受了暂时的挫折，但是他们拥有一个良好的心态，能够很快地进行自我调节，所以他们会取得成功。还有一部分人整天自怨自艾，杞人忧天，整天被这种心态所困扰的人，即使机会摆在他们面前，他们也不会发现。心态的好坏对于赚钱来说也有很大的影响。

阿夏在大学里有一个很要好的朋友小云，大学期间小云生活得十分惬意，每天都是容光焕发的。可是等到毕业之后，阿夏又发现了一个不一样的小云。

小云刚刚工作两个月就开始变得浮躁不安，她的口中出现频率最高的词语就是赚钱，赚钱。当她和阿夏出去玩的时候时不时地会从口中蹦出一句：“赚钱，我要赚钱，我要成为一个富婆！”

接下来，她会郑重其事地问阿夏：“你快告诉我，我要怎么做才能赚到更多的钱啊？你说我是不是应该出去找个兼职呢？”

阿夏面对小云的改变感到十分惊讶，她无论如何也想不通为什么小云会有如此大的改变。再说她只是一个刚毕业的大学生，为什么对金钱

有这么夸张的欲望呢？阿夏很担心小云，但是又不知道应该做些什么。

紧接着，阿夏也参加工作了，不过她已经比小云晚了整整两个月。由于工作原因，她们不能像以前那样经常结伴逛街了。阿夏对自己的工作还比较满意，由于自己没什么工作经验，阿夏的工资不多，这是在她的意料之中的。但是养活自己已经绰绰有余了，更何况每个月她还能给父母寄回家一部分。阿夏开始一步一个脚印地走自己的路，不知不觉中她竟然比上大学的时候还胖了一点。

可是当阿夏再次见到小云的时候，她几乎要认不出她了。那次，她们相约去游玩，可是小云早已没有了大学时代的洒脱和不羁。现在的小云瘦了很多，黑了很多，更可怕的是她看上去非常憔悴，总是一副心事重重的样子，这让阿夏非常心疼。当她们在长椅上并肩坐下的时候，小云开口说话了："哎呀，我最近好郁闷，你告诉我究竟怎么样才能挣钱，怎样做才能快乐起来！"

后来，阿夏得知小云为了省钱想尽了各种办法，可是她又经常会因冲动买一些高价的没有实用性的商品。

阿夏把小云的近况告诉了小云的父母，父母专程来到女儿工作的这个城市，他们看着面色蜡黄的女儿，忍不住落下眼泪来。

妈妈拉着女儿的手亲切地说道："小云啊，你怎么把自己折磨成这个样子了呢？毕竟你刚刚毕业，工资少也在情理之中，你又何必急于一时呢？你得踏踏实实地一步一步来啊，以后肯定会好起来的。再说了，世上的钱有那么多，你就是把自己累死也挣不完啊。你输就输在没有一个良好的心态。你越是着急赚钱，自己就会越闹心，这样下去你怎么可能快乐起来呢？孩子，爸爸妈妈只是希望你过得快乐一点，如果你一直这样下去的话，我们也会很难过的。"

看着风尘仆仆的母亲，小云终于忍不住落下泪来。她似乎已经明白了妈妈的话，忙不迭地点头。

等到几个月后阿夏再次见到小云的时候，小云明显没有了以前的焦躁不安。她说自己已经不特别在意报酬问题了，而是抱着一个学习知识、积累经验的态度忙着日常的工作。在不知不觉间学到了很多知识，还发现了很多曾经被忽视的风景。她的气色也比以前好了很多。

其实想要挣钱是一个很正常的心理需求，可是在追求财富的道路上应该有一个良好的心态。切记不能急功近利，父母应该注意培养孩子的良好心态，否则，孩子长大之后可就很有可能像上文中提到的小云一样，在追求财富的道路上走进误区，让自己痛苦不堪。

拥有良好的心态是一个人致富的前提条件。千万不要让孩子有想一夜暴富的想法，那种概率不亚于寄希望于买彩票中奖。况且，即使上天眷顾你让你享受一笔横财，让你摇身一变成为一个富翁，但是由于自己缺乏必要的理财知识，很快就会衰败下来。

威尔斯和杰克是对双胞胎，当他们有了独立的办事能力之后，父亲决定让孩子到外面的世界历练一番。于是，父亲把两兄弟叫到自己的跟前说："我亲爱的孩子们，现在你们已经长大了，已经是名副其实的男子汉了。我想现在应该是让你们出去磨炼一下的时候了，现在我给你们每人1千美元，至于怎么利用这1千美元当然是你们自己的事情，我不会横加干涉的。孩子们，出去接受一下风雨的洗礼吧，也许你会得到意想不到的收获。"

兄弟两个私下里约定如果谁率先挣到1万美元的话谁就是赢家，一年之后弟弟的银行户头里已经有了将近2万美元的存款，可是哥哥的存款却还不到6千美元。问题就在于弟弟拿到钱之后做了一个很详细的市场调

查，等他找准方向之后开始同别人合伙贩卖钢材；而哥哥在拿到父亲给的钱之后来到了一家规模比较大的公司上班，并学习经营管理技能。

等到兄弟两个再次出发的时候弟弟提议说，这次如果谁在一年之内挣到5万美元，谁就是赢家。毫无疑问，弟弟顺理成章地又一次取得了胜利。哥哥的收入虽然有所增加，他已经挣到了3万美元，但是和弟弟相比，他还是有一定的差距。

又过了几年，哥哥的经营管理技能得到了很大的提高，他自己成立了一家公司。他的产品深受广大顾客的欢迎。而弟弟在市场上摸爬滚打的这些年也使自己的销售技巧高于很多人，可是由于他没有合理科学的经营理念和优良的管理技能，所以在后来的这几年间遭受了很多挫折。当哥哥成为百万富翁的时候，他邀请弟弟在自己的公司里担任销售总监。弟弟由于厌倦了漂泊不定的生活状况，于是满心欢喜地答应了哥哥的邀请。

有一天，当他们再次和父亲一起享受天伦之乐的时候，无意间说起了这些年他们经过的起起伏伏。弟弟坚持说哥哥能够取得成功是由于运气比自己好，如果自己的运气好的话，不知道现在要比哥哥强多少倍呢。

这时父亲开口说道:：“孩子，想问题的时候应该多看看自己，这个问题我也思考了很久，其实你并不比你的哥哥差多少，相反，在某些方面你比他强多了。可是，你有一个致命的弱点，你总是急功近利，希望能够在短时间内成为一个大富翁，相比之下，你的哥哥他明白自己想要的究竟是什么，他一步一个脚印，逐步提高自身的能力。同时自己还在积累创业资金。等到时机成熟的时候，哥哥的优势就一发不可收拾，迅速致富。由于哥哥赚钱的时候凭借的是自己多年的经验，因此这样的财富也很稳定。

父母应该知道的

当孩子意识到赚钱是一个人基本的生存能力的时候，父母就要让孩子拥有一个良好的心态去赚钱。那些没有良好心态的人永远也不会过上舒适、富裕的生活。要让孩子顺其自然，不可过度强求。

那么，如何才能让孩子拥有一个良好的赚钱心态？不妨借鉴以下几点，也许会给你带来很大的帮助。

1.让孩子勇敢地和挫折作斗争

我们经常会听到一些类似万事如意、事事顺心、财源滚滚这样的祝福语，但是不论如何，这只是人们的一个美好的愿望而已，在现实生活中人们还是会遇到很多挫折的。父母要让孩子明白，不能因为在赚钱的道路上遭遇到一些委屈就轻易地放弃。如果长大后他们要自己经营一家公司的话，还必须承担有可能亏损的风险，这些挫折在经济活动中是经常发生的，不能太过于纠结。

当然，不怕挫折的勇气和毅力不仅有助于赚取更多的财富，还是每个有远大抱负的人的必备素质。只有能够抵抗住挫折打击的人才能正确、客观地看待自己遇到的人和事。这样一来就能更加有勇气地为自己的财富梦想奋斗。

2.让孩子明白贫穷不是过错

“你以为我贫穷、瘦弱、丑陋，我就没有灵魂吗？”来自《简·爱》中的这句话不知道鼓舞了多少贫穷的人。父母要让孩子明白，一个人贫穷并不可怕，毕竟，金钱可以通过自己的奋斗来获得，可怕的是因为贫穷而丧失自己的灵魂和尊严。那些因为家境贫寒而妄自菲薄、自暴自弃的人才是最可怜的。

3.让孩子明白君子爱财，取之有道

要让孩子明白“君子爱财，取之有道”的道理。一个人想要赚钱并没有错，关键的是应该用合情、合法的手段来赚取财富。不能因为追逐利益而不择手段，不顾他人的死活。这样的人即使富裕了也会心生愧疚，不会得到真正的幸福，严重的时候还可能触犯刑法，酿成大错。

4.让孩子明白不能因有钱而傲慢

让孩子明白，不能因为自己有钱就变得傲慢，看不起比自己经济条件差的人，那样做的话只能让人觉得很肤浅。而且还会在无形之中丢失很多朋友，要知道朋友也是我们的一种财富。

5.不要让金钱左右孩子的情绪

要让孩子明白，金钱乃身外之物，不管到什么时候都应该保持一颗平常心。收入多的时候不可得意忘形，要防止乐极生悲；收入少的时候也要做到知足常乐；即使亏损了也可以仔细分析自己的行为，找出症结所在收获经验，这同样也是一种获得。所以不管到什么时候，都要找到属于自己的快乐。

让孩子学会自力更生

小李是来自河北农村的一个小姑娘，凭着自己不懈的努力，终于在经过寒窗苦读之后顺利地得到了北京某高校的录取通知书，新生报到的时候，小李没有让家人陪自己前来，因为她觉得自己已经是一个成年人了，有很多事情必须学会独自面对。于是，她自己便大包小包地来到了渴望已久的大学。

当小李拖着行李来到寝室的时候，已经有一位女孩坐在电脑桌前了。后来她知道这位室友叫雯雯。雯雯的手中拿着一瓶可乐，爸爸忙着把女儿的其他行李拿出来，妈妈忙着给女儿铺床，还不断叮嘱什么时候应该穿什么样的衣服，这些东西都放在了什么位置，衣服、床单和被罩之类的东西如果脏了要及时拿到洗衣房请人洗洗。

小李的心里感觉怪怪的，她心想："这么大的人了还要父母帮自己做这些事情，将来走上社会可怎么办啊？"

不过，接下来的事情更让小李感觉不舒服。寝室里的卫生是大家轮流打扫的，可是每当轮到雯雯值日的时候她就表现得非常不情愿。耷拉着一张好像谁欠了她多少钱似的脸，不是嫌弃地太脏就是说桌子太难擦。

其实雯雯之所以变成现在这个样子，和她的父母的教育方式有着直接的关系。如果父母注意在孩子很小的时候就培养孩子独立自主的精神，雯雯也不至于变成现在这个样子，我们不难想象，就算这样的孩子本科毕业，研究生毕业，哪怕是博士毕业后，也很难取得让世人瞩目的成就。因为他们不知道什么叫做独立，更不会懂得自力更生的重大意义。

一个一味依靠别人的人永远只能隶属于从属地位，不会有真正的作为，这其中当然也包括那些在成年之后仍然依靠父母生活的人。只有把一个人自力更生的精神激发出来，他才能有超乎寻常的爆发力和忍耐力，进而取得突出的成就。所以盖茨在退休之际宣布把他的所有财产全部捐献给慈善机构。很多中国的父母都不理解盖茨的做法，其实，盖茨这样做恰恰隐含了他对自己的孩子所有的爱。他就是不想让孩子生活在自己已经取得的成就之下而不思进取，只有这样，等孩子长大以后他们才会全力拼搏，用自己的双手开辟一片全新的天地。

人的潜能是不可估量的，那些在满是荆棘的路上依然咬牙孤独地前行的人往往会做出令世人惊叹的事情来。当人们谈论起他们的名字的时候就会想到自食其力、努力拼搏、百折不挠等词汇，而在这一方面做得最好的无疑就是松下电器的创始人——松下幸之助。

松下电器的创始人松下幸之助先生有着非常坎坷的童年。由于经营不善，松下的父亲把先辈留下的家产赔了个精光。等到松下出生的时候，家庭财务又陷入了危急之中，每况愈下。那时候一家人的生计都成问题，更不要说拿出多余的钱来让松下去读书了。于是父母不得不把刚刚上小学的松下送到大阪城去打工。

松下的第一份工作就是在一家火盆店打杂，同时还要帮助老板娘照顾小孩。这时的松下并没有觉得有太多的辛苦，因为在家里的时候他就过着非常贫穷的日子。不过，毕竟松下的年纪还很小，他经常想念妈妈。每当这时他就用被子蒙住头，一个人偷偷地哭泣。谁也不知道这个小男孩在那样的岁月里究竟流了多少眼泪。

松下在火盆店的主要工作就是把盆子擦得锃亮，那时候为了让盆子好看一些，必须用一种叫做木贼的草擦拭，一天下来松下累得几乎要瘫软下去，很快他的手就起泡了。水分经常会渗进干裂的皮肤里，很疼。

虽然小松下经常想家，但是他从来没有放松过对自己的要求。当然，他曾经也有过想要放弃的念头，但是当他想到正在用自己的生命做赌注，想要把赔光的家产再收回来，想到自己肩负着全家人希望的时候，他又咬牙坚持了下来。

后来火盆店要搬迁，老板就把这个勤奋的小男孩介绍给了一个自行车店。从此松下又开始了另一种生活，每天打扫卫生、陈列商品是他的必修功课，然后还要跟着师傅学习修理自行车。那时每天摸着那些崭新的自行车，松下暗暗发誓，将来一定要给爸爸买一辆自行车。

父亲经常这样鼓励松下："孩子，几乎所有成功的人都要经受生活的考验，只要你能够咬牙挺过去，你就会取得成功，就可以比很多人生活得更好。"

赚钱养家的念头已经深深地扎入了松下的心田，他知道如果一直给别人打工的话，想要实现这个愿望就有些遥遥无期了。于是他在思索着应该用什么样的方法才能打破目前的这个局面。可是他不知道这时候一个转机已经悄悄地来到了他的身边。

在自行车店做学徒工的时候，客人们经常让松下帮忙去买香烟。这时候他只能先放下手中的工作，把自己脏兮兮的手洗干净，然后以百米冲刺的速度向商店跑去。去的次数多了，松下就发现这样做既浪费时间，又浪费精力。那时商店有一个优惠条件，只要一次性购买20包香烟就赠送一包。小松下一想，假如自己一次性购买20包香烟寄存在店里，等到再有客人买烟的时候就不用他忙不迭地往外跑了，这样不仅节省了时间和精力，还能给自己带来一点微薄的收入，何乐而不为。说干就干，于是小松下又有了另外一种身份——香烟代售点老板，很快这个小

男孩就因自己的经济头脑而出名了。有的顾客对自行车的老板说："这个小伙子不简单，将来一定能成就一番大事业。"

在大阪做学徒工的那些日子里，松下凭借着自己的机敏和努力，学着怎样做生意。也就是在那段时间，他懂得了对于一个商家来说信誉有多么重要。

当然，也有很多像松下一样的学徒工，他们同样过着艰苦的生活，但是只有松下从那些人中脱颖而出。这其中最重要的就是因为他的背后有家人，尤其是父亲的鼓励和鞭策。所以小松下从来都不敢放松对自己的要求，他深知自己不能永远做学徒工，因此他从身边的小事做起，一直在默默地努力着。

父母应该知道的

父母应该迟早地培养孩子独立自主的意识，让孩子明白要想取得财富就必须依靠自己的努力，而不要奢望依赖任何人，即使对自己的父母也不要过分地依赖。让孩子明白自食其力的人才能够得到他人的尊敬。

那么，怎样做才能让孩子拥有自食其力的意识呢？下面几条建议也许会给你带来一些帮助。

1.让孩子知道努力对于成功的重要性

应该让孩子明白，一个人的努力程度与他将来可能取得的财富是成正比的。事实证明，付出与收获的天平终究是平衡的。努力才有收获，不努力只能成为财富的弃儿。我们生活中经常会遇到这样一类人，他们总是不厌其烦地向别人谈论着自己的梦想，但是却从没有付出实际行动，有谁会相信这样的人会取得成功呢?

2.让孩子勇敢地走出第一步

俗话说“万事开头难”，父母应该对孩子加以肯定，鼓励他们迈出第一步。这一步相当重要，当孩子开始行动的时候他需要做的就只是更加努力地前行。这也就意味着他越来越靠近成功。如果孩子空有满腹的财富计划，可是却没有把他们付诸实践的话，那么他们永远也不可能得到自己想要的财富。

3.让孩子再努力一点

不可否认，每个人都是有惰性的，父母一定要让孩子明白，财富只会眷顾那些更加努力的人，在将来的工作中要不怕苦不怕累，繁重的工作当中就隐藏着财富的身影。比别人更加努力地工作并不是一种呆傻，而是一种更高层次的智慧。只要我们分析一下很多富翁的人生经历就可以得知，他们之所以能够取得现在的成就，就是因为自己早已经付出常人难以想象的努力。

4.让孩子学会主动出击

机会永远都是给有准备的人的，很多人只是一味地感叹别人是多么富有，命运对自己多么不公，可是他们却从没有主动分析一下其中的原因，更不要说实施行动了。所以父母应该让孩子多看看自身的不足和长处，然后结合实际情况主动寻找机会，这样做才能有更多达到成功的可能性。

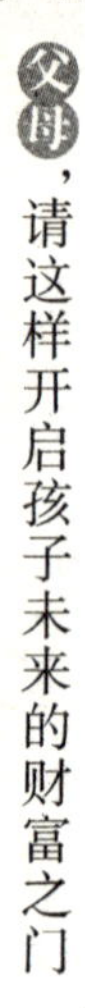

要赚钱就要让孩子热爱劳动

小红已经是一个12岁的小女孩了，平时打扮得花枝招展，就像一个小公主一样。很多同学都喜欢和她一起玩，不过小红直到现在还不会自己洗头，也不会自己洗澡。像洗碗、擦桌子、扫地等事情永远和她拉不上关系。当爸爸妈妈累得满头大汗的时候，她却若无其事地坐在一边看着，不知道对父母说一些体贴关心的话，更别说帮父母打一下下手了。

其实像小红这样的孩子在我们的周围还有很多，家长们都觉得只有一个孩子，所以自己能做的事情就自己做了，从来没有想过要让孩子帮忙。由于父母很少让孩子做家务，孩子当然就不会热爱劳动。可是财富毕竟是我们通过辛勤的劳动换来的，那些会挣钱的孩子往往能够体会到劳动的辛苦，他们懂得每一分劳动都应该得到尊重，他们也懂得应该热爱劳动。

当然，现实生活中还有一些孩子，他们看起来都很热爱劳动。但是他们却没有理解劳动的深层含义，因此也不会珍惜劳动成果。

上个周末，小磊和爸爸妈妈一起进行了一次家庭大扫除，小磊在大扫除当中表现得非常积极，一会儿帮助妈妈扫地、一会拿墩布、一会儿又要倒垃圾。爸爸妈妈看到儿子这么积极，他们的心里也感到非常高兴。可是到后来小磊的问题就逐渐暴露出来了。小磊想要自己擦窗户就不顾妈妈刚刚把桌子擦干净，直接一脚踩了上去，他还大摇大摆地在妈妈刚拖过的地上走来走去，妈妈制止他，他竟然把妈妈的话当成耳旁风。

对孩子进行劳动教育，让孩子明白劳动的真正价值所在，已经是一个摆在众多父母面前的迫在眉睫的重要问题。只有孩子明白了劳动有多么重要，才能让孩子养成热爱劳动的习惯。劳动是获得财富的必经之路，让孩子热爱劳动也是提高孩子理财能力的一个重要的方法，永远别让孩子养成好逸恶劳的性格。

虽然一个人能否取得成功和他的学识、能力以及家庭背景有很大的关系，但是我们不可忽视一个人的劳动品质在其追求梦想的道路上所发挥的巨大作用。事实证明，那些小时候热爱劳动的人，成年之后的承压能力要强于一般人，他们会表现出很强的吃苦能力，工作上追求完美，因此这些孩子往往更容易获得财富；那些在小时候不愿意做家务，不愿意参加劳动的孩子，长大后通常都会很拖拉，不愿意努力，也不愿意付出更多的精力，所以他们当然不会取得比较突出的成就。

美国曾经有一个组织对500名孩子做了长达几十年的跟踪调查，这些孩子的生活经历都被收入到这个组织的档案馆中。后来人们对这些孩子的资料进行了全面、系统的整理和分析，而后惊奇地发现，尽管这些孩子的家庭背景、受教育的程度以及性格特点都有很大的不同，但是总体上来说，那些小时候热爱劳动的人在成年之后拥有的金钱要更多一些。与在小时候就热爱劳动的孩子相比，那些懒惰的小家伙在长大后的犯罪率是前者的10倍，失业率则是前者的15倍。不喜欢劳动的孩子长大后的平均收入要比喜欢劳动的低20%。

让孩子适当地做一些家务，将会使孩子受益终生，不仅让他们具有吃苦耐劳的精神，还会培养他们珍惜劳动成果的优良品质。这对孩子的全面发展有很大的好处。让人值得高兴的是有一部分家长已经注意到了让孩子参加劳动的重要性，他们在日常生活中不时地向孩子渗透着热爱劳动的观点。

东东今年已经6岁了，晚饭过后他总是要求亲自把自己的小碗洗干净，有时还会帮助妈妈拿抹布擦桌子。这时候妈妈总会不失时机地夸赞他。东东听到妈妈的夸奖之后就会干得越发起劲。爸爸说东东能像现在这样热爱劳动都是妈妈的功劳，这话一点儿不假。因为在东东3岁的时候，妈妈就开始有意识地让孩子参加一些简单的“劳动”了。

有一天，妈妈带着东东去菜市场买菜，回来的时候儿子像一只欢快的小鹿一样在前面跑来跑去。于是妈妈突发奇想，何不给孩子找点事情做呢？

“宝贝儿，等我一会儿，妈妈快要走不动了。”妈妈假装很累地跟儿子说道。

“妈妈，您都已经是大人了，为什么还没有我走得快呢？”儿子回过头来冲着妈妈做了一个鬼脸，不过他已经不像先前那样乱跑了。

“本来妈妈可以走得很快的，可是现在妈妈手里拿着这么多菜，所以妈妈很累，就走不快了！”妈妈很认真地跟孩子解释道。

“那现在应该怎么办呢？”儿子歪着小脑袋问妈妈。

“其实很简单，如果现在有个人能够帮我拿一下手中的菜就好了”。妈妈用渴望的眼神看着儿子。

“嗯，这样啊！那我来帮您吧！”儿子不假思索地说道。

妈妈看到孩子能够主动地帮自己干活后非常高兴，当然毕竟孩子还小，她不会让孩子拿太重的东西。她只是抽出一根大葱递给儿子说：“给宝贝儿，你帮妈妈拿这个吧！”

儿子很高兴地从妈妈的手中把一根大葱接了过来。

从那以后，孩子隐约地明白了假如自己能够做一些家务的话，妈妈就不会太累，所以东东就逐渐地喜欢上劳动了。

热爱劳动是孩子的一笔无形的财富，父母根本就不必担心参加劳动会把孩子累坏。从今天起，父母就应该注意培养孩子热爱劳动的良好品质。而要想让孩子热爱劳动，就必须从以下几个方面做起：

1.父母要认识到让孩子参加劳动的重大意义

要想让孩子热爱劳动，父母首先必须对劳动的意义有一个清醒客观的认识，通过劳动可以让孩子更好地认识世界、了解世界。如果孩子从小就养成了热爱劳动的良好习惯，长大后他就能珍惜他人的劳动成果，并且培养出勤俭节约、吃苦耐劳等优良品质。

2.让孩子明白无论是谁都要参加劳动

要让孩子明白，无论是谁都应该参加劳动，通过劳动人们可以得到自己想要的东西，家里的所有物品都是父母辛辛苦苦地通过劳动赚取的，假如不参加劳动的话就得饿肚子。

除此之外，劳动还可以让不同的人建立联系。人们在劳动中相互配合、相互帮助，并且形成一种相对稳定的关系，增进彼此的感情交流，因此人们才不会感觉特别孤独。

3.让孩子懂得双手劳动，慰藉心灵

要让孩子明白，应该用辛勤的劳动来获得收入，只有通过劳动赚来的钱才能让人用得心安理得，那样才是真正的幸福。那些依靠非法手段牟取暴利的人虽然在短时间内得到了大量的金钱，但是他们的良心会受到谴责，还可能因触犯法律而身陷囹圄。

4.不要打击孩子参加劳动的积极性

有些孩子出于好奇与模仿心理，会学着爸爸妈妈拿起扫帚或墩布想要大显身手，这时候有很大一部分父母就会严厉地对孩子说："快把那些东西放下，你能把这些事情做好吗？"

当孩子模仿父母做家务的时候，父母应该感到高兴才对，这毕竟显示出孩子对于参加劳动有一定的兴趣。可是很多父母因为担心孩子做不好，所以拒绝让孩子参加劳动。其实这时候孩子真正需要的是父母的支持和指导。

做父母的在做家务的时候不妨结合孩子的兴趣爱好和能力，给孩子分配一些适当的劳动任务。当孩子带着浓厚的兴趣劳动时，他们就会收获很多快乐。

5.尽可能多地对孩子进行表扬

一定要要牢记好孩子是夸出来的，所以应该不失时机地对孩子进行肯定和表扬。当孩子受到表扬以后就会产生一种成就感。

例如，当父母给孩子分配劳动任务的时候可以提出一定的劳动标准，如果孩子能够完成得又快又好的话，父母就应该及时给予表扬。当然，表扬的方式既可以是语言的肯定和鼓励，也可以是物质奖励。

表扬对于孩子来说是对自我价值的一种肯定，那些受到表扬的孩子在以后的劳动中会更加注意质量。另一方面，当孩子做错事的时候，父母也不应该一味地指责，那样的话只能加重孩子的内疚心理，带来很严重的负面影响。这时父母应该帮助孩子反思他们的过错，看看应该在哪些方面进行改进，让孩子认识到自己是被尊重的。

财富路上另辟蹊径

不管在哪个时代，都会有平庸与伟大的分别，同样不管在什么时候，也会有贫穷和富有的区别。很多情况下一个人的思路决定了他拥有的财富的多少。

我们经常可以看到这样的人，他们平平庸庸、碌碌无为，把别人的成功统统归为走运，自己之所以贫困潦倒就是因为自己没有遇到生命中的那个贵人。其实能不能致富，关键还在于有没有一双雪亮的眼睛，事实上在我们周围的很多角落里都隐藏着一个个诱人的商机。很多时候财富就隐藏在那些人们不屑一顾的琐事当中。

诚然，这个世界上有很多人可以从父母那里继承数以万计的财产，于是他们的腰包在很长一段时间内都是鼓鼓的。不过很多人并没有足够的聪明才智来保持这份财产，更不要说去赚取更多的财富了，因此才有了“富不过三代”的说法。不过还有另外一部分人，他们把财富放进了自己的头脑中，他们能够迅速准确地发现财富的藏身之地，并且以最快的速度出击抢占先机获得财富，这样的人才是财富真正的拥有者。

想要获得财富，关键是要拥有一个聪明的头脑，财富的源头就是思想，所以说就算一个人两手空空，但是如果他有一个聪明的头脑，同样可以创造一笔巨额财富。

据说日本曾经有一家生产圆珠笔芯的工厂遇到了一个难题。他们生产的圆珠笔芯上市以后受到了很多人的热烈欢迎，因为这种笔芯从来不

会断油，书写的时候也很光滑流畅，在教育领域，许多人喜欢使用这种笔芯，尤其是广大的中小学生更是对这种笔芯有一种疯狂的热情。可是不久之后人们发现，还没有等到笔芯中的油用完，笔芯头部的钢珠就掉落了。虽然人们很喜欢用这种笔芯，但是消费者总觉得还没等笔芯用完就扔掉有些可惜。过了一段时间，这种笔芯的销量开始渐渐地下降了。

这种现象让公司的高层领导很着急，于是开始让技术部进行科研攻关，要求他们在最短的时间内攻克难题。可是很多天过去了，技术人员绞尽了脑汁依然没有想到解决问题的方法。人们万万没有想到这个令所有人头痛的难题，竟然被一个年仅10岁的小女孩解决了。

有一天幸子看到爸爸回家后又是一副心事重重的样子，懂事的她已经觉察到最近一段时间爸爸好像很少露出笑容了。这一次她终于忍不住心中的疑惑，开口问道："爸爸，您最近怎么了，为什么总是不太高兴啊？"

爸爸拉着女儿的小手说："工作上遇到了一点小小的问题，好了不跟你说这些烦心事了，说了你也不会懂！"

"爸爸，您跟我说说嘛，我要听。"女儿向爸爸撒娇。

最后爸爸拗不过女儿，还是把事情的原委一丝不落地叙述了一遍。女儿很认真地听完爸爸的话后说："您说的就是给姐姐带回来的那种笔芯吗？"

爸爸说："对啊，就是那种！"

"可是，既然这样的话，您为什么不尝试一下把笔芯截去一部分，这样一来就可以在笔芯坏之前把里面的油用完了啊！"

这时爸爸才恍然大悟，是啊，最近一段时间他们一直想着如何在钢珠的质地上下工夫，谁也没有想到要把笔芯变短一些。爸爸把女儿的方案提供给了公司，很快公司领导就采用了这个方案，并且还给他颁发了一笔十分丰厚的奖金。

有时候如果稍微注意一下细节，转变一下思路就能够有意想不到的收获。幼小的幸子就是凭借自己的聪慧不仅让爸爸走出了烦恼，还给家庭带来了一笔丰厚的收入，这也是她始料未及的。从这件事上我们就能看出一个人的思路对于追求财富来说究竟有多重要。

19世纪中叶，美国刮起了一阵淘金热潮，只要有消息称哪个地方发现了金矿，不久之后那里肯定会聚集数不清的淘金者。他们以冒险者大无畏的精神来到人迹罕至的地方，为的就是能够迅速致富。几乎没有人发现这个庞大的淘金队伍当中有一个刚刚十几岁的孩子，可是这个孩子费尽周折来到所谓的金矿所在地的时候，并没有找到梦想中的金矿。他的情绪沮丧到了极点，甚至都想打道回府了。可就在这时他忽然意识到了一个很重要的现象，这里几乎没有什么可供人们引用的水源。他忽然想，既然有这么多的淘金者络绎不绝地来到这里，自己为什么不选择向他们卖水呢？

不久之后，这里就多了一个向路人出售饮用水的青年。随着时间的流逝，很多淘金者两手空空地回去了。可是这个十几岁的孩子却从卖水的生意中获得了一笔丰厚的收入。

其实，很多时候人们都会像那些淘金者一样有盲从的心理，小孩子当然也不能幸免。从众心理是致富的致命伤，只有用敏锐的目光发现被别人忽略的细节的人才能更快速地赚取财富。同样一件事情，当你转换角度去观察的时候就会发现不一样的精彩。

众所周知，在世界富豪榜当中有很大一部分都是犹太人。他们之所以能够赚取那么多的财富就在于犹太人对子女的教育方式非常特别。现在就让我们看看他们是怎么教育子女的吧。

曾经有一对犹太父子有幸逃脱了奥斯维辛集中营里纳粹分子的残害，战争结束以后他们来到了美国。后来他们开始经营铜器。

父亲曾经这样问儿子："你说一磅铜能卖多少钱啊？"

"当然是35美分啊！"儿子不假思索地回答。

"是的，现在整个州的人都知道能够卖到35美分，可是，因为你是犹太人所以不能如此简单地看待这个问题。你应该思考如何才能把他卖到3.5美元。你有没有注意到，假如你把这一磅铜加工成其他器皿的话，它的价格就会有很大的攀升。孩子你必须明白，要想致富的话，必须得依靠自己的头脑，必须想到别人不曾用过的方法，这样才能立于不败之地。"

父亲死后，儿子接管了铜器店，这时候他已经有了非常丰富的商场实战经验。在这期间他卖出的一磅铜的最高价格是3500美元。除此之外，他还做过很多其他小铜器。他甚至为奥运会做过奖牌。不过真正让他名声大噪的还是因为他处理了一堆纽约的垃圾。

1974年，美国政府发布了一个公告，主要内容就是清理翻新自由女神像的时候扔掉的大量的废弃物，任何有能力的个人或者组织都可以参加竞标。不过那时候美国对于处理垃圾的标准已经有了非常严格的限制，如果达不到标准的话很可能遭到起诉。因此虽然招标公告发出了很长时间，但是依然没有人肯接手这个烂摊子。

当那个犹太人的儿子得知这个消息之后，立刻终止了自己在法国的旅行，火速回到了纽约。他围着自由女神像下面的那一堆破铜烂铁、废弃的木料转了好几圈。他沉思了很长时间，然后迅速与相关的部门签订了协议。

很快这个消息就传遍了大街小巷，很多人都觉得这个犹太人肯定疯了，竟然接下这个烂摊子。很多朋友也认为这是一个非常糟糕的决定，他们觉得这项工程当中几乎没有什么利润可图，到最后很有可能空忙活一场。

不过，他人的议论并没有影响到这个犹太人的聪明的儿子，这时他让工人把那些废料详细地分类。他把那些废弃的铜料熔化以后制造出了迷你型的自由女神。把废弃的木料制作成了小自由女神的底座，这个见缝插针的家伙竟然还把那些从女神像身上清扫下来的灰尘卖给了花店的老板。

事情的结果让所有人都大吃一惊，因为那些加工后的废弃物竟然以高出原价格十倍甚至几十倍的价格出售了，并且这些商品受到了人们的热烈欢迎，这些商品竟然多次断货。在短短的三个月之内，他让这些令所有人头痛的垃圾摇身一变成了350万美元。

这个犹太人之所以能够有这么大的本领，完全是利用了自己的智慧，所以才能做出常人难以想象的事情。

是的，我们不难发现，生活中处处充满商机。做父母的也要让孩子明白一定要转变思路，把眼光放到别人不曾到达的地方。无论什么时候，市场都是无处不在的，只要有了正确的思想做指导，那么就会达到成功。

要告诉孩子，当别人都在因现状而苦恼的时候，不妨另辟蹊径。

要想让孩子拥有一个致富的头脑，不妨从以下几个方面做起：

1.随机应变是孩子致富路上不可缺少的本领

要让孩子明白，拥有一个正确的思路对于致富来说非常重要，同时更应该具备随机应变的能力。不要一条道走到黑，当一种方法行不通的时候，应该懂得转变角度，采取另一种方法。我们总不能因为电梯出现故障就一直等下去吧，聪明的人是懂得变通的。

2.让孩子学会考虑他人的需要

要让孩子学会设身处地地为他人着想，只有这样做才能知道别人最需要的是什么，那样的话自己就会占据主动权。当一个商人能够站在消费者的角度思考问题的时候，他就能生产出人们最需要的商品；当他们站在竞争对手的角度考虑问题的时候，就能够找出对方的软肋，从而让自己立于不败之地。

3.让孩子明白该出手时就出手

要让孩子明白“机不可失，时不再来”，当机会降临的时候要果断地出手。不要放弃任何可能改变命运的机会，有时候很多机遇就在人们的犹豫中悄悄地溜走了。等到机会像疾驰的马车飞奔而过，再后悔就晚了。

孩子必备的创富思维方式

不管到什么时候，一个有主见、有思想的人总会受到人们的尊敬，毕竟当今是一个崇尚知识的时代。不过在创富道路上比知识更重要的是人们的思维方式。《思考致富》的作者拿破仑·希尔曾明确地指出，那些经常通过缜密的思索之后再办事的人，通常情况下会拥有更多的财富，因此他们的生活也会更加精彩。也就是说，假如一个人既拥有了广博的学识，又有了良好的创富思维方式，那么，即使他想过穷日子都很难。

要想让孩子拥有良好的创富思维方式，父母首先应该明白思维方式对于创富的重要性。一个人拥有什么样的思维方式决定了他会得到什么样的结果。现实生活中，有很多人被窘困的生活弄得焦头烂额，有时候并不是他们技不如人或者天资低下。而是因为他们思考问题的方法出现了偏差。当他们被这些错误的思维方式所左右的时候，肯定就不会在创富道路上一帆风顺了。

有些人想要一步登天，在一夜之间成为腰缠万贯的财主；有的人屈服于平庸的生活，不思进取，自甘堕落，固执地认为自己没有富贵命；有的人总是把希望寄托在别人身上；有些人中规中矩，缺乏必要的冒险精神，这些因素无疑都对人们的创富理想带来很大的负面影响。

现在我国的福彩事业已经得到了长足的发展，越来越多的人成了名副其实的彩民。不可否认，有一些幸运儿的命运就是被那一张小小的彩票改变了。他们一夜之间变成了身价百万的富翁。可是大部分人不会有什么收益。很多成年人成为彩票的铁杆粉丝，整天想着让大奖砸到自己的头上，不仅浪费了精力，还浪费了大量金钱。

可是，近年来人们发现彩民的年龄有年轻化的趋势。虽然国家明令禁止向未成年人出售彩票，但还是有一些彩票销售网点完全不把这个条款放在心上。这导致很多孩子逐渐迷上了彩票，给他们的身心健康带来不利的影响。

家住济南的刘女士说，几天前她想把孩子的褥子拿出去晒一下，可是不曾想，竟然在儿子的褥子底下发现了一堆彩票。刘女士数了数，竟然有三十多张。有一些彩票上还用水彩笔做了很明显的记号。

这件事让刘女士感到非常意外，她不知道这些彩票到底是从哪里来的。等孩子放学之后她开展了一场很严肃的家庭调查，刚开始的时候儿子死不承认那些彩票是自己的，他一直坚持是同学放在这里的。

可是妈妈依然不依不饶，后来儿子终于缴械投降，承认了这些彩票都是自己买来的。孩子之所以对彩票产生了浓厚的兴趣，就是因为前些天班里的一位同学买彩票中了几百元，那位同学非常高兴，于是用中奖的钱给班里的每位同学都买了一份礼物，别提有多神气了。所以，他也想通过买彩票中奖，这样一来在同学们面前也有面子，于是他就把妈妈给自己买早点的钱买了彩票。可是自己一次也没有中奖，为了能够找到中奖的规律，他把一些比较特殊的彩票都做了标记，以便能够更有针对性地购买。

刘女士这才明白为什么最近总感觉孩子有些不对劲，后来刘女士私下里又和儿子同学的家长做了一些简单的沟通交流，她发现还有很多孩子经常去买彩票。

张先生说上周五孩子上学的时候把手机落在家里了，于是他准备把手机给孩子送过去，可是他没想到竟然看见孩子和另外一个同学一起走进了彩票站。不一会儿，孩子就满心欢喜地从里面走出来了，还和同学谈论着什么。为了照顾孩子的自尊，张先生没有走上前去制止孩子。下午回家后在张先生的一再追问下，儿子才承认自己说谎话了。因为自己的手中没有多余的钱购买彩票，于是他就向爸爸要了200元，并且说要用这些钱去买学习资料。张先生万万没有想到，孩子所指的学习资料到最后竟然成了彩票。

孩子之所以会沉迷到买彩票的活动中，就是因为他们有了一夜暴富的幻想。他们认为既然大人可以通过买彩票中500万，那么，说不定自己也可以中500万呢。他们幻想着自己有一天能够突然成为一个百万富翁。可是孩子的意志力非常薄弱，很容易上瘾，这样就会影响他们的身心健康。有的孩子上课的时候还盘算着这次的中奖号码有可能是什么，因此他们的学习成绩直线下降。

父母应该明白，要想让孩子在创富的道路上取得成功，必须具有不一样的思维方式，只有用全新的目光去审视自己所处的环境，才可能采取更加快捷有效的方法。同时要记住，投机取巧的方法是行不通的。同时，还应该让孩子明白这个道理。那么，做父母的究竟应该培养孩子哪些正确合理的创富思维方法呢？以下几条建议，也许会给你带来一定的帮助。

1.立足自我是第一要素

我们往往以为很了解自己，可事实上对于大多数人来说，他们对自己都没有一个清醒客观的认识。很多时候我们必须独自面对一些问题，在致富的道路上同样如此，假如一个人在丝毫不考虑自己的兴趣爱好、特长、人脉关系等特点盲目地行动，那么，他就会在创富的道路上多走很多弯路，甚至有可能一直贫穷下去。

所以父母应该让孩子对自身有一个清醒的认识，同时要让他们明白只有依靠自己的力量才能真正地走上富裕之路，永远不要把希望寄托在别人身上。

2.让孩子拥有扭转乾坤的逆向思维

逆向思维在很多时候往往具有一种扭转乾坤的神奇力量。所以父母应该让孩子跳出思维的怪圈，不要盲目地跟从他人。当所有人把目光聚焦在某一个地方的时候，自己不妨跳出来思考一下。也许会发现另外一个商机，而这个商机恰巧是所有人都不曾注意到的。如果孩子能够果断抓住这个商机，就可能有超乎想象的收获。

3.让孩子拥有敏锐的观察能力

独特的视角、敏锐的目光往往是那些成功者的专利，当孩子拥有了这两种能力的时候，就更容易发现潜藏在深处的良机。观察能力对于培养良好的财富思维有着非常重大的意义。

4.让孩子勇敢地和他人进行竞争

优胜劣汰是一条亘古不变的准则，在市场经济中，竞争更是无处不在。父母应该培养孩子的竞争意识，让孩子在和别人进行竞争的过程中提升自身的各种能力，只有在竞争中取得有利地位才能创造更多的财富。

5.经常和孩子讨论问题

父母应该尝试着把孩子当成一个独立的个体，不能因为他们的年纪小就忽视他们的存在。日常生活中，不妨尽可能多地把孩子当成自己的朋友，与他们进行平等的沟通和交流。多和孩子探讨一些问题，长此以往，孩子思考问题的方式就会增多。

6.让孩子懂得合作

现在是一个讲究合作的时代，父母应该让孩子明白，只有合理利用各方面的资源才能够达到利益的最大化。这时必须要做好的一件事就是与他人进行合作。一个不懂得与他人合作、借助外力的人很有可能把自己搞得筋疲力尽，到最后依然收效甚微。很多人之所以能够成为富翁，和他们善于与人合作、借助外力的作用有很大关系。

勤奋的孩子才会更富有

如果为人父母者想要孩子以后有一番成就，过上好日子，那就必须把孩子培养成一个勤奋的人。勤奋是一名成功者应该具备的基本条件。不难想象，一个好吃懒做的人永远无法取得理想中的成绩，只有那些用自己的双手辛勤劳动的人才能取得最后的胜利。永远不要幻想着有天上掉馅饼的好事。假如有一天忽然从天上掉下一张大馅饼，那里面往往会隐藏着各种各样的陷阱。

如果一个人每天早早地上床睡觉，等到第二天太阳晒到屁股了还不愿意起床，这样的一个人是不可能做出一番成就的。他的最大贡献也无非是成为人们茶余饭后的谈资罢了。他们根本就不可能创造出什么财富，更不用说要他们缔造一个财富神话了。不管什么时候，那些任劳任怨的人的工作效率通常都比较高。当他们受到上司的青睐之后，他们会更加积极努力地工作，同时也在不知不觉中学到很多知识。这种情况下，他们行驶在创富路上的赛车就像被重新加满了汽油一样，以更快的速度向财富进军。

一分耕耘，一分收获，我们始终相信付出与收获的天平终究是平衡的。一个人的努力程度如何，决定了他收获的多少。努力就有收获，不努力连收获的可能性都没有。很多成功人士在总结自己的经验的时候，无一例外地都会说到勤奋。由此可见，勤奋在一个人的奋斗旅程中绝对占有不可忽视的地位。因此，人们常说要判断一个人以后会不会有出息，会不会出人头地，不能完全依靠他的出身。在现实生活中，有很多人虽然他们出生于富裕的家庭，但是由于从小就在富贵乡里被人们捧着，所以根本不知道为什么要努力工作，因此他们只能守着父辈留下的家产，难以有什么突出的成就。不过，也有一部分人，虽然他们的家庭条件很不好，但是他们用自己勤劳的双手无怨无悔地付出着，最后成为优秀的企业家。

我们不得不承认，不管一个人有什么样的背景和生活经历，只要他能够凭借着一腔热血和不知疲倦的双手，咬定目标不放松，并且能够审时度势，紧紧地抓住每一个机会，他肯定会成为一个非常富有的人。

父母们应该注意在孩子很小的时候就培养孩子勤奋、努力拼搏的良好品格。很多人之所以取得令世人叹为观止的成就，就是因为他们很小的时候就懂得应该做一个勤奋的人，在这方面卡内基是一个非常好的先例。

美国的钢铁大王卡内基于1835年11月25日出生于苏格兰古都丹弗姆林，他的父亲是一名纺织工人，母亲除了照顾一家人的饮食起居之外，还要帮助别人缝补衣物来补贴家用。那时候家里非常穷，但是父母积极的生活态度感染了小卡内基，他像父亲那样乐于帮助别人。他们经常帮助那些比他们还要穷的人。不过对于卡内基日后的成长来说，最重要的就是他从父母那里学到了做事要勤奋，这一信条贯穿了卡内基的一生。

等到卡内基13岁的时候，他跟着爸爸妈妈来到纽约，后来他们一家又辗转来到了匹兹堡。因为家庭条件十分艰苦，父母拿不出多余的钱让孩子读正规的学校。小卡内基也非常懂事，为了减轻父母的负担，他自己找了一份工作。白天他一个人外出给别人做零活赚钱，晚上就去夜校给自己充电。

14岁的时候，卡内基顺利地成为匹兹堡一家公司的信差，上班的第

一天他就向经理自告奋勇地说，自己在一个星期之内一定能够把全城所有的线路记清楚。同事们看到这个初生牛犊夸下如此的海口，都觉得不可理喻，他们都在等卡内基一个星期后出丑的样子。

卡内基拿了一份地图、一个笔记本，又借来了公司的一辆自行车，在这一个星期之内他凭借自己的努力硬是把所有的线路都牢牢地记在了心里。当他再次站在经理面前的时候，那些等着看卡内基出丑的人都大吃一惊，接下来便是一阵真诚而又热烈的掌声。

后来由于卡内基工作的时候非常勤奋，经理开始让他学习有关电报的技术，不久之后卡内基就被宾夕法尼亚州铁路公司看中，于是他们以月薪35美元的条件把卡内基挖到了自己的门下。年仅18岁的卡内基就这样怀着满腔热情投入到了全新的工作中去。在这里工作的十多年中，卡内基暗暗地学习有关企业现代化的管理方法。

卡内基勤奋的作风给他带来了重大的影响，这为他日后组织一个规模较大的公司奠定了坚实的基础。

卡内基曾经说过，由于家庭条件不好，所以他必须依靠自己的力量去改变命运，不能有半点懒惰的心理，否则的话就会一直过着贫穷的生活。

父母应该知道的

无数事实证明，勤奋的人容易获得事业的成功。父母们要注意培养孩子勤奋的良好习惯，当孩子具有这样的特点之后，孩子就会得到并可以及时地把握更多的机会，同时也能取得更大的成功。当然，此时他也能拥有更多的财富。

在培养孩子勤奋的特点时，父母们应该从以下几个方面做起：

1.让孩子明白勤奋的重大意义

为人父母者应该让孩子认识到勤奋的重大意义。不管一个人有多么远大的理想，只要离开了“勤奋”这两个字，其他的任何东西都没有意义。勤奋是实现理想的一个重要条件。如果一个人总是滔滔不绝地说来说去，却没有任何的实际行动，那么到头来他只会是一无所获。上帝总是会眷顾那些勤劳踏实的人，不喜欢那些口若悬河滔滔不绝的人。对于一些年龄较小的孩子，父母可以给他们讲述一些有关勤奋的寓言故事，这样就会引起孩子的注意。

2.不要让孩子有自卑心理

现实生活中，有很多孩子由于自己的家庭条件差就感觉自己低人一等。自卑心理会给他们的身心健康发展带来不利的影响，甚至造成性格的扭曲，这种情况下就更不要谈什么希望他们创造财富了。

所以父母平时要多留心孩子的变化，如果发现孩子有自卑心理的表现时，父母一定及时对孩子加以引导，让孩子远离自卑的消极心理。这时候如果父母能够找出孩子身上的闪光点，并且对其进行鼓励和表扬，当孩子受到表扬的时候，他们就会肯定自己的价值，自卑心理也会一扫而光。

3.让孩子明白财富需要用自己的双手去创造

不管家庭条件如何，都应该让孩子明白，要想拥有财富就必须用自己的双手去创造，不要有任何侥幸心理，企图能够得到一笔横财。现实生活中当然也有一些不劳而获的人存在，这些人为了金钱而不惜出卖自己的肉体和灵魂，虽然他们也有一定数量的金钱，但是这时候的他们会更加空虚。

父母应该让孩子明白，用自己的双手创造的财富才是最高贵的，永远不要让孩子拥有不劳而获的念头，那是一件非常可怕的事情。

第五章

日积月累，让孩子成为一个攒钱高手

不积跬步，无以致千里；不积小流，无以成江海。如果孩子不知道攒钱的重要性，那么他（她）就不会主动制订攒钱的计划，更不会养成攒钱的习惯。这样的孩子长大后也很难养成良好的储蓄习惯。如果孩子长大以后依然一穷二白，那么，殷实富足的生活又从何说起呢？

让孩子明白积少成多的道理

不久前，笔者参加了一个朋友为孩子举办的周岁生日宴会，当然最吸引人的环节就是孩子的抓周了。在古代人们希望孩子能够通过科举考试进入仕途，这样一来全家的命运都会有一个180度的大转变。所以抓周的时候人们会把文房四宝和其他物品混在一起放在孩子的面前，不管孩子拿起了文房四宝中的哪一种，父母都会表现得非常兴奋。因为这是一个非常好的兆头，相反如果孩子拿起其他的物品，父母的热情就会有很大的下降。

很多人应该记得《红楼梦》里宝玉抓周的情景，贾政为了判断一下宝玉将来有可能做什么，于是把各色物品都放在了宝玉的面前，贾政万万没有想到宝玉一眼就瞅准女孩子用的脂粉钗环，这让贾政感到十分不爽，并且还说这个孩子以后一定是一个酒色之徒。随着时代的发展，现在人们的思想观念已经发生了极大的改变，为了更好地测定孩子的兴趣爱好，朋友也弄了数不清的小玩意儿摆在了孩子的面前，孩子一会儿摸摸玩具小汽车，一会儿摸摸小飞机，每当这时候爸爸妈妈就会想尽一切办法引导孩子把手中拿起的那些物品在最短的时间内放下。孩子在父母的“帮助”下，终于把那张最显眼的钞票拿在了手中。这时候朋友和他妻子才流露出会心的微笑。

每一位家长都希望自己的孩子将来能够成为有钱人，但是家长朋友们不要忘记，不管你将来会给孩子留下多少家产，如果他们不具有管理财富的能力，那么，总有一天孩子会把所有的财富用完。在培养孩子理财能力的时候，让孩子学会攒钱能让孩子受益终生。

美国有一位大富豪，12岁的时候他就有了自己的第一份工作，当他拿到自己的第一份工资的时候显得特别高兴。不过这个小男孩并没有像其他人那样用工资买东西，他把这些钱全部都存到自己的银行账户中，并且还自言自语地说道："唉，我又没钱了！"从那时起，他就养成了储蓄的好习惯。富豪说储蓄的好习惯给自己带来了很大的影响，他的理财能力在存取之间就有了很大的提高。所以他才有了现在的成就。

勤俭节约是中华民族的传统美德，良好的储蓄习惯最直接的作用就是可以帮助孩子控制消费的欲望。父母应该让孩子明白，当一个人有了良好的储蓄习惯的时候，他的财富就可以慢慢积聚起来，那么，就可以购买一些大件的物品了。

小李有一个8岁的儿子，小李夫妇在孩子很小的时候就开始培养他的理财能力了。例如小李很早就开始给孩子提供零用钱，当孩子第一次得到父亲给的零用钱时显得非常高兴。他把那些钱紧紧地攥在手里，好像一不小心那些钱就会自己飞走一样。爸爸给了儿子两元钱，可是好几天过去了，那两张皱巴巴的纸币还在孩子的口袋里。小李告诉儿子，既然把钱给了你，你就有完全意义上的支配权力，可以买自己喜欢的东西。

后来儿子花钱的次数越来越多，有一次儿子见到了一款很帅气的玩具机器人。可是自己手中的零用钱远远不够买下它的，他把这件事情告诉了爸爸，爸爸告诉他，要想买机器人就必须自己去解决。于是，他告诉孩子可以先把零用钱存起来，等到自己的存款足够多的时候，就可以买自己想要的东西了。

儿子听取了爸爸的意见，他几乎要把爸爸给自己的所有零用钱都存起来。过了两个多月，儿子终于凑够了买玩具机器人需要用的钱，于是在爸爸的陪同下儿子来到了商场的玩具柜台，毫不犹豫地买下了自己心仪已久的玩具机器人。

小李就这样一步步地培养孩子的财商，现在儿子已经养成了爱储蓄的好习惯。每当爸爸妈妈给他零用钱的时候，他都会留出一部分暂时放到储蓄罐当中，等存到一定数额的时候就请爸爸把这些钱存到银行去。

储蓄不仅培养了小李的儿子勤俭节约的良好品质，还让他明白通过储蓄可以不断地积累财富，这样会给自己的生活带来极大的便利。

父母应该知道的

现实生活中有很多形形色色的诱惑，很多成年人会因为无法抗拒诱惑而购买一些自己原本不太想要的商品。对于自控能力比较差的孩子来说要抵抗诱惑就更难了，但是当孩子把手中的钱储存起来的时候，这个问题就会迎刃而解。

那么，父母应该怎样做才能让孩子明白储蓄的重大意义呢？

1.让孩子明白储蓄的意义

要让孩子明白凡事都需要一个过程，创富的道路也是如此，财富需要一点一点地积累。要让孩子明白“积少成多，聚沙成塔”的道理。在平时的生活中应该注意节俭，让孩子树立起初步的储蓄意识。父母应该让孩子明白，做好储蓄工作不仅可以让自己的财富不断的积累、增多，还可以作为应急之需，以防在将来出现意外情况急需金钱的时候自己却身无分文。

2.别让孩子小看小钱

我国有句古话叫做“不积跬步，无以致千里”，说的就是做好小事的重要性，不管一个人有多大的能耐，也不可能一口气吃成一个胖子。父母应该让孩子明白，不要小看小钱。很多富翁都是白手起家，他们从摆小摊卖一些生活用品开始，逐渐走上了一条宽广的富裕之路。在孩子的创富之路上，要让他们明白不能因为做某件事的时候挣的钱太少就轻易放弃。毕竟，比赚钱更重要的是孩子可以在这些经济活动中学到知识，不断地提高自身的素质和各种能力，这对孩子一生的发展都有很重要的影响。

3.让孩子明白储蓄可以帮助他实现更远大的目标

要让孩子明白，并不是所有的愿望都可以在很短的时间内实现，有些愿望虽然看起来很难实现，但是只要自己能够坚定信心，就一定能美梦成真。例如现在的房价很贵，可是人们依然要省吃俭用，就是为了能够拥有一套属于自己的房子。这时候储蓄就发挥了巨大的威力，如果一个人有良好的储蓄习惯，那么将来他必定可以拥有自己想要的生活。与此相反，我们假定有一个月薪两万的高收入者，但是他的生活非常奢侈，每个月的工资都剩不下多少，有时甚至还会透支，这样一个理财的低能儿，他的生活一定不会十分幸福。

让孩子制订一个科学合理的攒钱计划

不可否认，独生子女时代的孩子享受到了比以往任何时代都要优越的物质条件，作为全家人的核心，孩子的一举一动都牵动着父母的心。为了不让孩子受到任何委屈，父母们可谓是呕心沥血、不辞劳苦。他们为了孩子甚至甘愿倾其所有，只要孩子高兴，自己做什么都可以，这也是很多父母的真实想法。可是，有一个问题我们却不能回避，很多父母无原则地给孩子提供零用钱，他们以为这样做就是对孩子的爱，而没有意识到这样做恰恰会害了孩子。

孩子从父母那里得到的零用钱越来越多，他们的消费欲望就像一个正在充气的气球，也在不断地膨胀。你会发现当你给孩子的零用钱越多时，他们花钱的速度也就越快。如果常此以往，孩子长大之后根本就无法处理好自己的财务情况。到那时，父母再采取什么样的措施来补救，都为时已晚了。

在我们的周围，有一些孩子已经在父母的引导下开始了有意识的储蓄，他们把自己的零用钱放到妈妈买来的存钱罐里。不过，他们的自制力很差，往往会因一时冲动而草率地动用自己的储蓄。

小雷已经是一名小学二年级的学生了，过年的时候妈妈给他买了一个非常可爱的老虎造型的存钱罐。妈妈跟小雷说他可以把自己的零用钱放在里面积攒起来。小雷拿着妈妈给的存钱罐认真地把玩起来，从那以后小雷时不时地就会把自己的零用钱放进去一部分。他经常把自己的存钱罐拿到父母的面前，向他们炫耀里面已经存下的在他看来数额巨大的零用钱，他还会把存钱罐拿起来左右不停地摇晃，听那些硬币在里面互相撞击的声音。

可是有一段时间妈妈发现小雷不怎么喜欢往外拿自己的存钱罐了，对于儿子的转变妈妈感到非常好奇。作为一个母亲的直觉告诉她，儿子可能有什么事情在瞒着自己。她准备找儿子好好地谈一谈。

“宝贝儿，最近有没有遇上什么不开心的事情啊？”妈妈微笑着问道。

“没有啊，我能遇上什么不开心的事情啊。妈妈，您为什么突然想起问这个问题呢？”儿子抬起头，幼稚而又天真的小脸上写满了疑惑。

“真的吗？可是妈妈发现你已经有好长时间没有拿着你的存钱罐来玩了，这是为什么呢？”妈妈继续问道。

“嗯……嗯……这个嘛……”儿子一听妈妈提起了存钱罐的事情立刻就慌了神。

“到底怎么回事？没事儿的，你说吧，妈妈肯定不怪你！”

“好吧，那我就说吧！前些天我和一个同学打赌，看看谁会取得赛跑的第一名，结果我输掉了。按照事先的约定，我必须请他们去肯德基吃一顿大餐。我不敢把这件事情告诉你们，所以就偷偷地把我存钱罐里的钱取出来了。”小雷带着一副委屈的表情说道。

至此，妈妈终于弄清了事情的来龙去脉，原来问题的关键就在于儿子的小金库早已经空空如也了。

小雷的现象有定的代表性，由于孩子的自控能力还很差，这时候就需要做好引导和监督工作，让他们能够及时地弥补自己在理财上的不足。

有一天，年仅5岁的小敏郑重其事地跟父母说：“爸爸妈妈，我忽然

之间有一个想法，我想请你们吃饭？”

“呵呵，是吗，你打算到哪里请我们吃饭呢？”妈妈好奇地问女儿。

“嗯，咱们上次去的那家有很漂亮的花的餐厅怎么样啊？”

妈妈忽然想起来了，原来女儿说的是一家快餐店。虽然那里的饭菜物美价廉，可是如果三个人去吃的话，最少也得花上几十块钱。这对于只有5岁大的女儿来说简直就是一个天文数字。

“真的吗，可是你有钱吗？我的小宝贝儿！”妈妈笑了笑接着说道。

可是妈妈万万没有想到女儿接下来的回答让她大吃一惊。“呵呵，妈妈这个你就不知道了，我有很多很多钱呢。”女儿边说边从自己的口袋中掏出了一些硬币和几张5角的纸币。妈妈看了忍不住露出了一丝微笑，她说道：“宝贝儿，你这些钱太少了，远不够我们去那家餐厅的消费，还是等你长大了能够挣钱的时候再请我们吃饭吧。”

女儿听了妈妈的话以后感到非常失望，这一天下来她都是闷闷不乐的。第二天女儿醒来以后看到爸爸已经上班了，于是便号啕大哭起来。妈妈见此情景忙问怎么了，原来女儿昨天晚上和爸爸商量好了，今天要陪着爸爸一起去上班，可是爸爸不讲信用，一觉醒来的时候，爸爸早已不见了踪影。

妈妈了解了情况后赶紧说道：“宝贝儿，妈妈明天带你去上班好不好啊？爸爸可能突然临时有事，所以没有把你带在身边。再说了，你为什么一定要跟爸爸一起上班去呢？”

“上班，就可以领到工资了呀，那么我就有钱请你们吃饭了呀！”女儿很认真地说道。

“呵呵，傻孩子。爸爸去上班是需要付出辛苦的劳动的，这些事情你现在还做不了。等到你长大以后就可以参加工作挣钱了，到那时就可以请我们吃饭了啊！”妈妈苦口婆心地劝说着。

“可是我现在就想请你们吃饭，是不是我这个愿望真的就无法实现呢？”女儿用一双装满困惑的眼睛看着妈妈。

“也并不是完全没有可能，你还可以通过攒钱来请客啊。爸爸妈妈不是经常给你一些零用钱吗？你可以把一部分零用钱放在你的小抽屉里。除了这些，家里的沙发、桌子上不是也经常会散落一些零钱吗？你也可以把这些钱都收在你的小抽屉里，这样一来你很快就会积攒很多钱了，那样，你请客的愿望不久就会实现了。”妈妈耐心地给女儿出着主意。

从那以后，女儿就开始为了请客而攒钱了，她的小抽屉里的零钱也越来越多。有时候女儿也会被各式新奇的小玩具所吸引，想要从储备资金当中拿出一部分来用。这时候妈妈就会及时地提醒孩子，不能因为一时的冲动而把自己原来的计划全部给打乱了。在母亲的引导和监督下，女儿的存款越来越多，三个月之后果然凑齐了吃饭的钱，一家人高高兴地出去玩了一天，吃饭的时候是女儿买单，那时的女儿显得特别自豪。

孩子的年龄还小，即使他们有了攒钱的意识并付诸了行动，但也会因抵制不了各种诱惑而导致攒钱行动失败，这就需要父母们帮助孩子制订一个合理的攒钱计划。

要帮助孩子制订一个科学合理的攒钱计划，为了达到这个目标，父母们不妨从以下几个方面做起：

1.让孩子对自己的收入有一个清醒的认识

要想让孩子制订一个科学合理的攒钱计划，首先应该让孩子对自己的收入情况有一个清醒的认识。这其中包括自己从哪些渠道获得收入以及不同渠道之间数额的大致区别。一般来说，孩子在生日和节假日的时候会得到一些数额比较大的金钱，不过父母要想让孩子养成一个储蓄的好习惯，必须能够让他们经常得到金钱。定期给孩子一定数额的零用钱是一个非常不错主意。

2.让孩子对自己的支出有一个清醒的认识

父母应该帮助孩子认识自己的支出情况，看看一个月之内自己能花多少钱，同时预计意料之外的支出通常有多少。然后看看哪些支出是必须的，哪些支出是可以减少或者可以避免的。当孩子把自己的支出情况摸清以后，才能够更好地制订一套储蓄计划。

3.帮助孩子设定一个攒钱目标

当孩子把自己的收入和支出情况弄清楚以后，就能够知道自己一个月可能会有多少结余。这时候父母应该帮助孩子设定一个储蓄的目标。让他确定自己应该从哪些方面开源节流、在某一个时间段之内要存下多少钱等。在这个过程中，父母不能把自己的个人意志强加给孩子，应该尊重孩子的选择，做父母的只要稍作引导就可以了，否则就会引起孩子的抵触情绪。

4.要监督孩子是否能够按照攒钱计划行事

做父母的不过分干预孩子的攒钱计划，并不是说做父母的对孩子的攒钱计划毫无发言权。恰恰相反，父母应该起到一个监督的作用。当孩子没有按照计划行事的时候，父母应该及时给以提醒，让孩子改正过来。切不可随意减少或扣除孩子的零用钱。

让孩子走进银行，学会储蓄

有一天，一家报纸上刊登了一个银行职员的一篇文章。不得不承认，这位银行职员是一个很细心的人。在文章当中，他总结了自己多年的工作经验，并写了一些有关他见到的那些富人是怎么传授孩子有关储蓄的知识的。

通常情况下，很多富人在银行办理业务时都喜欢带着孩子一同前往。而且和孩子共同观察银行的布局，当他们向银行员工进行咨询的时候，会让孩子站在一旁静静地聆听。曾经有一个顾客和他这样说过："带孩子来银行多转转，可以让他尽早地学习一些理财的知识，有时候我还会让孩子替我办理一些业务，这样不仅能够增强他与人进行沟通交流的能力，还加深了他对金融的认识，何乐而不为呢！"

让孩子进入银行观察实际的存款业务是最有效、最直接的理财教育方法。父母们应该让孩子走进银行，了解一下储蓄的方式。同时，父母们还应该多给孩子讲解银行的每一个环节的作用和意义是什么。否则的话，不仅不会提高孩子的理财能力，还会给孩子造成误解。现实生活中有很多孩子根本就不清楚银行究竟是做什么的。还有一些孩子就是因为父母没有给予及时的引导，所以对银行的认识进入了一个误区。

小丽今年已经6岁了，不过她的性格比较内向，平时不怎么喜欢说话。妈妈对于提高孩子的理财能力这件事给予了很大的关注，不仅给小丽买了一些有关理财的画册，还带着小丽去银行办理业务。以前，小丽

的妈妈最讨厌在大厅内排队等候办理业务了，可是自从第一次带着小丽来到银行之后，她就发现了排队叫号的好处，这样一来孩子就会有更多的时间来观察别人是如何办理业务的。

由于性格内向，小丽在银行的时候变得更加不爱说话，只要没人逗她玩，她就会像一个小木偶一样跟在妈妈的身后。妈妈觉得孩子会无师自通，坚持让孩子自己观察，很少给孩子讲解具体的知识。

小丽看到的就是每次都会有很多人在大厅里等待，然后柜台里面的阿姨就会从里面送出来一沓厚厚的钞票。这时取钱的人的脸上就会露出一丝会心的微笑。于是，在小丽的心中就有了这样一个概念，银行是一个非常神秘的地方，里面有数不完的钞票等着人们去拿。

有一次，小丽和妈妈一起逛商场，当她们走到儿童玩具的柜台前时小丽被一款新的芭比娃娃吸引住了。妈妈看完之后觉得和家里的那个芭比娃娃并没有太大的区别，于是就告诉女儿自己带的钱已经花完了。可是女儿不依不饶非得要，嘴里还不停地说着："我就要买嘛，没钱的话可以去银行取啊，银行里有那么多钱呢，什么时候也花不完。"

这时候，小丽的妈妈才意识到自己的疏忽，有时候并不是让孩子见识一下那么简单，还应该用探讨或者其他方式进行交流和沟通。只有这样做才能收到更好的效果。

银行的存在极大地方便了我们的生活，可是很多孩子对于这方面的知识极为匮乏。如果你不相信的话，那就赶紧去问一下孩子，看看他知不知道银行都开办什么样的业务。

一些西方的发达国家在孩子很小的时候就开始让他们进入银行，让孩子熟悉银行的业务流程及其主要的理财产品。让孩子参与到实际的银行理财活动中来，要比单纯的说教起到的作用好很多。

当孩子熟悉了银行的业务流程时，就会在无形之中提高孩子的财商，提高他们的理财能力。对于年龄还不大的孩子来说，他们和银行进行最多的业务往来就是存取款活动。孩子的储蓄习惯是在长期的生活实践中逐渐养成的。让孩子走进银行，无疑是培养孩子良好储蓄习惯的最直接、最有效的方式。

让孩子认识银行、走进银行，将对孩子的理财能力有很大的帮助。父母应该怎么做，才能够让银行在培养孩子的理财能力的道路上发挥最大的作用呢？不妨看看笔者为你提供的以下几条建议：

1.父母应该知道孩子对银行究竟了解多少

为了有针对性地对孩子进行教育，父母带领孩子去银行之前应该知道孩子对银行究竟了解多少。不妨问问孩子，他们知道的银行有哪些，人们通过银行可以做什么事情，为什么拿着一张小小的卡片就可以从银行中取出很多钱，银行里的钱都是从哪里来的，是不是想取多少就取多少。

2.让孩子明白银行是储蓄的重要场所

家长应该让孩子明白，银行是人们进行储蓄活动的一个非常重要的场所，当然人们还可以把资金用于购买股票、基金等理财产品，但是把钱存到银行中虽然收益不会很大，却是最安全的。

有了良好的储蓄习惯，就可以更好地预防未来的不测，当一个善于储蓄的人遇到紧急情况需要用到钱的时候，储蓄就会发挥其重大的作

用，这样一来他就不会因为资金的匮乏而让自己陷入窘困的境地。

3.给孩子开办一个银行账户

当家长了解了孩子对银行知识的掌握情况以后，就要带领孩子到银行进行实地考察了，让孩子参观一下人们是怎样在银行存取款以及了解汇率、存款利率等知识，然后给孩子开办一个个人银行账户。让孩子参与到实际的储蓄活动中去。当孩子在春节或者生日的时候收到较大数额的金钱时，家长可以敦促孩子赶紧把它们存到银行中，这样一来就可以有效地防止孩子盲目消费的现象，还可以让他们养成爱储蓄的好习惯。

4.让孩子把存钱罐和银行卡联系起来

很多孩子都会有一个自己的存钱罐，存钱罐的优点就是可以省去很多繁琐的手续。只要自己愿意，自己动手就可以随便地把零钱放进去或取出来。而如果是去银行的话就有可能需要排队等候，让人很不耐烦。

但是，银行又具有存钱罐无法比拟的好处。家长要让孩子明白，当他把钱存到银行的时候，由于银行存款有利息，钱会在一点点地增多，这个特点也具有很大的诱惑力。

所以家长应该让孩子把存钱罐和银行卡联系起来，当存钱罐里的钱达到一定数额的时候就把这些钱存到银行的账户里，让已有的钱为自己赚钱。

让孩子学会使用自己的储蓄

自私是人的本性，在人的潜意识当中，最想维护的还是自身的利益。很多父母越来越不明白，为什么现在的孩子这么不珍惜父母的劳动成果。

家住北京的李女士说，儿子经常让妈妈陪他去超市。儿子到达以后不管三七二十一就是一番疯狂大抢购。他从来不会问问妈妈身上带的钱够不够，只顾买自己喜欢的食品和一些新奇的玩具。不过通常情况下，儿子只会吃掉其中一小部分的零食，然后把剩下的让爸爸妈妈帮自己“处理”掉。而那些刚买来不久的玩具的命运就更悲惨了，因为儿子会在很短的时间内就对它们丧失了兴趣，不再陪它们玩了。

孩子经常吵闹着要去肯德基，而李女士觉得那里的东西既容易让人发胖，又没有什么营养价值，可是每次都是以李女士投降、儿子胜利为结局。到达目的地以后，儿子就会疯狂地消费，经常会买下一大堆的食物，然后坐在那里津津有味地吃掉一小部分，吃不完的则交给李女士去处理。

李女士为孩子的这种情况伤透了脑筋，自己曾经多次苦口婆心地对孩子讲挣钱是多么不容易，要勤俭节约等。刚开始的时候儿子还能忍耐着坐下来，可是到后来儿子就不耐烦了，以至于只要李女士想要开口对孩子进行这方面的教育，孩子就会以最快的速度逃离。

其实，李女士遇到的问题很多父母也都曾经遭遇过或者正在遭遇着。是的，不管你怎么劝说孩子，都不会起到任何效果，甚至还会引起

孩子的反感，造成亲子之间的矛盾升级。孩子不想控制自己的消费行为，这是一个事实，因为他们有太多想要购买的东西，而父母会给他们提供足够的金钱。他们在消费的时候根本就没有后顾之忧，永远不必担心买不到自己喜欢的商品，所以他们就更加肆无忌惮了。

如果孩子的消费欲望得不到有效的控制，长大以后他们的理财能力也不会很强。要解决这个问题，有一个最有效的方法，那就是在消费的时候让孩子花自己的钱，用自己的积蓄为自己买单。

刚上初二的小新是一个乖巧伶俐的小姑娘，不仅学习好，人长得也非常漂亮，不过有一点不是太好，她花钱的时候总是大手大脚的。为此妈妈苦恼了很长时间，后来一个好朋友给小新的妈妈支了一招——让小新用她自己的积蓄为自己的消费买单。

于是妈妈就和小新约定：妈妈以后定期给小新数额相同的钱，小新可以把这些钱在很短的时间内花完，但是她不能再从父母那里得到额外的补贴，如果实在需要的话，等到下个月再得到父母的资助时就要偿还以前的债务。当然，父母支持小新把这些钱存起来，那么，等到自己在需要钱的时候就不用向母亲“贷款”了。

从那以后，小新开始把一些数额比较大的钱存到银行中，自己的手里只留下一少部分的零用钱。生日那天，爷爷奶奶又给她包了一个大大的红包，第二天小新就把自己收到的钱存进了银行。看着自己银行账户上的数字在不断地变大，小新的心里别提有多高兴了。

有一天上街的时候，小新看上了一条很漂亮的裙子，可是这条裙子和她上周买的那条款式差不多，小新又开始缠着妈妈给她买下这条裙子了。可是，妈妈只是从钱包里拿出了银行卡在小新的面前晃了一晃。这时小新才意识到，自己已经和妈妈约好了，如果再有花销的话就得从自己的银行卡里面往外取钱。小新思考了一会儿，实在舍不得再从自己的卡里往外取钱了，然后她对妈妈说，自己已经有了一条和这一款差不多的裙子，决定不再买这条裙子了。

妈妈看到女儿能够作出这样一个合理的选择，自然也感到非常欣慰。毕竟孩子已经懂得如何合理地运用自己的储蓄了。

孩子养成一个储蓄的习惯是一件好事，这时候家长还有一项更重要的工作，那就是让孩子学会使用自己的积蓄，如果不能合理地使用积蓄，之前所做的努力也就前功尽弃了。

父母应该知道的

让孩子科学合理地使用自己的积蓄是一笔巨大的财富，当孩子通过管理积蓄达到提高理财能力的目标之后，就能够给孩子的未来打下坚实的基础。当孩子在使用自己的积蓄感到心疼的时候，就可以有效地减少孩子花钱大手大脚的现象了。

要想让孩子学会科学合理的使用积蓄，父母不妨从以下几个方面做起：

1. 告诉孩子不要轻易地动用银行卡里的钱

父母应该告诉孩子，存钱可以作为应对突发事件的需要，如果不是特别紧急的话，一般不要动用银行卡中的钱。否则的话，一旦开了随便动用存款的先河，情况就会一发不可收拾。那样的话储蓄也就失去了意义。

为了帮助孩子更好地管理零用钱，妈妈给小军办理了一张银行卡。小军说他要把节省下来的零用钱都存起来，然后给自己买一台电脑。不过毕竟孩子的年纪还小，他的自控能力也不强，因此小军主动把银行卡交给妈妈暂时代为保管。每次存完零用钱之后，小军都会以最快的速度把银行卡送还到妈妈的手中。

可是这一次，小军迟迟没有把银行卡还给妈妈。妈妈猜想儿子肯定有什么心事了，于是在一次晚饭之后妈妈来到儿子的房间。那时候小军正坐在自己的书桌前发呆，他竟然没有觉察到妈妈已经推门进来了。

“儿子，在想什么呢？妈妈看你最近总是一副心事重重的样子，你是不是遇到什么难题了？”妈妈的语气中满是怜爱和心疼。

“嗯……嗯，其实也没什么大事。”儿子小声说道。

“那还是有事儿啊，快说说，没准儿妈妈可以帮到你呢！”

“是这样的，妈妈，最近我们班里有好多同学都买了MP3，课下很多同学都十分悠闲地听着自己喜欢的音乐，那种感觉别提有多棒了。还有的同学竟然买了最新款的MP4，很多同学都有了这些装备，可是我什么都没有。所以我想用自己银行卡里的钱买一个MP3，您看可以吗？”儿子的话语中带着一丝委屈。

“儿子，这些钱是你自己的，你是这笔钱真正的主人，你想怎么花就怎么花。不过，妈妈想要告诉你的是，如果这次你动了卡里的钱，那么等到下次遇见类似的事情时，你又会想用卡里的钱解决自己遇到的难题。这样一来存钱就已经没有任何意义了。”

2.定时存款是一个良好的习惯

很多父母都选择定时定量给孩子发放一定数额的零用钱，对于这些孩子来说，定时存款是一个很不错的选择。父母应该鼓励孩子在得到零用钱之后，把一部分零用钱存到银行中，这样就可以积少成多，还可以帮助孩子养成良好的储蓄习惯。

3.让孩子花自己的钱买东西

家长应该让孩子为自己的消费买单，不能一味地答应孩子一些不合理的消费需求。当孩子意识到是在用“自己”的钱消费的时候，他们就会显得更加理智，也就不会随便地乱花钱了。

4.让孩子明白可以让已有的钱生出更多的钱

家长应该让孩子简单了解一下国债、基金等理财产品，让孩子认识到虽然把钱储存起来是最安全的，但是如果合理地利用好金钱的话，还可以让自己已经拥有的金钱变得更多。

让孩子攒下来的钱变得更多

虽然把暂时不用的钱存到银行中有数不清的好处，但是父母应该让孩子明白，投资可以让自己已经拥有的钱变得更多。

每个人都明白，金钱不会自己长腿跑到你的腰包里，如果只是把钱放在自己家的抽屉里的话，不管你有多少钱，它都不会自己多出一分一厘来。要想让自己手中的钱变得更多，就应该具有投资意识。因此，父母应该尽早地培养孩子的投资意识。孩子在正确的投资意识引导下，就可以作出正确的选择。这样一来孩子拥有的财富才会不断地增多。

很多发达国家的父母在孩子很小的时候就开始给他们讲解有关股票、基金、债券等方面的知识，这些孩子在父母的影响下会产生很大的改变。他们对财富的敏锐程度有时候会让人感到非常吃惊。在我们看来这样小的孩子根本就不可能有那样的眼光。

“妈妈，我的11岁生日马上就要到了，这一次我可以用你给我的红包买一个自己很想要的东西吗？不过，它的价格有点高啊！”约翰非常小心地对妈妈说道。

“当然可以啊，宝贝儿，你想要什么东西呢？”妈妈十分好奇地问儿子，她想知道这个小男孩的葫芦里究竟卖的是什么药。

“我想要一台割草机！”小约翰脱口而出。

“可是你要一台割草机做什么呢？咱们并不是特别需要它。”妈妈很认真地对儿子说。

“是的，妈妈，咱们家其实根本就不需要割草机，但是我们的邻居还有其他很多人都需要修剪草坪。如果我有了自己的割草机，就可以帮助他们割草，这样一来我就可以得到很多钱。使用割草机的效率不仅比手工要高，而且修剪出来的草坪也会更加漂亮。我想一定会有很多人请我去帮他们干活的。”小男孩很耐心地给妈妈讲述着自己的想法。

“好的，你在买割草机的时候妈妈会陪着你一起去，我们要一台最好的割草机。”妈妈听完儿子的话以后，当场答应了孩子的请求。

当儿子得到自己的割草机的时候，又用零用钱印制了很漂亮的名片。然后把这些名片送给了自己的邻居，他还希望邻居能够告诉更多的人，一个11岁的小男孩随时准备为他们提供最认真的服务。

刚开始的时候，约翰的经营范围只是自己的邻居，后来当邻居看到这个小男孩如此认真地工作后，又把约翰介绍给了他的朋友。约翰的客人就以这样的方式不断地增多。等到暑假结束的时候，约翰已经用割草机赚了400美元。

事实上，一些投资经验比较丰富的父母已经开始了对孩子投资意识的培养，他们希望孩子能够在自己的教导下逐渐地学习到投资的种种诀窍。

张先生有很多经济状况不错的朋友，每当过年的时候，他们都会很慷慨地给儿子晓峰很多压岁钱。让人不敢想象的是，晓峰前年得到的压岁钱竟然高达2万元。如果让孩子独自处理自己的压岁钱显然是很不合理的，毕竟他的年纪还小，不能够很好地把握这笔资金。因此张先生决定暂时替孩子保管。

在征得儿子的同意之后，张先生把孩子的压岁钱按比例分配了好几份。有一部分作为储蓄之用，孩子的零用钱都是从这里面往外取。另一部分，张先生则用来投资，自己担负管理的职责，并且还要向孩子索要一定数额的管理费，当然这时孩子的手中没有现金，爸爸说可以等孩子的投资有效益的时候再给自己发放劳务费。

到年底的时候，张先生会把自己代替儿子管理的投资项目的状况给孩子一五一十地讲清楚。让儿子明白这些钱究竟是怎么一点一点地多起来的。

我们都知道，只有努力才能够有更好的收获，努力工作可以创造一些财富，但是父母应该让孩子拥有更高的追求，追求更高品质的生活。我们经常可以看到一些人，他们对自己的不思进取、好吃懒做的表现心安理得，并把自己的这种坏毛病美其名曰“知足常乐”。父母应该让孩子勇于追求更高品质的生活。为了达到这个目标，孩子必须从小就树立起投资的意识，让孩子了解投资的相关知识，这样才能更好地培养他们的理财能力。

父母要让孩子体会到投资的乐趣。很多人都希望能够做大生意，赚大钱，于是他们整天瞎想怎样才能得到更多的钱，对于那些小本生意他们则不屑一顾。这是一种错误的想法，既然很多成年人都会有这样不理智的认识，更何况是一个小孩呢？父母应该让孩子明白不能小看那些很小的投资，要知道财富都是一点一点地积累下来的。如果把钱放在家中的抽屉里，这些钱就有可能贬值。但是如果把钱用到投资上，它们就很有可能为你赚来更多的钱。

如果孩子有投资意识的话，这是一件非常好的事情，父母不应该以

孩子的年龄还小为由打击孩子的投资热情，而应该采取正确的方法帮助孩子进行理智科学的投资，这样做孩子手中的钱就会变得越来越多。

那么，父母在培养孩子的投资意识的时候应该注意哪些方面的内容呢？以下几个妙招或许能够帮到你。

1.端正孩子的投资态度

要想让孩子在投资的过程中学到更多东西，做父母的就要及时端正孩子的投资态度。让孩子明白，进行投资活动并不仅仅是为了得到更多的金钱。投资仅仅是一种理财方式而已，比得到金钱更重要的就是在投资的过程中人们可以发现很多快乐，善于投资的人往往过得比较快乐。

如果孩子把所有的眼光都聚焦在投资赚钱之上，那么他们就会时常因为投资收益的变化而感到焦虑、烦躁等，使孩子的情绪受到很大的破坏。

2.让孩子合理控制投资数额

让孩子明白，投资的时候应该以不影响自己正常的生活为前提。让孩子首先对自己的支出有一个客观清醒的认识，并把自己的基本日常开支拿出来，然后把剩下的钱用于投资，这样做是对自己负责的一种表现。只有自己的生活没有受到威胁，人们才能全身心地投入到自己的事业中来。如果孩子一味地贪多，不顾自己的实际情况把大部分资金都用于投资的话，那么自己的生活水平肯定就会受到影响，这样一来就得不偿失了。

3.让孩子明白投资有风险

让孩子明白，既然是投资，那么，就存在一定的风险。在投资的过程中，父母要帮助孩子尽可能多地了解市场信息，并根据局势的变化采取适当的措施，争取把风险降到最低。当然最直接有效的方法就是只将一小部分的钱用于投资，这样即使有了突发情况，也不会造成十分巨大的损失。另外一种方法就是分散投资，也就是说让孩子把自己想要用于投资的那一部分资金分成若干份，然后把这些资金用于不同的投资项目中，这是一个不错的投资策略。

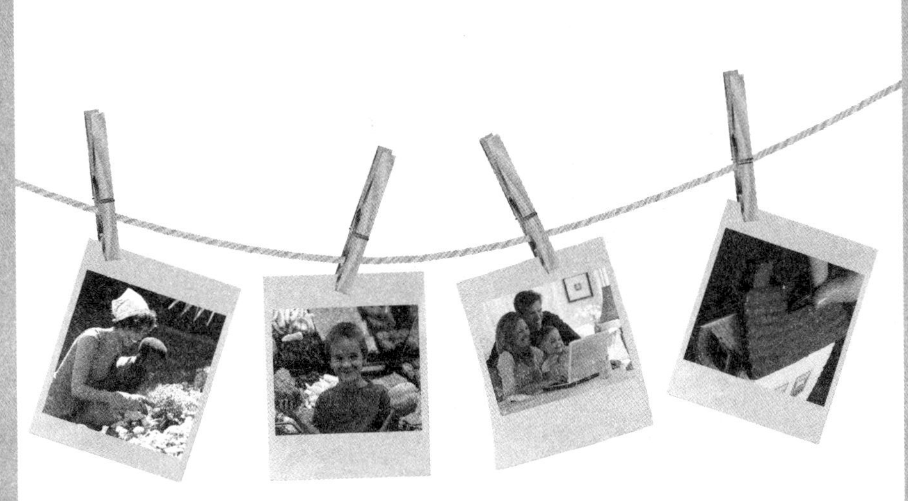

第六章

合理消费，让孩子成为理财高手

要想开启孩子的财富之门，让孩子过上幸福的生活，仅仅学会攒钱和赚钱还远远不够，让孩子学会消费也至关重要。只有这三者有机结合起来，才能让孩子的财富之路变得顺畅。积蓄固然重要，但是不能一味节俭而不消费，既不能做吝啬鬼，也不能“为富不仁”。父母们应该教给孩子“该花的钱一点都不少花，不该花的钱一点都不多花”的理念，从而将孩子引导到一个正确的消费轨道上来。

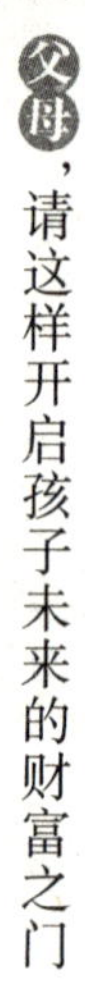

让孩子拥有正确的消费观念

随着时代的进步，经济的飞速发展，一方面，孩子手中的零用钱越来越多；另一方面，在消费的时候他们表现得非常慷慨，很多“消费狂”就是在这样的环境中逐渐形成的。

文文是一个很聪明的小女孩，全家人都把文文当成一个小公主，不管文文有什么样的要求，爸爸妈妈都会想办法满足她。爸爸妈妈忙于工作，没有太多的时间去照顾女儿，怕女儿受委屈，于是总是想多给女儿一点零用钱，以此来弥补自己的内疚。至于孩子怎么花零用钱，他们从来都不会主动关心。

于是文文就养成了花钱大手大脚的毛病，每次陪妈妈逛街的时候，她都会买下一大堆东西，看着被自己抱回的一堆商品，文文就会有一种莫名的成就感涌上心头。由于毫无节制的消费，所以不到月底文文的钱就花得一干二净了，于是她又不得不向爸爸妈妈索取更多的零用钱。爸爸妈妈也不知道问问孩子究竟把钱用在了什么地方。

文文的行为在很多孩子身上都有不同程度的表现，如果说这种行为只涉及孩子能不能很好地控制自己的消费欲望的话，那么下面这两个事例则让人有些无法理解了。

上周日，刚上小学三年级的薇薇在妈妈的陪同下来到了一家著名的影楼。妈妈跟影楼的经理说，女儿在测验中获得了年级第十名，再过几天又是她的生日。于是妈妈就带着女儿来到这家影楼为女儿拍一套写真集。经过摄影师的推荐和妈妈的深思熟虑，他们决定要拍一套名叫《岁月》的主题写真集。

在化妆师的帮助下，薇薇摇身一变成了民国时期的一位绝代佳人。薇薇身穿一件古色古香的小旗袍，然后按照摄影师的指导摆出了一个个非常漂亮的动作。不过，摄影师总觉得微微的眼神不是很到位。照片洗出来之后，妈妈也感觉到这是一个小小的遗憾，不过，不管怎么样，孩子的写真集还是很漂亮的。

其实，妈妈原本可以用更好的方法对孩子进行鼓励和表扬，根本没有必要把声势做得那么大。毋庸置疑，拍写真集本来应该是成年人的活动，过早地让孩子接触这些方面，会给孩子的身心造成一定的影响。

其实，孩子在消费上出现的种种不良现象和父母对他们的教育方式有很大的关系，有些父母口口声声地说着要让孩子养成良好的消费习惯，可是自己却不能给孩子树立一个良好的榜样。既然父母都做不好的事情，又凭什么去强求孩子做好呢？

刘女士是一家公司的中层管理人员，她的丈夫是一所骨科医院的业务骨干，在公司的其他人看来，她现在的日子真可谓是如鱼得水。工作之余，刘女士经常会出入一家高级女子养生会馆，做一些日常的护理。

她还经常带着女儿蓉蓉逛商场，每次都是选那些刚上市的名牌服装。刘女士出手阔绰早已经不是什么新闻了，蓉蓉在妈妈的影响下也成了一个小小的购物狂，她的书包、铅笔盒还有橡皮擦都是进口的，十分漂亮。有一次一种造型可爱的小熊橡皮擦刚刚上市，蓉蓉就已经着手准备怎么做才能把那个橡皮擦收入囊中。可是她想了好久也没想出该用什么样的方式才能说服妈妈。结果实在想不出理由她就干脆把旧的橡皮擦扔掉，然后再去买一块新的。

有一天，妈妈闲来无事就把家里的支出做成了一个表格，刘女士惊

奇地发现，原来蓉蓉的支出竟然是全家人最多的。

现在孩子的高消费已经是一个让无数父母烦恼的问题了，很多孩子没有科学的消费观念，且都存在高消费的现象。父母如何让孩子用好口袋中的钱，关键是要让他们树立一个正确的消费观念。

孩子能否有一个科学合理的消费观念将会对他们的将来产生很重要的作用。孩子最终是要独立生活的，如果孩子没有一个合理、科学的消费观念，等到他们成年之后依然会受到错误消费观念的影响，那么，他们就不能很好地处理自己的财务问题，也谈不上让自己生活得更加快乐了。因此，父母必须帮助孩子树立一个科学、合理的消费观念。

1.尽可能多地进行一些发展型消费

按照消费的作用，我们大致可以把孩子的消费行为分成三种类型，即生存型消费、发展型消费和享受型消费。顾名思义，生存型消费就是为了满足基本的生存需要而进行的消费；发展型消费是为了提升自身的综合素质而进行的消费；享受型消费就是为了让自己生活得更舒服一些的消费行为，这种消费是可有可无的。

为了让孩子变得更有能力，父母应该鼓励孩子多进行一些发展型消费。这样一来孩子不仅收获了快乐，更重要的是他们让自己的各项能力得到了有效的提高。因此，让孩子多进行一些发展型消费是一个非常不错的选择。

2.让孩子根据经济情况量入为出

很多孩子在选购东西的时候完全凭借自己的好恶，他们从来不关心这些商品的价格，只要是自己喜欢的商品，就不顾一切地缠着父母买下来，这时父母就会显得很尴尬。父母应该让孩子明白，在挑选商品的时候一定要想想家里的经济条件，不能给父母太多的压力，对于一些可以节省的开销一定要节省下来。

另外，还可以根据具体情况选择最合适的时间购物，那样的话就能买到廉价的商品了。不过，这时一定要注意，不能因为价钱较低就忽视了商品的质量。

3.让孩子选择适合自己的消费内容

现在很多孩子，尤其是青少年的消费越来越成人化。例如很多孩子为了让自己看起来更加成熟就盲目地学习抽烟。可是香烟中的大量有害物质就在这时悄悄地潜入了他们的体内。

此外，还有一些中学生经常出入网吧、迪厅等场所，这些场所中的人员比较复杂，孩子经常出入这些场所很容易受到社会上不良分子的伤害。出入这些场所无疑会给孩子的身心带来很大的消极影响。

父母应该让孩子明白，物质消费并不是消费的全部，更重要的是应该让孩子的内心强大起来。通过阅读健康的书籍让孩子的素质得到很大的提高，这才是最明智的消费行为。

4.用理智的眼光看待广告

让孩子学会用理智、客观的眼光看待广告。商家为了让自己的商品卖得更好，常常借助广告这一促销手段。父母应该让孩子知道，在广告宣传的过程中肯定有一些内容是被商家有意放大的。所以不能仅仅凭借广告来断定商品的好坏。

父母要让孩子知道，在挑选商品的时候应该结合自身的特点选择那

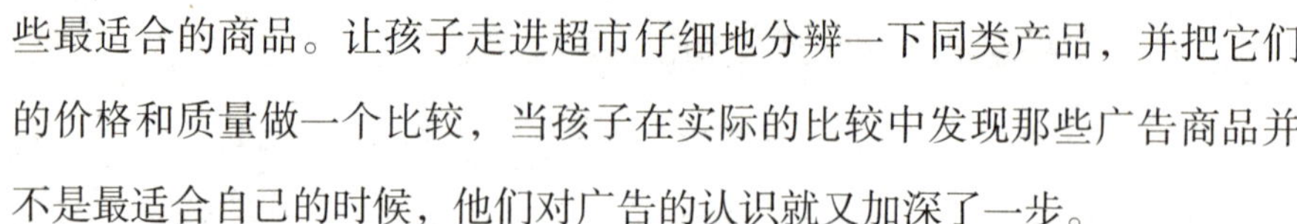

些最适合的商品。让孩子走进超市仔细地分辨一下同类产品，并把它们的价格和质量做一个比较，当孩子在实际的比较中发现那些广告商品并不是最适合自己的时候，他们对广告的认识就又加深了一步。

5.和孩子交流消费心得

多和孩子进行消费心得的交流，看一看孩子为什么要进行某项消费，让孩子说出自己的理由。当孩子的消费目的是正确合理的时候，父母应该及时对他们进行表扬。当然，如果孩子的消费观念不正确，应该马上进行纠正。不过这时候一定要注意说话的语气和态度，不能太过强硬，否则不但收不到教育的效果，还可能引起孩子的抵触情绪。

帮助孩子制订科学合理的支出计划

不管做什么事情，如果事先制订一个计划的话，到时候就不会手忙脚乱。在日常生活中，如果有一个合理的支出计划，那么，就可以减少因为资金短缺而造成的尴尬。

生活中有很多人，由于他们不善于给自己制订一个支出计划，不知道该如何分配自己的资金，因此总会让自己陷入财务危机当中。于是他们有了一个看似浪漫实际却很难堪的名字——月光族。

诚然，月光族的出现和当下的就业环境有很大的关系，但是自身的理财能力的缺失也是一个让人不容忽视的问题。如果他们小时候曾经接受过系统的理财教育，如果他们能够量入为出制订一个支出计划表并且严格的执行，也不至于出现现在这样尴尬的局面。

随着孩子慢慢地长大，他们从父母那里得到的零用钱也越来越多，同时他们的消费欲望也会越来越强烈，因为市面上有那么多令他们怦然心动的小商品。此时，他们又有了足够的零用钱，如果父母对孩子的消费欲望一味地迎合，无疑是纵容了孩子的欲望。这样做对他们的成长极为不利。

做父母的应该在孩子很小的时候就让他们学着对自己的支出制订一个合理的计划，以此来控制孩子的消费欲望，长期坚持下去孩子就能够科学、合理地使用自己的金钱了。

有一些父母很不愿意带着孩子去逛玩具店或者超市，因为孩子一看

到那些琳琅满目的商品，他们的购买欲望就会在瞬间被点燃。他们毫不关心商品的价格，也不关心父母的收入情况，只是一味地想要满足自己的欲望。这时候父母往往都会感到特别尴尬。因为不管你说什么，孩子根本就听不进去。不过，有些父母却善于找出一些巧妙的小办法，让孩子有效地控制自己的消费欲望，而孩子也心甘情愿地接受了父母的条件。

赵女士是一位很聪明的妈妈，她有一个乖巧伶俐的女儿。有一次，她要带着女儿去超市购物，为了防止孩子在超市里不停地要买这个或者要买那个。赵女士想出了一个很聪明的办法。

“宝贝儿，妈妈决定今天带你去超市，你可以选购一件自己最喜欢的商品，不过它的价格必须在30元以内。妈妈要提醒你，如果你坚持买很多商品的话，下次妈妈肯定不带你去了。”妈妈很认真地跟女儿说道。

“哇！妈妈说的是真的吗？”女儿听完妈妈的话以后几乎要兴奋地跳起来了。

“当然是真的啊，妈妈什么时候骗过你啊！”妈妈继续说道。

“嗯，我知道了，我非常想要一个漂亮的娃娃。不过我得先去超市看看，那里最漂亮的娃娃是哪个，然后我才能作出最后的决定。”女儿跟妈妈说道。

于是，赵女士带着女儿高高兴兴地去超市了，因为这次孩子可以自己决定购买东西了，她显得特别兴奋。在玩具货架前面她拿起了好几款娃娃，那认真的模样绝对不亚于任何一个挑选商品的成年人。女儿比较了很长一段时间，最后决定买下其中的一款娃娃，而它的价格也没有超过妈妈说的30元。

赵女士非常聪明，她事先给孩子限定了购物的最高价格，然后让孩子在这个价格以内来选择自己喜欢的商品。其实，在这个过程中孩子已经在试着制订一个支出计划了。孩子明白自己的支出上限就是妈妈给的30元，她知道根本就不可能买到更贵的商品，因此她对那些所谓的高档玩具甚至连看都没看。

有时候，我们成年人也会因为一时冲动而买下一些东西，可是，事情过后你会发现原来自己并不是特别需要它。当时购买可能只是受到了广告的影响，或者有一种盲从心理，看到别人购买自己也想买一个。既然大人都会犯这样的错误，更何况是一个少不更事的孩子呢。为了减少此类事情的发生，父母应该让孩子制订一个消费计划表。购物之前让孩子把自己需要的商品列一个清单，然后严格按照清单上的商品进行购物。这样就可以有效地减少因为冲动而盲目购物的情形出现。

如果孩子在购物之前能够作出一个详细的计划，那么，他们的理财能力也会得到一个很大的提高。让孩子做一个支出计划不仅有利于提高他们的财商，孩子在做其他事情的时候也会显得更有条理。

让孩子养成制订支出计划的好习惯，将会对孩子的生活带来很大的改观。这不仅可以提高孩子的理财能力，还可以让孩子做事情的时候变得更加有条理。

那么，父母在培养孩子制订支出计划的时候应该注意哪些内容呢？以下几条建议应该能给你带来一些帮助。

1.让孩子对自己的支出项目有一个清醒的认识

要让孩子学会制订合理的支出计划，首先就应该引导他们对自己的日常消费内容做一个详细的分析。看看自己通常会在哪些事情上花费过多的钱财，哪些物品的消费金额占的比例较大；有些物品是不是买来之后就没有怎么使用过，有多少东西并不是自己急需的。

2.对待一些生活必需品不能太凑合

要让孩子明白勤俭节约是种良好的品德，但对待生活必需品不能因为图便宜就买那些质量不好的商品。因为这不利于人的身体健康。在购买生活必需品的时候一定不能凑合，要尽量选择那些质量比较好的。

3.帮助孩子制订一个短期消费计划

当孩子对自己的消费内容有了一个清醒的认识之后，父母就要着手帮助孩子制订一个支出计划了。刚开始的时候孩子的自控能力还很弱，这时候可以制订一个短期的消费计划。不过，在孩子制订消费计划的时候父母不要过多干预。

4.父母要做孩子的监督员

当孩子制订完一个短期的消费计划，并不意味着父母就可以高枕无忧了。父母还有一项很重要的工作，那就是做孩子的监督员。父母要严格监督孩子是否是按照原来的计划行事。这样一来支出计划表才具有真正的意义。

如果孩子能够按照自己事先制订的消费计划执行的话，父母要及时对孩子进行表扬，并给予他们一定的奖励。当孩子没有严格按照计划来进行消费的时候，父母则应该对孩子进行一定的惩罚。

5.让孩子列好购物清单

众所周知，孩子的自控能力比较弱，当他们走进超市或者市场的时候，很快就会被那些新奇的玩具所吸引，于是就吵闹着让父母买下它。

如果在去超市之前，父母能够帮助孩子制订一个购物清单的话就可以有效地减少孩子因为冲动而购物的事情发生。他们就能更好地抵制各种诱惑。

玲玲已经是一个10岁的小姑娘了，以前每次出去的时候她总是不停地让妈妈给她买东西。如果妈妈不给她买，她就在大庭广众之下大吵大闹，每当这时妈妈都会感到特别尴尬。其实，玲玲平时还是很听话的，只不过当她见到那些琳琅满目的小玩具时就再也把持不住自己了。

为了克服孩子的这个坏毛病，妈妈想出了一个非常巧妙的办法。每次购物之前，妈妈都要和玲玲商量需要购买的物品，如果遇到孩子的不合理要求，妈妈就会耐心地劝说孩子，直到她放弃自己的想法。妈妈跟玲玲约定，到超市的时候一定要严格按照已经制订好的计划表行事，不能随意改变。否则的话，妈妈将拒绝给她购买任何东西。

妈妈的办法果然有了一定的效果，从那以后玲玲再也不随意地要求妈妈给她买东西了。

6.让孩子做好支出记录

父母应该让孩子学会记账。对于那些年龄稍微大一些的孩子，父母应该鼓励他们把自己的消费行为一丝不苟地记录下来。这样有利于综合分析孩子的消费行为还存在着哪些问题，同时能够更好地提升孩子的理财能力。

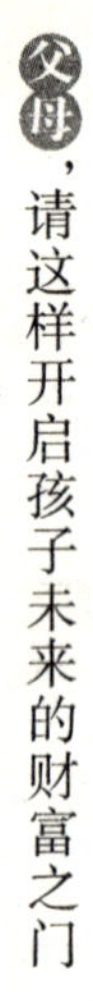

让孩子成为家庭理财小帮手

有一天，明明看到妈妈的床头上放着一个很精致的笔记本，在好奇心的驱使下，他弯下腰拿起了那个笔记本。等他打开的时候才发现原来这是妈妈的记账本。这个小本清清楚楚地记录着他们家的收入来源、资金支出等内容。小到买几斤水果，大到购置家电，每一笔支出都写得清清楚楚，毫不含糊。

正当明明看得津津有味的时候，妈妈突然出现了，妈妈大声地说道："明明，把那个笔记本赶紧放下，这些都是大人的事情，小孩子不应该看得太多。"

听到妈妈的训斥以后，明明灰溜溜地逃跑了。

其实，每个家庭都有自己的一本账目，上面记载着这个家庭的收入和支出。很多家长都像明明的妈妈那样，不让孩子了解家庭的财务状况，因此孩子对家庭财务一无所知，即使父母遇到了困难他们也不知道，因为不管在什么时候只要孩子提出一些物质要求，父母都会无条件地满足。

这样做的最终结果就是让孩子对家庭财务状况产生一种错觉，孩子以为家里有用不完的钱，因此他们也不会去珍惜父母的劳动成果。

孩子是家庭中的一员，参与家庭理财既是他们应该享有的权利，也是他们应该履行的义务。

当孩子了解到家庭的收入和支出状况的时候，他们可以体会到爸爸妈妈为了维持这个家而付出的辛苦努力。孩子在参与家庭理财的时候，他的理财能力也在无形中得到了很大的提高。

王宇今年12岁了，现在的他已经有了自己的想法，去买东西的时候他不再像以前那样完全听妈妈的话了。

本来这应该是一件让人觉得高兴的事情，可是王宇的妈妈却一点也不快乐。虽然王宇在消费的时候已经有了主见，但是他却从来不考虑自己的家庭状况，只是一味地要妈妈给他买下自己看上的商品，因为他觉得妈妈那里有很多钱。

有一次，王宇又向妈妈要钱，妈妈由于有其他事情缠身，没有把钱及时送到孩子的手中。这回可把王宇给惹恼了，一股莫名其妙的委屈涌上他的心头，于是就冲妈妈大发脾气，嘴里还说着妈妈根本就不爱他的话。后来爸爸妈妈发现，王宇经常为花钱的事情而感到苦恼，他丝毫体会不到父母的辛苦。

后来有人给王宇的父母出了一个妙招，对方建议他们把家庭的财务状况公开化。王宇的父母听取了朋友的意见，他们制作了一个财务统计报表，然后把家里的每个人的支出都作了详细的记录。

刚开始的时候，工宇也不知道父母的葫芦里卖的是什么药，当王宇仔细分析过那张报表后，他终于发现原来自己的支出是最多的，而爸爸妈妈的收入又很有限。后来他逐渐认识到父母挣钱的艰辛，从那以后，王宇竟然开始对家庭理财产生了浓厚的兴趣。

做父母的不要在孩子和家庭财务状况之间画上一条无法逾越的鸿沟，而是要创造条件，把家庭的财务状况公开，让孩子也加入其中。事实证明，让孩子加入到家庭理财活动中来会在无形中增强他们的理财能力。每当作出重大决定之前，必须和孩子进行商讨，充分尊重孩子的意见，这样还有利于增强他们的自信心。

父母应该知道的

让孩子参与家庭理财不仅可以让他们体会到父母的辛苦，尊重父母的劳动成果，还有利于孩子控制他们的消费行为。更重要的是可以让孩子的理财能力在实践当中得到很大的提高。

如果想让孩子真正地加入到家庭理财的队伍之中，父母们就要从以下几个方面做起。

1.建立一个简易的家庭财务报表

父母们不妨制作一个简易的家庭财务报表，以此来引起孩子的好奇心。如果孩子对财务报表有浓厚的兴趣，那么，父母们应该抓住这个有利时机对孩子进行理财教育。

2.让孩子对家庭收支情况有一个清醒的认识

让孩子参与家庭财务管理不可缺少的一步，就是让孩子对家庭的收支状况有一个清醒的认识。父母要让孩子知道家庭收入由哪几部分构成，每一种收入的数额大致是多少。

当然，还要让孩子明白家庭资金的流向，也就是让孩子知道家里的钱都用在了哪些地方。例如，有一部分资金是用来维持家庭成员生活的；有一部分资金用于储蓄，以备不时之需；还有一部分资金是用来进行投资的，以便赚取更多的财富。与此同时，父母还要向孩子讲解各部分资金的比例以及为什么要这样分配。

3.让孩子做一次“小当家”

俗话说，不当家不知柴米贵，对于年龄稍大一点儿的孩子，父母不妨让他体会一下“小当家”的滋味。游戏开始之前，父母要给孩子一定数额的资金。在那天，所有的问题都要交给孩子来解决，看看孩子怎样用最少的钱让家人过上最舒服的日子。

通过这个小游戏，孩子就能知道在一天之内家庭中的资金都流向了哪里，另外，孩子也会有意识地做出一个支出计划。这样孩子就会明白父母要照顾全家人的日常生活是一件很辛苦的事情，他们就不会像以前那样不顾父母的感受提出一些无理的要求了。

4.用家庭财务例会帮助孩子更好地成长

对于一个崇尚民主的现代家庭来说，定期召开家庭例会是一个不可缺少的部分。

父母可以定期组织家庭财务例会，不过这样的例会气氛不要搞得太压抑，否则会让人觉得很不自然，收不到预期的效果。讨论之前不妨准备一些小食品，或者讲一个轻松的笑话，这样有利于会议的开展。同时讨论的话题可以多种多样，从购买食品、家电、添置家具、交通费，再到给孩子买学习用品、妈妈花费在保养上的资金无所不包，所有人都可以畅所欲言。看看哪些消费是可以避免的，哪些消费的金额可以下调，哪些消费内容需要增加等。

在讨论的过程中，父母应该把孩子当成一个独立的个体来对待，认真听取孩子的意见，如果孩子的意见既可行又合理，父母就应该采用，并对孩子进行鼓励和表扬。如果孩子的意见没有被采纳，父母要向孩子说明缘由，不能一味地全盘否定。

当然，由于社会经验不足，很多时候孩子的建议都在摇篮中夭折了，但是当孩子看着父母专注的眼神，听到父母的鼓励的时候，他们会觉得自己已经受到了足够的尊重，即使自己的意见不被采纳，他们依然会感到很高兴的。

让孩子养成勤俭节约的好习惯

不管到什么时候，勤俭节约都是一个人应该具备的优良品质。我们说要让孩子养成勤俭节约的良好习惯并不是说反对孩子进行消费。勤俭节约不是让孩子变成一毛不拔的铁公鸡，而是要让孩子正确对待自己的消费行为。不能因为家庭经济条件较好就恣意挥霍钱财，一掷千金。有些家长觉得自己比较富有，就任孩子挥霍，这样下去会扭曲孩子的世界观和人生观。

小林的爸爸经营着钢材生意，从小养尊处优的小林根本就不知道什么是吃苦。在学校里他总觉得高人一等，他的一件外套竟然花了一千多元，这相当于同桌小海爸爸一个月的工资。可是，不久之后小林就厌倦了他的这件外套，因为他总觉得这种衣服的款式和板型不好看。于是，就把这件衣服顺手丢在一边了。

小林的爷爷毕竟曾经忍受过一段艰苦的岁月，勤俭节约的意识深深地刻在了他生命里。虽然现在的生活和以前相比有了翻天覆地的变化，可是小林的爷爷依然很节俭。每当看到孙子这样挥霍钱财时，爷爷的怒火就不打一处来。不过，小林的爸爸却总是护着儿子，因为他觉得现在不比从前，既然有这个条件，就应该让孩子好好享受生活。不能总是活在过去饥饿的阴影里。

虽然爷爷极力反对孙子奢华的生活，但是自己却改变不了什么。孙子依然在他爸爸的保护伞下我行我素，可是他们不知道命运的转轮此刻正在悄悄地靠近他们。

经济危机的到来给小林一家带来了致命的打击，小林爸爸的公司很快就倒闭了，并且还欠下一屁股债。小林的生活发生了戏剧性的变化，他无法承受这样惨重的打击，尽管现在家里已经一无所有，但是他依然想去那些高档商场选购商品，每天都被自己的消费欲望折磨着，他早已经没有了过去的风采。面对沮丧的父亲，他没有安慰的语言，却不时地埋怨父亲没有给他创造优越的物质生活。

这时候，小林的父亲才意识到自己的错误，在过去没有注意培养孩子勤俭节约的意识，一味地任其挥霍。如今，自己沦落到这步田地了，儿子不体谅自己也就算了，更让人伤心的是他竟然还埋怨自己。

事实上，很多父母都已经注意到了培养孩子勤俭节约意识的重要性。他们从孩子身边的小事做起，渐渐地让孩子有了一定的自我约束能力，让孩子开始有意识地节俭。

小奇今年6岁，以前小奇乱要东西的毛病让全家人都感到很头痛。只要爸爸妈妈一带着他去逛街，孩子就被眼花缭乱的商品所吸引。不管看到什么样的玩具，也并不管家里是不是有一个同样款式不同颜色的玩具，他都会死死地缠着爸爸妈妈再给自己买一个，如果父母不同意，他就不停地大吵大闹，有时甚至还会挥着他的小拳头砸爸爸。

有一次，小奇看到了一个新款的奥特曼，于是他又开始打起自己的小算盘。

“妈妈，您看中间的那个奥特曼多酷啊，咱们把它买下来吧！”小奇用充满渴望的眼神望着妈妈。

“为什么又要买那个啊，家里不是已经有好几个奥特曼了吗？再说这个奥特曼根本就没有什么不同，我看还是不买了！”妈妈对儿子说道。

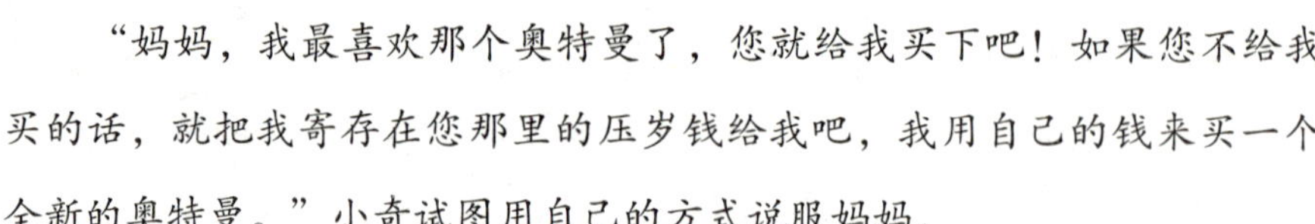

“妈妈，我最喜欢那个奥特曼了，您就给我买下吧！如果您不给我买的话，就把我寄存在您那里的压岁钱给我吧，我用自己的钱来买一个全新的奥特曼。”小奇试图用自己的方式说服妈妈。

“孩子，不是妈妈不舍得给你买那个玩具，可是咱们家已经有几个很酷的奥特曼了。如果再买一个的话，无疑是浪费钱。其实，我们完全可以用这些钱来做一些更加有意义的事情，比如买一些你比较喜欢的故事书，还可以在周末看爷爷奶奶的时候给他们准备一些小礼物。这样他们就会非常高兴，同时也会更加喜欢你。”

小奇点了点头，好像明白了妈妈的话。可是妈妈知道，要让儿子真正地学会勤俭节约，还必须在生活中时时给孩子灌输这样的思想。

有一次，妈妈让小奇观看了反映青藏高原孩子生活状况的电视片，那里孩子的生活非常艰苦。他们的午餐就是一个馒头外加一碗凉开水。由于交通不便，外界的蔬菜很难运输到那里。很多孩子甚至从来都不知道水果是什么滋味。尽管如此，他们仍然说在学校吃的要比在家里吃的好很多。

妈妈陪着小奇看完了那个长长的电视片，结束的时候她发现儿子的眼眶都已经湿润了。儿子跟妈妈说：“妈妈，我以前总是乱花钱买东西，有时候还会把吃了一半的冰激凌或者雪糕扔掉。我比电视里的那些哥哥姐姐要幸福多了，我以后再也不乱花钱买东西了。”

妈妈看着儿子泪眼婆娑地说完这段话，她觉得儿子好像突然长大了。妈妈说道：“宝贝儿，你能这样想妈妈非常高兴……”

“那么，我可以拿出一部分零用钱，把它们捐给山区的哥哥和姐姐吗？”小奇试探性地问道。

“当然可以啊！”妈妈温柔地答道。

从那以后，小奇在想买东西的时候就不像以前那样任性了。妈妈说，她觉得小奇越来越懂得节俭了，以前有的作业本稍微破旧一点他就会让妈妈立刻给他换一个新的，只要看到一些新出的橡皮擦他就会立刻把自己手中的橡皮擦扔掉，换一些所谓的高档商品。可是现在小奇已经开始用废弃的作业本来当做演算纸了，他的其他学习用品也是等到不能用的时候才换成新的。

古语说："一粥一饭，当思来处不易；半丝半缕，恒念物力维艰。"不管到什么时候，勤俭节约都应该是人们具备的美德之一，很多人都觉得勤俭节约已经成为过去。其实不然，放眼世间你就会发现，虽然很多富翁的财产不可计数，但是他们仍然恪守着勤俭节约的良好作风。所以他们的财富才会一点一点地多起来。

勤俭节约，是孩子必不可少的一种良好的生活作风，父母要想让孩子具有这种特点，需要从以下几个方面做起。

1.不失时机地向孩子渗透勤俭节约的观念

要想让孩子具备勤俭节约的良好生活作风，首先应该让孩子具有勤俭节约的意识。如果在孩子的心中充斥着享乐主义，那么，勤俭节约的行为就永远不会跟孩子有任何交集，孩子只有有了勤俭节约的意识，才会在生活中进行实践。

所以父母在日常生活中要不失时机地给孩子灌输勤俭节约的思想，让节俭的观念逐渐地深入到他们的内心。

2.让孩子节俭需要从小事做起

当孩子有了节俭的意识以后，父母应该指导孩子从身边的小事做起，实践节俭意识。比如外出的时候只要不是有急事就不要去乘坐出租车，还可以有意识地让孩子关注超市里降价促销的商品等，让孩子从这些点滴的小事中体会到节俭的意义。

3.别让孩子浪费东西

在生活中，父母不要轻视孩子浪费东西的现象。现在生活水平提高了，家庭经济条件和以前相比有了较大的改善。但有一点我们仍要注意，那就是孩子的浪费现象也越来越严重了。浪费馒头已经是一个再常见不过的现象了，还有一些孩子拿着刚啃了一两口的面包，一不高兴就会把手中的吃的东西随手一丢。除此之外，孩子浪费东西的现象还有很多，我们就不在这里一一赘述了。孩子浪费东西并不是一件小事，一定要引起父母的注意。

如果一个孩子从来都不知道珍惜物品，不懂得珍惜劳动成果，这样的孩子势必与勤俭无缘。所以，在日常生活中父母一定要留心孩子的举动，不要让他们养成浪费东西的坏习惯。

4.不妨让孩子吃一些苦头

在培养孩子的勤俭意识的时候，不妨让孩子吃一些苦头，当孩子明白了生活的艰辛之后，他们就不会像以前那样了。这对于培养孩子的勤俭节约意识有着不可替代的作用。

5.父母是培养孩子勤俭的最好老师

在真真15岁生日的那天早上，妈妈给她包了一个500元的红包，真真拿到红包之后非常高兴，她毫不犹豫地抱住了妈妈，然后给了妈妈一个深情的吻。恰好第二天是周六，于是真真就和自己的死党一起逛街去了。等到两个人筋疲力尽地打道回府的时候，她们已经有了非常丰厚的收获。

回到家的时候，真真便向母亲展示起了自己的“战利品”，她用100元买了一条手链，又用280元买了一套高档护肤品。妈妈看到以后就开始狠狠地批评起女儿来，说女儿现在还是一个中学生，根本就不需要买那么高档的护肤品。可是真真却说妈妈经常买一些非常贵的化妆品，有些还没怎么用就扔了，相比之下妈妈浪费得更多，所以妈妈根本没有资格说自己浪费。这时妈妈才意识到，孩子之所以这么铺张浪费，在很大程度上是受到了自己的影响。

为了更好地教育孩子，从那以后妈妈也开始注意尽量避免一些不合理的消费了，即使有时候必须购置一些东西，她也是货比三家，尽量找出那些适合自己家庭条件的商品，不再像以前那样盲目地追求档次了。

父母是孩子来到这个世界上之后的第一个老师，父母的一举一动都会给孩子带来非常深远的影响。要想让孩子成为一个勤俭节约的人，父母首先要给孩子做出榜样。只有父母做到了这一点，教育孩子的时候才会更加有威信，也更具有说服力。

让孩子明白什么是购买力

前一段时间有报道称，在一些小学附近的小卖部里出现了一种与众不同的账簿。记录在账簿上的都是附近学校的一些小学生，这些孩子赊账的缘由也各种各样，作业本、橡皮擦、玻璃球、泡泡糖等各色物品都有可能成为孩子们赊账的主角。

记者在调查中发现，有的班级竟然有一半以上的学生曾经有过赊账的经历。小卖部的老板也说他们并不是给所有的孩子赊账，只有那些以前经常出现在小卖部里的孩子，或是有些孩子虽然不常出现，但是在其他熟人的“引荐”下，这些孩子就可以顺利地赊账了。

小卖部老板的账簿上清清楚楚地记录着孩子所在的班级、购买的物品以及孩子承诺的还款日期等内容。

我们都知道，在成年人的世界里，当人们的资金周转不开的时候就会出现借贷或者赊账等经济现象。可是这些现象是如何进入不谙世事的孩子的世界里的呢？这种现象的背后又隐含着什么样的深层原因，这种现象又会产生什么样的后果呢？

很多孩子之所以出现了赊账等现象就是因为他们对自身的购买力没有一个科学、合理的认识，因此才带来了一系列的麻烦。

有些孩子看到别人有了新奇的玩具、好吃的零食，自己也会蠢蠢欲动，可是不巧的是这时候父母给的零用钱已经所剩无几了。一方是极具诱惑力的玩具或者零食，另一方是自己空空的口袋。最终很多孩子没有抵挡住那些商品的诱惑，于是他们就开始在小卖部赊账了。孩子的想法都是很单纯的，他们认为只要下个月爸爸给了零用钱，自己就可以把小卖部的空缺给补上了。

在这种观念的影响下，不知不觉他们欠小卖部的钱越来越多，于是就出现了寅吃卯粮的现象。于是年纪小小的孩子们开始为自己的债务发愁了，他们甚至像老鼠躲猫一样地躲着小卖部的老板。有的小学高年级的孩子甚至开始拦截低年级的学生，逼迫那些低年级的孩子交出他们的零用钱，还有的孩子为了还债竟然偷家里的钱。

孩子身上出现赊账的现象是一件危害很大的事情，如果放任这种现象发展下去将会给孩子的财商发展带来很不利的影响。父母应该做的就是让孩子对自己的购买力有一个清醒的认识。

现实生活中，很多孩子提出的消费要求远远地超出了他们的购买力，有时候这样的消费要求甚至会大大超出父母的购买力。如果孩子知道自己的手中有多少钱，知道父母的承受能力的话，也许就不会出现这样的状况了。如果孩子作出的消费选择在他的购买力承受之内，那么，他就不会出现零用钱危机了，他的日常生活也能顺利进行。可是一旦他们的消费行为超过自己的承受能力，他的生活秩序就会在不知不觉间被打乱。

当孩子对自己的购买力有一个清醒的认识的时候，就会有效地避免因为一时冲动而购买一些自己不太需要或者价格比较昂贵的物品了。否则的话，当孩子超前消费的时候，他们的债台也会越来越高。到最后，孩子很可能连基本的理财能力都会丧失。相信谁都不希望自己的孩子沦落到这步田地。现在，有一些父母已经注意让孩子认识自己的购买力，并且已经收到了不错的成效。

小雨上初中的时候，爸爸给他办了一张信用卡。不过在儿子使用之前爸爸就和儿子商定，坚决不能用爸爸给他的信用卡来提取现金，否则得话，爸爸将会立刻收回信用卡。

因此每当小雨要花钱的时候他都会先衡量一下商品的价格还有自己的购买力，由此他学会了很多理财的技巧，他的理财能力也得到了很大的提高。

父母应该知道的

让孩子学会正确对待自己的购买力是一项很重要的工作，当孩子对购买力有一个比较客观的认识的时候，他就能更好地驾驭自己的消费，因此他也将生活得更加美好。那么，究竟应该怎样做才能让孩子正确、客观地对待购买力呢？不妨看看下面几条建议，也许会给你带来一定的帮助。

1.让孩子知道什么叫做购买力

父母首先应该让孩子明白，孩子的购买力就是现阶段他有多少钱，用这些钱可以购买到什么样的物品的能力。一般情况，人们购买商品的金钱数额都不会超过自己持有的资金。但是在某些情况下，人们想要购买的商品的价格会高出自己拥有的资金，这种情况下，人们往往会通过赊账、贷款、分期付款等方式购买自己喜欢的商品。这就是我们通常说的超前消费，这种情况一旦出现，会给当事人的生活带来一定的影响。

2.让孩子判断自己的购买力

父母要让孩子铭记自己可以从父母那里得到多少零用钱，第二次领到零用钱的时候和第一次相差了多久，利用这些资金，自己可以做什么事情，可以买到哪些商品等。父母不妨让孩子了解一下家中的小账本，让孩子知道父母用在自己身上的资金有多少，这样一来孩子对自己的购买力就会了如指掌。

3.不让孩子的超前消费影响了家人的生活

孩子都有盲从和攀比的心理，很多情况下他们的消费行为都会超出他们的购买力，也就是说孩子发生了超前消费的情况，这时候父母就不得不充当一个“挪用公款”的罪名，把原本用于其他家庭活动的资金挪用到孩子的身上。毫无疑问，这时候整个家庭的生活质量就会下降。所以父母们要切记，不能让超前消费的现象发生在自己孩子的身上。

当孩子的消费需求超出了自己的购买力的时候，父母应该给予正确的引导，帮助孩子及时调整消费需求。如果不顾实际情况，一味地满足孩子的任何要求的话，很有可能带来更严重的理财困境。

别让虚荣心入侵孩子的心灵

随着年龄的增长，孩子的自我意识开始逐渐增强。他们渴望得到他人的尊重和重视。在自尊心发展的同时，孩子的虚荣心也开始潜滋暗长。当人们为了满足所谓的自尊心而采取一种不恰当、弄虚作假的方式来博取他人的关注、获得某些名誉的时候，我们就说这是他的虚荣心在作祟，虚荣心有很大的危害。

在消费过程中，虚荣心的最突出表现莫过于互相攀比。有很多孩子很要强，但是他们却往往把心思用到了穿什么样的衣服才能更加彰显自己的身份，才能更好地突出自己，其实这就是虚荣心太强的表现。他们以为只要自己身上穿了名牌的衣服和鞋袜，只要自己能够经常出入一些高消费的场所就能够证明自己的实力很强。可是这些孩子却没有意识到，越是这样的人，越是让人感到肤浅。虚荣心已经在无形之中戕害了他们原本单纯的心，很多孩子开始以拥有物质的多少来作为评价一个人是否快乐的标准，他们总觉得那些价格不菲的商品才是一个人身份的体现。

生活中有一些人，尤其是那些一夜暴富的人，好像总担心别人不知道他多富有。他们无论走到哪里都十分招摇，满身的金银铜器叮当作响，他们以为这样别人就会高看自己一眼。不知道从什么时候开始，这种风气已经慢慢地弥漫到孩子的世界里。

笔者曾经在一个商场内看到了两个中学生模样的女孩，可能是想在周末利用逛街放松一下，可是却不知道自己根本驾驭不了成年女性的着装，这使得两个小姑娘看起来有几丝风尘的味道。其中一个女孩竟然佩戴了十枚戒指，并且煞有介事地跟自己的女伴介绍这些戒指的来历。从她们的谈话中可以知道，这些戒指都是那个女孩的妈妈的。周末妈妈外出了，女孩就偷偷地把她的戒指拿出来了。另外一个女孩也不甘示弱，很认真地说着自己的妈妈有多少钻石项链，有多少世界知名品牌的服装，用了多少天价护肤品等。

中学生相互攀比已经是一个不容忽视的问题了。每到新学期将要开始之际，各个商家就瞄准了学生家长的腰包。孩子们也在家长的陪同下精心地挑选着自己的新学期装备，而且很多孩子都担心自己用得东西档次太低让同学看不起。

据商场的售货员说，每到新学期到来之际，就会刮起一阵学生购物的热潮。很多家长在孩子的带领下来到体育用品专柜，男孩子的一双运动鞋就要八九百元。有一位家长看到鞋子的标价以后面露难色，可是孩子却说班里的很多同学都有了，唯独自己脚上还穿着一双很掉价的鞋子，这让他在同学面前抬不起头来。所以孩子一直嚷着要买，家长也只好狠狠心用自己一个月的工资换来了孩子的一双运动鞋。于是有很多家长不禁感叹，虽然现在的生活越来越好，可是孩子消费的盲目攀比现象也越来越严重了。

当然，孩子之所以会出现由于虚荣心而产生的盲目消费心理，与时代的发展有一定关系。如果孩子刚出现攀比的苗头时，家长能及时地加以引导，那么，孩子也不会在虚荣的泥淖里越陷越深。很多家长都觉得，现在的经济条件比自己小时候不知道要好多少倍，因此他们下决心要让自己的孩子过得舒服一点。

而且很多家长自己也有攀比的心理，他们觉得只要别的孩子拥有

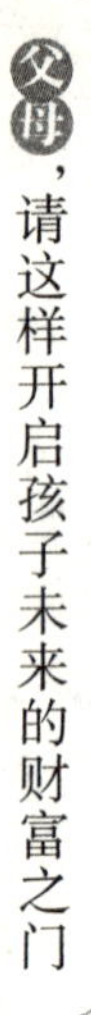

的东西，自己的孩子也应该拥有。但是，他们却很少考虑到孩子的真正需要。确实，有些孩子在父母提供的优越物质条件下暂时得到了一些所谓的快乐。可是随着时间的流逝，孩子的欲望也会渐渐地膨胀。直到最后，家长提供的物质条件再也不能让他们体味到快乐了，嫉妒、敏感、多疑、刚愎自用就都来了。所以说，孩子之所以变得如此虚荣，家长也应该担负一定的责任。

父母应该知道的

虚荣心强的孩子总是担心别人超过自己，但是他们又找不到一种正确的方式来证明自己的价值。这样孩子的人生观和价值观就会在长期不正确的思想意识影响下发生扭曲。应该采取哪些方法对待孩子的过强的虚荣心呢？下面几种方法可以供父母们参考。

1.父母别染上虚荣的坏毛病

要想让孩子改掉虚荣的坏毛病，为人父母者首先应该以身作则，严防虚荣心在自己的身上生根发芽。当自己身上没有了虚荣心的时候，才能够更好地教育孩子。而实际上，很多时候孩子的言行都受到了父母的影响，当父母能够做得很好的时候，就等于教育孩子已经取得了一半的成功。

李先生是一位房地产开发商，优越的物质条件给了李太太足够的时间和金钱让她出入于各种高档消费场所。

李太太的很多衣服都是请意大利的设计师量身定做的。高档的女子养生会馆、健身房等场所也是李太太经常光顾的地方。高消费已经成了李太太身份的一种象征。后来，李先生发现儿子总是在小伙伴面前说自己家多么富有，举止言谈之间流露出的是一种洋洋自得的优越感，并伴有一丝对其他小朋友的轻视。

孩子的变化引起了夫妇俩的高度关注，李先生夫妇进行了一番沟通之后，李太太认识到孩子之所以这样，有很大一部分原因是受到了自己的影响。于是她答应丈夫摈弃自己爱慕虚荣的心理，再也不像以前那样挥霍无度了。相比以前，李太太要节俭很多，而且也不像以前那么张扬了。

然后，李先生开始让儿子作为一名旁听者参加公司的一些会议。儿子渐渐地认识到，为了和别人做成一笔生意竟然要召开那么多次会议，还要不停地讨论，一次次地修改方案……

在夫妻二人的配合下，儿子终于慢慢地改掉了虚荣心过强的坏毛病。

其实，要想消除孩子的虚荣心不能急于求成，而是要在一些小事当中潜移默化地改变孩子。试想一下，如果李先生发现孩子的虚荣心表现时，一味地指责孩子这做得不好，那做得不对，相信很快就会引起孩子的反感，而且还有可能让事态恶化。李先生是明智的，他先是找到了问题的根源，然后让李太太认识到自己的疏忽，李太太行为的转变在一定意义上对孩子有着导航作用。于是，孩子的行为就有了很大的改变，他再也不像以前那样爱慕虚荣了。

当父母有了正确的消费态度和消费行为的时候，会在无形之中影响到孩子。孩子的很多行为都是从模仿开始的，如果父母一味地攀比，又怎么可能培养出一个没有虚荣心的孩子呢？所以说在消除孩子的虚荣心时，最重要的是做父母的应该有正确的荣辱观，以身作则，做孩子最好的老师。

2.让勤俭节约成为孩子的朋友

父母应该明白，勤俭节约的生活习惯是克服虚荣心的最有力工具。所以父母应该时刻注意培养孩子的节俭意识，并且让他们学着通过劳动来获取自己想要的东西。那时候他们就不会恣意挥霍了。事实上，孩子的虚荣心很多时候都表现在对物质生活的追求上，当孩子养成了勤俭节约的作风之后，他们就不会过分地追求物质生活的享受，因此虚荣心也很难靠近他。

3.及时制止孩子的攀比行为

在日常生活中，父母要时刻关注孩子的消费行为，当孩子出现了和其他小朋友攀比的消费行为时，父母一定要及时进行引导。如果父母对孩子的盲目消费行为一味地满足，孩子的虚荣心就会在这个过程中疯狂地滋长。当孩子的物质需求得到满足之后还会在同伴面前炫耀，从他人羡慕的目光中得到自我满足。长期这样下去，孩子的人生观和价值观就会产生很大的变化，这不利于孩子的健康成长。

4.让孩子从其他方面找到满足感

很多孩子都希望得到他人的尊重和关注，因此他们选择了在衣着打扮上追求另类，追求高消费。其实，作为父母，你们完全可以帮助孩子从其他方面来获得他人的关注。比如注意观察孩子的兴趣爱好，然后再选择一个孩子最感兴趣的事情，培养孩子的特长，孩子会在展示自我的过程中得到赞赏，这样他们会有一种很强烈的成就感和满足感。

最近一段时间，小涛所在的班级又刮起了一场盲目攀比的风潮，之所以会出现这种现象，就是因为前些时间班里转来了一名新同学。这名同学的家庭条件很不错，他浑身上下都是名牌，平时在和同学交往的时候也流露出一种很强烈的优越感。小涛的家庭条件不太好，尽管自己也想买一些名牌服装，但是他知道这样做的话只会给爸爸妈妈造成更大的经济压力。于是，小涛把自己心里想的事情跟妈妈说了一遍。

妈妈对小涛说：“孩子，虽然你穿的衣服不是名牌。但是你想想在班里还有哪个同学看的课外书比你多呢？还有哪个同学写的作文水平比你高呢？在这些方面你可比他们强多了。要知道一个人如果只是从父母那里得到了一些金钱，并不是什么值得夸耀的事情。”

5.让诚信伴随孩子左右

很多时候，孩子会在虚荣心的驱使之下做出撒谎或者欺诈的事情。培养孩子的诚信思想有利于克服孩子的虚荣心。当一个诚实守信的孩子由于有了虚荣心而想撒谎的时候，他们自己就会努力地克制。所以，父母应该让孩子远离虚荣心，让诚实守信成为孩子成长道路上的基石。

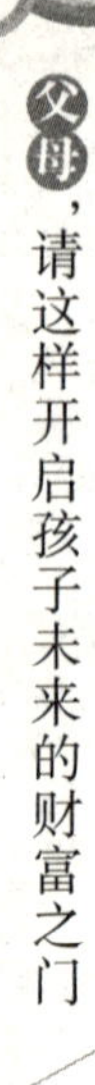

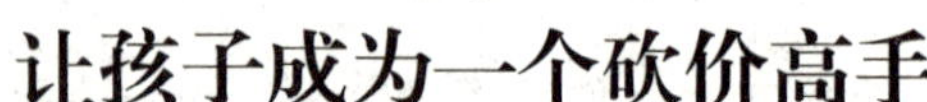

让孩子成为一个砍价高手

在经济交往中不可避免的一个重要环节就是讨价还价，当一个人掌握了讨价还价的技巧之后，就能用最少的钱买到性价比更高的商品。随着孩子年龄的增长，他们必然要和别人进行经济往来，让孩子学会讨价还价是孩子成长中必修的一门功课。

父母应该给孩子渗透一些买东西要讨价还价的意识，否则孩子长大以后的讨价意识就会薄弱很多，于是这些孩子就会经常遇到这种情况：虽然自己没有少花钱，但是却没有买到货真价实的东西，而且自己出的价格往往要高出实际价值很多。

还有一些孩子，由于自己的家庭经济条件比较好，因此他们根本不屑于去花费时间和商家讨价还价。对于这样的孩子，父母更应该给予足够的重视。不屑于还价的孩子永远不知道珍惜父母的劳动成果，他们只是觉得父母的口袋里有花不完的钱，因此根本不必在乎买东西的时候多花了那么一丁点儿钱。

当孩子不屑还价的时候，父母应该给予足够的重视，让孩子明白，虽然家里现在还算宽裕，但是这些钱都是父母辛辛苦苦地挣来的。如果不珍惜这些劳动成果，父母会非常伤心的。我国有一个成语叫做“坐吃山空”，就是说不管一个人多么有钱，如果他只是一味地挥霍享受，那么终有一天他的财富会消失得无影无踪。

为了让孩子更好地了解商品，父母应该告诉孩子，买东西的时候要多走访几个商家。这样一来才能准确把握这件商品的大致定价是多少。同时这也是在为讲价活动做一个前期的准备工作。这样才能让自己的讲价发挥出最大的作用。很多人都有这样的经历，有时候我们感觉已经讲下了很多钱了，可是购买之后还会大呼上当，发现自己竟然多花了很多冤枉钱。出现这种现象的根本原因就是自己事先没有对这种商品做一个市场调查，而自己选择的商家喊出的价格要比其他商家高很多，所以即使自己以为讲下来很多钱的时候，依然被聪明的商家给忽悠了。这时候讲价就没有发挥出自己应该起到的作用。

当然，父母应该让孩子明白。挑选商品的时候，不仅要看商品的价格，更要看商品的质量。质量是讨价还价的一个基础。市面上经常会出现相同种类但是质量不同的商品。如果孩子分辨不清商品的质量，讲价的时候把优质商品的价格作为劣质商品价格的参照物，那么到最后吃亏的肯定还是自己。

因此，必须让孩子学会判断商品质量的技巧，不过培养孩子判断商品质量的好坏是一个长期的过程。现实生活中父母要抓住一切机会，不断地传授给孩子甄别商品质量的绝招。

父母应该明白，让孩子具有讨价还价的意识，不断提高讲价的能力不是一朝一夕就可以完成的。刚开始的时候孩子不明白讲价的意义，这很正常。这时候父母不妨动一下脑筋，让孩子体会到讲价的甜头，这样有利于孩子愉快地学习讨价还价的技巧。

有一天，妈妈带着小波去商场买鞋子。在第一家店铺里，小波一眼就看上了一双很漂亮的板鞋。妈妈领会了孩子的意思后就去问销售员这双鞋子的价格是多少。于是，销售员开始很认真地说起这款鞋子。她说，这是今年最流行的款式，很多中学生都特别喜欢它，现在只卖110元。妈妈没有说什么，只是很客气地跟销售员道别，然后带着小波转身离开了。

紧接着，妈妈带着小波来到了第二个店铺里。在这里他们发现了一双类似的鞋子，妈妈又开口问了价格。意外的是，这双鞋的价格只有96元。这一次妈妈依然带着小波迅速离开了。

和很多男孩一样，小波不太喜欢逛街，很快他就开始有点不耐烦了，他带着埋怨的表情对妈妈说："妈，我累了，还要继续逛下去吗？只不过是买一双鞋子，有必要这么折腾吗？直接把我看上的那双鞋子买下来不就行了吗？"

妈妈看了看孩子，便对他说："买东西就是要多比较，才能够更清楚地知道价位。这样才能够和别人讲价钱啊！"妈妈只是想花更少的钱买到更好的东西。比对好之后，妈妈就开始和别人讲价了。从款式、做工等细节讲起。只要是自己能够找出来的让鞋降价的理由，妈妈都和销售员说了。

妈妈看着满脸不满的孩子说道："儿子，买东西的时候当然需要多转一转，这样我们就能知道商品的大致价位，等到讲价的时候也会有一个大致的目标。这时候我们就能够用最少的钱买到最好的东西了。"

后来，妈妈带着小波又辗转到了第一家商铺这里，因为心中已有了一个大概的数目。所以妈妈在讲价的时候更有信心了。妈妈从鞋子的颜色、做工等一切可以讲价的地方开始讲起，最后以80元的价格买下了原来标价110元的鞋子。

妈妈决定把节省下来的几十元钱给儿子让他当做零用钱。这时候小波开始尝到了由于讲价而得到的甜头，并且暗暗地下定决心，一定要学会与商家进行讨价还价。

小波的妈妈非常聪明，她也知道应该让孩子学会讲价，但是她没有一味说教，而是采取实际行动让孩子体会到讲价的好处，这样一来孩子就有了讲价的动力。事实证明，这是一种非常有效的方法。

让孩子学会讨价还价是让孩子受益终生的事情，孩子通过讨价还价不仅可以用最少的钱买到最好的商品，而且还锻炼了孩子的语言沟通能力。

那么，做父母的到底应该采取什么方法才能让孩子更好地掌握讨价还价的技巧呢?

1.孩子应该掌握的讲价秘诀

父母应该让孩子明白，讲价是一门技术，讲价之前孩子应该做的基本功课就是多走访几个店铺，让孩子把不同商家的商品做一下比较，综合分析一下商品的价格、质量、款式等，然后选出自己最喜欢的商品。选定本商品以后就可以针对某一件商品的颜色、做工、印花等方面找出可以讲价的地方，把价格压得越低越好。如果孩子对商品了解的信息越多，那么他就可以买到最适合自己的质优价廉的商品。

2.父母要让孩子知道商品的报价和成交价的大致比例

孩子在购物之前，父母应该结合自己的消费经历，把某些商品的报

价和成交价的大致比例告诉孩子。这样一来，孩子就能大致确定商家能够接受的最低价格，也更增加讲价成功的可能性。

3.别让商家看透孩子的心思

父母要让孩子明白，在和商家进行沟通的时候要学会隐藏自己的真实想法。即使自己特别喜欢、特别需要某件商品，也要做出一副可要可不要的姿态。很多人都有这样的经历，当我们和商家的讲价行为陷入僵局的时候，如果我们摆出要走的姿态的话很多商家都会以降价就范，如果商家看出来你非常想要某件商品的话，他们就不会轻易地降价了。这样一来到最后吃亏的往往还是消费者。

4.让孩子学会最实用的讲价招数

在购物之前父母要告诉孩子一些比较实用的招数，当讲价陷入僵局的时候，这些招数可令商家就范。例如，可以说其他商家以多少钱的价格就可以卖，或找出商品上的一些瑕疵和商家讲价，或做出由于价钱太高想要走开的姿态等。事实证明，这种情况下很多商家都会以降价为条件来挽留顾客。

5.让孩子找一个讲价高手帮忙

兰兰的表姐是出了名的伶牙俐齿，舅妈说表姐是一个天生的“杀价”高手，不管多么难以搞定的商家，只要到了她的手里，谁也不可能占到多大的便宜。通常情况下，表姐买的东西的价格都要比别人的成交价低很多。为了让兰兰学会讲价的技巧，妈妈就建议兰兰再上街买东西的时候一定要拽上表姐，兰兰也觉得这是一个不错的主意。令兰兰大吃一惊的是，表姐竟然能在几分钟之内就把那个顽固不化的商家搞定了。不仅如此，表姐讲下的成交价竟然比自己预想的少了很多。

兰兰见识过表姐的讲价本领之后佩服得五体投地，她还开玩笑地说，一定要拜表姐为师，那么，不远的将来自己就会成为一个讲价高手了。

刚开始的时候，孩子还不能很好地掌握讲价的技巧，这时候如果想要买到物美价廉的商品的话，父母最好让孩子带一个讲价的高手帮忙。这样就可以帮助孩子更快地用最少的钱买到称心的商品了。同时，孩子还能学习同伴的讲价技巧，这是个一举两得的办法。

让孩子学会识别假冒伪劣产品

虽然现在国家的打假力度在不断增强，可是在某些行业中假冒伪劣产品依然十分盛行。很多时候，人们一不小心就会被一些黑心的商家所欺骗，买来一些劣质的产品。有时候这些劣质的产品甚至可能威胁到人们的身体健康。而有些假冒的商品虽然没有危害，但是总会让消费者心生不爽。所以，父母应该从小培养孩子识别假冒产品的能力。

上周末妈妈带着小刚出去玩了一天，回来的时候路过了一家便利店，于是母子两个先后冲了进去。

“妈妈，我已经选了很多东西呢，我这里有虾条、薯片，正好我的牙膏快用完了，我就在这里找了一款我最喜欢的牙膏。”小刚向妈妈挥舞着自己的“战利品”。

“是吗，让我看看你还准备买些什么东西。”妈妈把儿子手中的几种商品接了过来，可是就在这个时候，妈妈发现牙膏的外包装的颜色有些不太正常。后来，妈妈又把牙膏的盖子打开闻了闻，这种牙膏的香味非常怪异，紧接着妈妈又看了一眼牙膏的生产条码。可是生产条码却非常模糊。等她问牙膏的价格时，她发现这款牙膏竟然要比平时便宜两元，于是妈妈坚信这肯定是一个假冒伪劣产品。

“儿子，咱们还是别要这款牙膏了，这有可能是一个冒牌货。”妈妈说。

“可是，我真的很喜欢这款牙膏啊，我觉得不会是假的。”儿子执意要把这款牙膏买下来。

妈妈心想，既然儿子听不进去我的话，何不让他自己感受一下这个伪劣产品的滋味呢，那样他就能吃一堑长一智了。于是，妈妈不再坚持自己的意见，让儿子高高兴兴地把那支牙膏拿回家了。可是等到小刚用的时候他才认识到妈妈的厉害，原来这个牙膏真的是假冒的。因为这个牙膏根本就没有泡沫，它就像泥巴一样。

小刚找到妈妈后，向妈妈承认了自己的错误。妈妈这时抓住时机向儿子讲解起识别假冒产品的方法来。

上文中小刚只是买到一支假冒的牙膏而已，最多不过是损失了几元钱，而有的时候人们由于疏忽大意买了假冒伪劣的产品，不仅经济上受到了损失，还会带来一些不良情绪。

王明马上就要成为一名中学生了，爸爸曾经说等到王明考试结束以后就给他买一个随身听。考试结束以后，爸爸就带着王明逛起了电子城，后来他们终于选好了一个外观看起来非常时尚的随身听。它的标价是555元，在爸爸一番讨价还价之后，最终以400元的价格成交。于是父子俩高高兴兴地回家了。

可是不久问题就接二连三地出现了，刚开始的时候只是有一些轻微的杂音，后来杂音逐渐变大，到后来干脆就不能开机了。于是，他们拿着这个随身听又找到了那家商铺，可是商店老板的态度非常恶劣，拒不承认这个随身听是从他们这里买的。心急如焚的父子俩一遍遍地叙述着购买时的情景，可是，他们这样做并没有起到任何作用。

无奈之下爸爸带着王明来到了消费者协会，希望能够从这里得到帮助。可是工作人员接过王明手中的机子仔细地看了看，然后说出了一句让人吃惊的话："这个机子是假冒的。"

"怎么可能是假冒的呢？"父子俩几乎不敢相信自己的耳朵。

工作人员接着说："这个机子看起来和名牌产品一样，但是它却没有生产厂家，也没有厂址，所以当然会出现很多问题了。”

“你们有发票吗？”

“没有，买的时候只顾着砍价了，那时还以为自己捡了个大便宜呢，所以把开发票的事情给忘记了。”父亲说道。

“实在抱歉，你们没有票据的话我也帮不了你们。”工作人员说道。于是父子两个只好垂头丧气的回家了。

其实，如果王明父子二人稍微细心一点儿就好了，那样的话，他们既不会有经济损失，也不会让自己窝一肚子的火气。可是，当时他们一心想着要以一个很低的价位买回自己心仪的商品，却忽视了对商品本身质量的鉴别。

不管假冒商品在外观上做得多么漂亮，一般情况下都有一个共性，就是它们的价格会低很多。只要你愿意购买的话，商家都会在价格上作出很大的让步。假冒产品的原料和做工都会很差，为了牟取暴利，它们就会盗用名牌产品的包装，但是只要足够细心，就会发现它们和正品行货的区别。所以父母要提醒孩子，在购买东西的时候一定要对商品进行一个全面的“大检查”，防止上当受骗。

父母应该知道的

上当受骗毕竟是一件让人窝心的事情，当然也伴随着经济上的损失。作为父母，首先要做细心的人，在购物时多关注物品各方面的信息，同时也要教给孩子怎样去辨别真伪。只有这样，才能减少上当受骗的概率。家长在让孩子学习识别假冒伪劣产品的时候可以从以下几个方面做起：

1.让孩子有验货的意识

很多孩子在购物的时候根本就没有验货的意识，只是漫不经心地大致看一下就决定买下，而事后又大声疾呼自己上当受骗了。所以父母应该让孩子具有验货意识，购物的时候一定要仔细看看物品的商标、电话、防伪标识、生产批次、厂址等信息。当这些信息不齐全的时候就要引起注意了，因为这很有可能就是假冒伪劣产品。

2.让孩子学会利用防伪标识和防伪电话

商品中的防伪标识和防伪电话是识别商品是否是假冒的重要工具，父母要让孩子学会使用这两个工具。不要怕花费几分钟的时间，按照防伪提示验证自己想要购买的商品是不是正品。如果拨打防伪电话的时候总是占线或者总是有一些毫不相关的东西出来，那就证明手中的是一件赝品了。

3.让孩子购物时不要只图便宜

俗话说“贪小便宜吃大亏”，父母应该告诉孩子购物的时候不能总是图便宜。事实上，孩子之所以会买到假冒产品，和他们购物时图便宜有很大的关系。平时购物的时候尽量去那些正规的商场，那里的商品在品质上有保证，即使出了问题，也便于解决。

上个周末，小刚一个人想要去书店转一转。等到他刚一下车的时候就被一个中年男子瞄上了。

那个中年男子走到小刚的身边用非常小的声音说道：“小兄弟，你要手机吗？我这里有一部新款的手机，支持3G。这部手机我刚买不久，现在我着急用钱，如果你想要的话我就给你便宜点儿。”中年男子一边小声地说着，一边给小刚熟练地演示着手机的各项功能。

小刚看着这部崭新的手机，然后再摸摸自己的手机居然有些动心

了。小刚试探性地说道："这部手机你卖多少钱？"

"买的时候用了一千多呢，现在你就给我500元钱吧。"中年男子兴奋地说道，说话间他把那部手机放到了自己的裤兜里。

小刚一听中年男子的报价大吃一惊，他没想到眼前的这个中年男子的报价竟然这么低，虽然手机的价格已经很低了，可是自己只带了200元钱，因此不免感到惋惜。

中年男子看到小刚面露难色，于是他又轻声地说道："如果你想要的话150元拿走吧，谁让我着急用钱呢。"

小刚听到中年男子的这句话后，立刻说道："好吧，就这么说定了，这部手机我要了。"说话间小刚就从自己的口袋里拿出了原本用来买书的钱，以迅雷不及掩耳的速度把那部手机收入囊中。中年男子拿到钱后立即转身离开了。小刚以为自己捡到了一个大便宜，竟然用150元钱买了一个价值一千多元的九成新的手机。于是他饶有兴趣地把玩起来，可是很快他就发现这部手机根本就不具备通信的功能。说白了，这只是一部高仿真的玩具手机而已。

小刚之所以会上当受骗，正是因为他贪图便宜的心理，如果小刚不贪图便宜，到正规的商场购买的话也不会遇到这样的情况。现在可好，自己用于买书的钱没了，换来的都是一部儿童玩具手机。

4.让孩子学会维护自身的合法利益

有一次，小华在同学的陪伴下买了一双心仪已久的旱冰鞋。可是没过几天有一只鞋子就掉了一个轮子，这下可把小华着急坏了。于是他一个人拿着旱冰鞋找到了店铺的老板，当小华说明情况后，老板看小华是个孩子就想赖账。于是，他坚持说小华的鞋子不是在他们这里买的。小华听到老板的话后十分生气，于是一个人气呼呼地回家了。

走在路上的时候，他忽然想起爸爸曾经跟他说过，如果购买的商品出现了质量问题一定得找商家索赔，要是商家不同意的话那就去向消费者协会反映。想到这里小华加快了脚步，回到家后他从抽屉里找出了当初的购物发票，然后又返回到了那个商店。

“怎么又是你啊？刚才不是跟你说了吗，你的这双旱冰鞋根本就不是从我们这里买的，我们也从来没有出售过这种牌子的旱冰鞋。”商店老板看着大汗淋漓的小华不耐烦地说道。

“我这里有你们给我开的发票，如果你拒不承认的话我就去告你们。”小华十分镇定地说。

商店老板没有想到年纪这么小的孩子居然也会使用这一招，这时候发生了戏剧性的变化。商店老板立刻换了一副嘴脸，满脸堆笑地说道：“小兄弟看你说哪里话呢，这样不就生分了吗？刚才姐姐只不过是跟你开了一个小小的玩笑而已，你可千万别当真啊。这本来就不是什么大事吗，好了，你把那双坏的旱冰鞋放在这，姐姐再给你拿一双新的。”

父母要让孩子学会维护自身的合法利益，买到假货的时候不能忍气吞声，不要因为麻烦就自认倒霉，要向有关部门举报。勇敢地站出来维护自己的权益，这样才能把自己的损失降到最低。

怎样对待孩子的名牌情结

不知道从什么时候开始，很多孩子像有些生活奢侈的成年人一样开始有了名牌情结。孩子崇尚名牌对于那些经济条件好的家庭来说还不算什么，但是对于大多数的工薪家庭来说，这会给父母带来非常沉重的经济负担。

王女士和她的丈夫是普通的公司职员。孩子还很小的时候，他很听爸爸妈妈的话，不管妈妈给自己买什么样的新衣服他都会高高兴兴地穿上，可是自从孩子升入六年级以后，就发生了很大的变化。如果不给他买名牌衣服他就坚决不穿，而且还告诉妈妈就是双袜子也要很有名的运动品牌才可以。可是王女士和丈夫收入都不高，面对孩子的要求总是感到很无奈。如果由着孩子的性子来，非但会给家庭带来很大的负担，也会让孩子养成不良习惯。可是如果不给孩子买，他就会一直闹个不停，最关键的是孩子已经长大了，他最害怕的是在同学们面前丢面子。

其实，王女士也知道孩子渐渐地长大了，他们也有自己的消费需求。自从儿子升入四年级起，她每周都会给孩子提供30元的零用钱。刚开始的时候，这些钱对孩子来说绰绰有余，有时候他还会把剩下的钱在父母面前晃来晃去。可是从去年开始，孩子就有了明显的变化。这些钱远远不够满足他的需求了，孩子多次提出要增加零用钱。并且还振振有词地说这些钱太少了，拿着这些钱甚至不够去一次麦当劳消费。

前几天，儿子又向妈妈提出了一个新的要求，他让妈妈给他换一部新手机。孩子的理由是现在都已经进入3G时代了，可是自己的手机连网络视频都看不了，手机的音响效果也不好。他甚至都不好意思拿着这部手机在同学面前接电话。可是这部手机刚买了不到一年，虽说功能不太齐全，当时也花了一千多元。于是王女士就拒绝了儿子的要求，可是这样一来孩子就不高兴了，直到现在孩子还和妈妈进行冷战呢。

事实证明，很多孩子在媒体广告的狂轰滥炸之下，已经渐渐地喜欢上了某一个或者几个知名品牌的商品。而这些孩子的消费主张在很大程度上影响了父母的消费选择。

越来越多的孩子开始竞相追逐名牌产品，在他们的心里好像只要自己穿上了名牌服装，就能够提高自己的地位，让别人对自己高看一眼。很多父母虽然在支付孩子的这种消费的时候有些力不从心，但还是打肿脸充胖子，他们开始节衣缩食，目的就是满足孩子的名牌情结。孩子在父母的溺爱之下，他们的消费欲望会急剧地膨胀，这样就会形成一个恶性循环，滋长孩子盲目消费的心理。

小敏是一个14岁的小姑娘，她在选购自己的东西时有一条很重要的原则，那就是非名牌不要。小敏现在使用的全是名牌，她的衣服、书包、鞋袜全是一些知名的品牌。以至于有些看不惯的人说，现在小敏站在街上就像是一个名牌产品杂货店，很多牌子都可以在小敏的身上轻而易举地找到。

和其他孩子不一样，小敏的爱好变化得很快。现在妈妈很害怕女儿说要上街买东西，因为她实在无法预料孩子又会看上哪一个新的名牌产品。其实妈妈曾经也跟女儿说过，即使在普通品牌的产品中也有那些款式不错质量又好的。可是小敏却说妈妈根本就不懂得如何审美，那些不上档次的东西只会让她在同学面前掉价。

孩子正在受教育的关键时期，如果他们在消费上一味地追逐名牌，

势必会在很大程度上分散他们的精力，影响他们的学习。更可怕的是会让他们走入一个盲目攀比的消费误区。如果长期这样下去，就会导致孩子的人生观和金钱观发生严重的扭曲。另外，虽说名牌产品在质量上很有保障，但是和同类产品相比它们的价格要高出好几倍，对于没有经济来源的孩子来说，这并不是一个合理的消费选择。

父母应该知道的

孩子崇尚名牌是一个十分不好的消费习惯，父母应该让孩子用正确的心态来对待名牌。在处理孩子和名牌产品之间的关系时，父母不妨尝试以下几种方法：

1.让孩子对名牌产品有一个正确的认识

父母应该让孩子明白，各个行业都有自己的名牌产品，这是由相关部门对该产品的各项要求达到一定标准之后给予的一个荣誉称号。使用名牌产品并不代表其身份有多高贵，也不代表其地位有多高。同时，还应该让孩子明白，并不是所有的名牌产品都是该行业中最贵的。

2.让孩子有针对性地选择名牌产品

让孩子正确地对待名牌，并不是说孩子的生活里绝对禁止名牌产品的出现。如果孩子不是出于攀比的心理，父母也可以承受由此带来的支出，那么，父母不妨也给孩子选择一些质优价廉的名牌产品。

对待名牌产品，父母要给孩子一些必要的指导，毕竟，并不是所有使用名牌产品的消费行为都应该受到严厉的批判。名牌产品的质量相对来说比较有保证，对于一些生活的必需品例如香皂、沐浴露、牙膏等物品，父母就要鼓励孩子选择名牌产品。因为这些产品虽然比同类产品的价格高出了一点点，但是对于孩子来说，这些产品是比较安全可靠的。

3.让孩子拥有正确的人生观和价值观

父母应该帮助孩子树立正确的人生观和价值观，让孩子树立远大的理想。一个拥有远大理想的人会过得更加充实，他们更加注重精神境界的追求，并且为之奋斗，这样孩子就不会花费太多的时间在追求物质享受上，就不会那样醉心于追求名牌的商品了。

4.让孩子明白美丽不止一面

在日常生活当中，父母应该注意培养孩子正确的审美观，要让孩子明白，一个人的美丽不仅仅表现在穿着上，它还表现在一个人的谈吐、气质、姿态、仪表等多个方面。当孩子了解到这些知识之后，他们就不会一味地追求衣着打扮了。

第七章

良好的品质为孩子的财富之路添砖加瓦

孩子的性格和品质会在很大程度上影响孩子财商的开发，如果能够很好地挖掘孩子的优良品质，会对培养孩子的财商产生重大的影响。当你的孩子拥有目标、坚强的毅力、勇于尝试的精神、强烈的时间观念时，他（她）也就为自己的财富之路打下了坚实的基础。

让孩子做一个有目标的人

目标对于一个人来说有着十分重大的意义，一个人是否能够成功，关键就在于他是否有一个明确的目标。当人们有了一个明确的目标之后，就会向着自己的既定目标奋力拼搏，克服种种艰难坎坷，最终取得成功。

对于孩子的财富梦想来说，目标同样有着重大的意义。从孩子确定自己的财富目标那一刻起，他才算是在真正意义上开始了自己的财富之旅。很多人穷尽一生的努力也没有获得自己想要的财富，这往往不是他们的努力程度不够，也不是他们太过于愚笨，而是因为他们从来都没有一个正确的目标。父母必须明白树立一个目标对于孩子的重要性，同时也要帮助孩子树立自己的财富目标。

在20世纪60年代，美国一个组织曾对一所大学的10000名应届毕业大学生做了一项跟踪调查。其中对自己的未来没有目标的学生占到总人数的27%，有目标但是目标模糊不清的学生占到总人数的60%，有明确目标的只占10%，而有非常明确的目标和合理规划的只有3%。

多年以后，当人们对比分析这些人的生活状况的时候，人们惊奇地发现，他们的现状和自己当年的目标有着十分密切的关系。那些在毕业的时候懵懵懂懂没有目标的学生处境非常尴尬，他们当中的很多人都已经穷困潦倒，不能照顾自己，因此不得不依靠社会组织的救济和子女的赡养过着毫无生气的日子。那些在毕业的时候有着模模糊糊目标的60%的学生中，有很大一部分成了蓝领，凭借自己的技术过活。而那些有着明确目标的10%的学生则成了真正意义上的白领阶层，有的还是本公司的业务骨干。而那些有着非常明确目标的3%的学生则成了各个行业中的顶尖人物，成了叱咤风云的富有者。

毫无疑问，目标对于人生具有非常重大的意义。如果一个人对于成功连想都不敢想的话，你又怎么能奢望他有朝一日能够站在成功之塔的顶端呢？同样，如果孩子没有一个明确的财富目标，那么，他就很难成为一个富有的人。目标有时候像黑夜里的灯塔，为人指引方向，让人们不断地前行。不管遇到什么样的艰难坎坷，只要想想自己的目标，所有的苦难都算不了什么，然后就会扬起自信的风帆继续前行。

汤姆有一个8岁的儿子名叫约翰，他很注重培养孩子的商业头脑，让孩子有意识地树立一个财富目标。

儿子7岁的时候。有一天当他来到一个小树林的时候，他意外地发现了一个火鸡窝。小家伙灵机一动想出了一个挣钱的好办法。一不做二不休，从第二天开始小家伙就开始早早地起床，然后跑到小树林里看火鸡妈妈有没有外出给孩子找吃的。只要看到成年火鸡暂时离开小窝，约翰就会以迅雷不及掩耳之势跑到火鸡窝前，然后抱起一只小火鸡迅速离开。过了几天，约翰已经有了好几只小火鸡了。他在心里暗暗地发誓，一定要积攒下200美元。要知道200美元对于一个孩子来说是一笔数额巨大的财产。

小约翰把自己找来的这几只小火鸡养在自己的房间里，并且给予它们无微不至的关怀。不知不觉中，感恩节已经悄悄地来到了，于是他把自己的火鸡也拿出去卖给了附近村子的农民，因此得到了很大一笔财富。

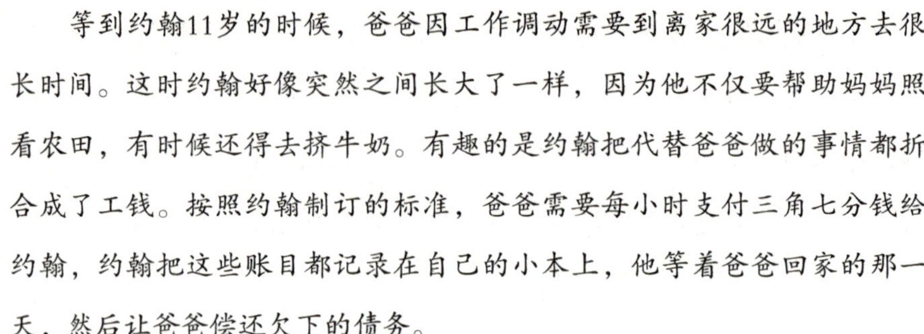

等到约翰11岁的时候，爸爸因工作调动需要到离家很远的地方去很长时间。这时约翰好像突然之间长大了一样，因为他不仅要帮助妈妈照看农田，有时候还得去挤牛奶。有趣的是约翰把代替爸爸做的事情都折合成了工钱。按照约翰制订的标准，爸爸需要每小时支付三角七分钱给约翰，约翰把这些账目都记录在自己的小本上，他等着爸爸回家的那一天，然后让爸爸偿还欠下的债务。

其实，在这期间父亲经常偷偷地在夜里潜回家中给儿子提供一些零用钱，不过聪明的约翰拿到零用钱之后并没有立刻把它们花掉，而是再一次进行了资源的优化配置。后来约翰告诉爸爸他已经攒够50美元了。约翰的话让爸爸感到十分吃惊，约翰告诉爸爸，50美元并不是他的最终目标，现在约翰已经把那50美元借给附近村子里的农民了，再过一年他将会得到更多的钱，而现阶段他的目标就是攒够200美元。

约翰每个阶段都会给自己定一个目标，然后一点一点地去慢慢实现。约翰长大之后就投身商海中。他相信自己能够成功，并且一直在默默地努力着，他最终成了让很多人羡慕的富翁。

一个人有了目标之后，他的生活才会充满激情，他也会有努力工作和奋斗的动力。上文中的约翰如果没有给自己制订一个个目标的话，最终也会庸庸碌碌地度过平凡的一生。

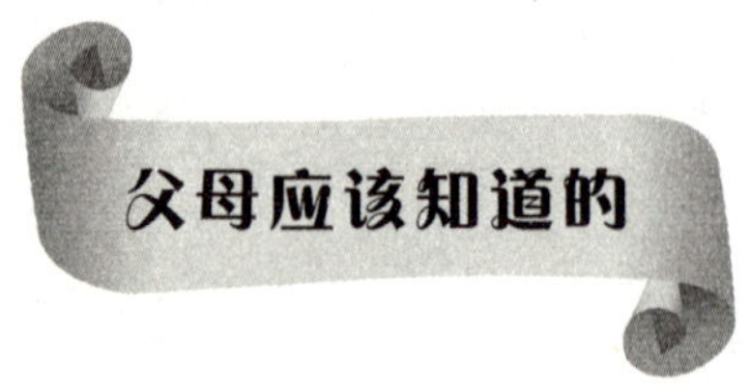

一个人是否有明确的目标，在很大程度上决定了他是否能够取得成

功。父母应该让孩子成为一个有目标的人，让孩子的目标指引孩子更好地前进。而要想让孩子成为一个有目标的人，父母应该从以下几个方面做起：

1.孩子确立的目标一定要非常具体

父母一定要帮助孩子制订明确而具体的目标，如果孩子制订的目标太笼统的话，在实践的过程中就会出现很多问题。当孩子有明确而具体的目标的时候，才能一步一个脚印地去实现它。

在美国，很多孩子都会选择在暑期打工挣钱。有一些孩子在开始工作之前就给自己制订了一个目标，也就是说在假期当中想要挣多少钱。有的孩子想要通过给别人修剪草坪来挣钱，这时候他们就需要把每天至少要修剪多少草坪、挣多少钱弄得清清楚楚，因此他们很快就会实现自己短期的财富梦想。这些孩子长大之后的理财本领通常也会更强。

2.让孩子懂得有了目标以后就应该立刻行动

父母应该让孩子明白，确定了目标并不等同于取得了成功，事实上很多人都有远大的目标，可是却只有一小部分人取得了成功。究其原因就是有很多人没有付出切合实际的行动，是一个不折不扣的空想家，这样不管你有多么远大的理想，也不会实现的。

所以父母应该让孩子明白，确定了目标之后就应该立刻付出行动，这样才有可能取得成功。古人曾说的“临渊羡鱼，不如退而结网”就是这个道理。确立目标和取得成功之间有一段必经的路程，那就是行动。

3.让孩子明白选择比努力更重要，方向比速度更快捷

父母应该让孩子明白，在为了实现目标而付出行动的时候，一定要选取正确的方法和方向。如果孩子的方法和努力方向选错了，那么就会出现南辕北辙的错误。如果真的那样的话，孩子越是努力，那么他距成功的距离就越远。因此，帮助孩子选择一个正确的方向和方法就显得尤

为重要了。

4.让孩子一定要坚持目标

父母应该让孩子明白，在实现目标的过程中，肯定会遇到这样或那样的困难和挫折。当孩子遇到困难的时候很容易产生退缩的念头，这时候父母应该及时地给孩子鼓励，让孩子坚持下去，坚持就是胜利。要让孩子明白，只有那些在困难面前不低头的人最终才能取得成功。

诚信是孩子创富成功的重要条件

诚信是一个人应该具备的基本素质，诚信是一种无价之宝，在现代社会中，诚信的作用显得越来越重要，恪守诚信原则的人必将得到很多人的信赖。而恪守诚信的商家也必然会因此得到消费者的信赖，顾客在购买他们的商品时会觉得放心，因此这些商家就会财源滚滚。对于一名企业家来说，诚信是他在市场经济浪潮中占有一席之地的关键因素，只有他们具有诚信意识，才会争取到更合适的合作伙伴的支持，生产出消费者最需要的商品。如果没有诚信意识，他们可能会通过投机取巧欺骗消费者，在某一个时间段内牟取暴利，但是一旦消费者发现他们的欺诈行为，就会在短时间内把这些商家抛弃，严重的时候，商家还会因此受到法律的制裁。

父母要让孩子懂得，诚信是一个人的安身立命之本。从某种程度上说，诚信是一个人取得事业成功的关键所在。讲究诚信的人会拥有更多的人脉资源，诚信可以让很多人把你当成朋友，没有什么可以取代诚信的地位。

天下父母都是望子成龙，望女成凤的，他们让孩子参加各种各样的辅导班，假期来临的时候还会带着孩子外出旅游，真正实践着“读万卷书，行万里路”的古训。可是父母们不要忘记，还应该让孩子学学怎样做人，让孩子学会诚信。

诚信并不是一个人天生就有的本能，需要后天的长期培养才能内化

为一个人的美德。很多孩子不讲诚信，与他们受到的教育方式有很大的关系。

因为孩子的年龄还小，他们分辨是非曲直的能力还很差，因此这时候他们往往以父母的好恶作为标准。有时候，自己虽然做错了事情，但是因为害怕父母的责备，他们会选择说谎。当发现孩子在说谎的时候，有些父母没有及时引导和制止，这样就导致孩子说谎现象越来越严重。

在日常生活中，父母经常遇到孩子耍脾气哭闹的现象。这时候，为了让孩子尽快安静下来，很多父母都会不假思索地答应孩子的任何要求。等到事情过去之后，父母早已经把自己的承诺忘得一干二净。父母这样做，会给孩子带来非常大的消极影响。所以在教育孩子的时候，父母一定要注意采用正确的方法。父母要在日常生活中一步一步地向孩子渗透诚信做人的思想。

前些年，如果在购物的时候父母说自己的口袋里没有足够的钱所以不能继续买东西的话，或许孩子还会相信。可是如果对现在的孩子这样说，孩子肯定不相信，因为他们知道在很多场所都支持刷卡消费，所以他们根本就不担心父母的身上有没有现金。这时候父母应该抓住有利时机，让孩子真正认识到为什么人们可以用信用卡透支消费，并且让孩子知道合理使用信用卡的必要。

孩子的交际圈子和成年人比起来要狭小得多，判断孩子是否诚信的方法也比较简单。只要观察孩子在和其他孩子交往的时候是否遵守约定，是否说话算话。这些事情看似微小，但是只要让孩子长此以往坚持下去，对孩子树立诚信意识将会有很大帮助。

培养孩子的诚信精神并不是一句不切实际的口号，如果孩子能够做到诚信的话，在追逐财富的道路上他会比别人得到的更多。如果孩子能够恪守诚信的原则，那么，他永远不会贫穷。

不论什么时候，诚信都是一个人应该具备的优秀品质。一个没有诚信意识的人永远不会有真正的朋友，一个没有诚信经营理念的公司迟早会在市场经济的浪潮中消失得无影无踪。

父母应该注意在孩子很小的时候就培养孩子的诚信意识，因为诚信会让孩子拥有更多资源，让孩子的人生之路越走越宽，让孩子拥有更多的财富。在培养孩子诚信意识的时候，父母们不妨尝试以下几种方法：

1.让孩子信守诺言

父母应该明白，培养孩子的诚信意识时，第一件事情就是让孩子学会遵守诺言。父母应该让孩子明白，既然答应了别人的事情就不能轻易食言，不管遇到什么样的困难都应该想办法去克服，而不是一味退缩，让朋友感到失望。

2.别让孩子轻易许诺

父母应该让孩子明白，我们每个人都不是孤立地存在的，都要和他人发生这样或那样的联系。每个人都需要得到他人的帮助，当然我们也必须学会乐于助人。有一点父母必须让孩子牢牢地记住，那就是在帮助别人的时候一定要客观地看待自己，估摸好自己的能力，千万不可因为面子问题而答应一些自己根本就做不到的事情，这样到最后不仅有可能耽误朋友的事情，还会降低朋友对自己的信任程度。

3.让孩子知道有些谎言是善意的

父母应该让孩子明白，并不是所有的谎言都应该受到指责。有时候

为了不伤害到他人，为了让自己的亲人或者朋友生活得更舒服一点，人们会说一些善意的谎言。例如为了不让身患重病的人过分悲伤，人们就会告诉他们，病情并不是想象中的那样严重。

4.父母要及时肯定孩子的诚信

一天，爸爸突然决定周六的时候带正在读初二的小光去海洋馆。听到这个消息之后，小光高兴得手舞足蹈。去海洋馆是小光埋藏了很久的愿望。以前爸爸总是出差，妈妈的工作也走不开，一家人难得出去游玩一次。这次终于有时间了，一定要痛痛快快地玩。

可是，没过多久小光突然就变得闷闷不乐了。一个劲儿地在自己的卧室里走来走去，然后还不停地嘟囔着："怎么办，谁能告诉我到底应该怎么办啊？"

"怎么了宝贝儿？"妈妈推门进来看到儿子这样烦躁，就忍不住问道。

"妈，爸爸说明天我们要一起去海洋馆，可是我已经和好几个同学约好了要一起去公园写生，我现在既想去海洋馆又不能跟同学食言，我究竟应该怎么做啊？"小光焦急地说道。

"嗯，这的确是个难题，你自己好好想想吧。"妈妈说完就转身离开了。

睡觉前，小光跟爸爸妈妈说他已经决定不去海洋馆了，既然已经和同学约好了，自己就不能食言，所以他明天还是会和同学一起去写生。

爸爸妈妈听到儿子的话以后非常高兴，爸爸说："儿子，你是好样的，是男子汉就不能随随便便失约，不管什么时候都不应该把诚信抛弃。为了奖励你信守诺言，那咱们就把去海洋馆的计划改在周日，你看好不好？"

小光没有想到一贯严肃的爸爸妈妈竟然会当面夸奖自己，他的心里别提有多美了。更重要的是爸爸决定把计划改在周日，小光体会到了信守诺言的甜头。

有人说，人的最深层的需要就是能够得到他人的认同，对于孩子来说，来自父母的肯定和赞扬显然非常重要。当孩子按照诚信的原则做事的时候，家长一定要对他进行及时的肯定和表扬，让孩子体会到诚信带给自己的快乐。

5.让孩子按时归还借来的物品

父母可以带领孩子到音像店租孩子喜欢看的动画片光盘，同时要让孩子自己管理好这些借来的光盘。如果孩子不能按时归还的话，父母要让孩子承担因此而产生的罚金，让孩子对自己的行为负责。

6.尽量不要让孩子和朋友发生借贷关系

现实生活中我们经常可以看到，很多好朋友都会因为金钱而反目成仇。父母应该告诉孩子，不要轻易地向朋友借钱，如果情况危急，必须借钱的话，事后必须以最快的速度把债务还清。同时，借钱给朋友的时候也要相当慎重。

让孩子具有团队合作精神

我们都知道，一个人的精力毕竟很有限，而现代社会中人们的分工也越来越细，因此一个人是否具有团队合作精神也显得越来越重要。

合作意识有着超强的作用，它可以把一些性格迥异的人紧紧地连接在一起。人们在合作的时候会为了同一个目标而努力拼搏，最终得到自己想要的东西。如果孩子不能很好地和他人进行合作的话，将会给未来的发展造成一种无形的障碍。

当今社会对于人合作能力的要求越来越高，只要我们放眼世界就很容易发现，几乎所有的重大发现和理论的产生，都是很多人通力合作的结果。那些都是集体的智慧，少了哪一部分也不可以。父母应该明白，如果你想让孩子成为一个出类拔萃的人才，如果想让孩子摆脱平庸的生活，如果想让孩子在某一领域有所建树，那么，必须从小就让孩子有一种和他人团结合作的团队意识。

曾经有人分析了从第一届诺贝尔奖颁发开始出现的286位获奖者，其中有超过2/3的科学家是通过与他人进行合作而获奖的。人们经过研究发现，越是后来的获奖者，越善于和他人进行合作。从这种现象我们就可以得知，经济越发达，对人的合作意识的要求就越高。甚至有人说，21世纪是属于那些善于和他人进行合作的人的时代。

善于和他人进行合作的人能够发现别人身上的闪光点，他们也能更好地处理纷繁复杂的人际关系，这对于工作的顺利开展有非常重要的意义。如果孩子没有一种与他人进行合作的意识，那么，即使长大之后他有非常扎实的专业知识，也难逃失败的厄运。因为不善于合作，所以尽管他付出了艰辛的努力，却依然成绩平平，甚至有可能会因处理不好上下级的关系而遭到解雇。到那时，如果再想培养孩子的合作意识的话，就需要付出很多倍的精力，而且还不一定会有明显的效果。

现在的孩子大部分都是独生子女，这些孩子从小就受到家人无微不至的关怀，不管孩子有什么样的要求，父母总会想尽办法去满足。一旦自己的想法不能立刻实现的话，他们就会大发脾气，他们觉得自己接受他人的照顾都是理所应当的，其他人的存在就是为了更好地照顾自己。渐渐地，孩子就养成了以自我为中心的坏毛病。

有一天，一位幼儿园老师把班里的孩子分成了几个小组，让他们共同完成一个搭建小型火车轨道的小游戏。听到这个消息之后，所有的孩子都表现得非常兴奋。其实，老师也是想知道这些孩子的合作意识究竟如何，于是老师把所有的必备物品发给各个小组之后，就转身离开了。孩子们看到老师离开之后，慢慢地声音就开始大了起来。因为很多小朋友都希望自己能够驾驶小火车，很少有人愿意去给小火车铺轨道、架桥梁，即使少数孩子愿意做这样的工作，可是在其他小朋友的影响下，他们也开始变得烦躁不安了。很快，不但小火车的轨道没有铺设完成，所有的孩子都乱成了一锅粥。

这时候，躲在教室门口的老师不得不出面了，孩子们见到老师回来之后还是吵闹不休，争相向老师告状。无非是跟老师说其他小朋友总是霸占着很多玩具，自己连摸都没有摸过之类的话。于是，老师开始给小朋友们进行详细的分工，并且一再叮嘱他们一定要做好自己分内的工

作。等到所有的工作都完成之后，每个人都有开小火车的权利。

孩子们在老师的引导下开始了按部就班的工作，很快他们又变得高高兴兴了。

事实证明，以自我为中心、没有团队合作的意识是现在孩子的通病。如果不及时进行纠正的话，会给孩子的发展带来很不利的影响。培养孩子的团队合作精神已经是一件刻不容缓的事情了，一旦孩子以自我为中心的性格形成之后，就很难再改变了。

父母应该知道的

作为明智的父母，应该重视对孩子团队合作意识的培养。要让孩子明白，一个人只有善于和他人合作才能够取得成功。在培养孩子团队合作精神的时候，父母应该从以下几个方面做起：

1.让孩子明白合作的重要性

要想培养孩子的团队合作精神，就要让孩子明白合作的重要性。父母不妨列举一些事例，让孩子明白，如果没有多人合作的话，很多事情永远都做不好。毕竟一个人的精力和能力是有限的，所以为了完成某一项工作，就必须学会和他人进行合作。

2.让孩子学会发现别人身上的闪光点

在日常生活中，父母应该让孩子多发现一些别人身上的闪光点，只有这样做，孩子才能够真正接受他人。同时，孩子在发现他人身上的长处的时候，自己会不自觉地向他们靠拢，以一颗谦虚谨慎的心向他们学习。这时候孩子和他的伙伴们就能更好地磨合与沟通。同时又可以相互取长补短，在相互的配合中共同进步。

3.让孩子多参加一些需要合作的集体活动

父母在日常生活中要让孩子多参加一些需要合作的活动，例如踢足球、跳皮筋等。因为孩子参加这些活动的时候必须进行相互的协调配合，这对于培养孩子的团队合作能力来说是大有好处的。

有很多游戏需要孩子分成若干小组，同一个小组内的成员必须齐心协力才能够取得胜利。如果孩子在游戏当中表现得太过自我，那么，其他孩子就可能拒绝这个孩子参加他们的游戏。孩子要想和同伴们一起玩，就必须收敛自己的行为，这样孩子以自我为中心的习惯就往往容易改掉。如果孩子在游戏当中懂得如何更好地与他人进行合作，那么，就会得到小组其他成员的信赖，在无形之中孩子的指挥能力也会有一个很大的提高。

4.父母要成为孩子学习的榜样

任何学习都是从模仿开始的，父母要培养孩子的团队合作精神，首先自己就应该做到善于和他人进行合作。当孩子看到父母和他人进行分工合作的时候，会深深地受到影响。在父母潜移默化的影响之下，孩子与他人进行合作的意识也会逐渐增强。

5.传授给孩子一些必要的合作方法

有时候，孩子们会在需要进行分工合作的事情面前显得束手无策，这时候父母应该教给他们一些合作的方法。当大家都喜欢某一个玩具的时候，父母可以建议他们轮流来玩，同时让孩子先玩其他玩具。父母还要让孩子明白，在同伴遇到困难的时候，要主动地伸出自己的援助

之手。

6.鼓励孩子的合作行为

当孩子和小朋友进行合作的时候，父母要及时对孩子进行表扬。肯定他们在活动中的努力，当孩子得到父母的肯定和赞赏之后，就能够体会到合作给自己带来的快乐了。

培养孩子坚强的意志力

一个人的意志力，指的是他能够自觉地支配和调节自身的行为，然后克服重重困难进而实现目标的心理过程。对于孩子而言，由于年龄还小，阅历不足，因此他们的意志力很薄弱。而意志力的强弱又直接决定了孩子今后的人生路是否能够走得坚定而平稳。

培养孩子的意志力，是为了让孩子从小就能经得住外界的各种诱惑，让孩子经受得住前进途中的各种挫折，让孩子能够恰如其分地控制自己的言行，从而使得孩子朝着自己的终极目标不断努力。意志力强的孩子，其行为总是受自己理智指挥的，因此他们往往显得更为成熟，能够对问题进行深入思考，从而衡量出事情的轻重缓急，因此，当他们面对一些棘手的问题需要自己处理时，往往也能做到应对自如，也正因为如此，他们更容易受到成功女神的青睐。而意志力薄弱的孩子往往缺乏坚定的信念，一旦他们受到外界因素的干扰，便不能很好地控制自己的行为，无论是生活中还是学习上，只要遇到困难，他们就会打退堂鼓。这种遇到困难就退缩的人往往难以取得突出的成就。

所以，如果你希望自己的孩子能够拥有一个美好的前途，就必须重视培养孩子的意志力，这不仅有助于孩子集中精力，控制自己的言行，还能帮助孩子抵抗各种诱惑，克服种种困难。也就是说，只要有坚强的意志力，就可以增强孩子的学习效率或者生活能力。另外需要指出的是，具有坚强意志力的孩子往往是自信心很强的孩子，他们相信自己是

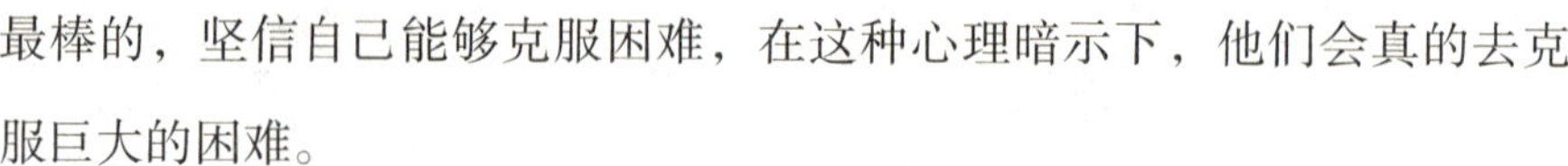

最棒的，坚信自己能够克服困难，在这种心理暗示下，他们会真的去克服巨大的困难。

大家一定都知道海伦·凯勒的故事，这个女孩与常人不同，她的世界里永远没有阳光，也没有任何声响。但是在老师和家长的帮助下，在她自己坚强的意志力的推动下，她成功地考入了哈佛大学，并以优异的成绩顺利毕业，她是有史以来第一个接受完大学课程的盲聋人。

海伦·凯勒之所以能够取得如此显著的成就，与她坚强的意志力不无关系。而她坚强的意志力也是在她的家庭教师莎莉文小姐的培养下日益增强的。在莎莉文小姐的教育和鼓励下，海伦摆脱了最初的自卑和焦躁，变得坚强而豁达，从而缔造了一个震惊世人的“神话”。试想，倘若海伦·凯勒没有坚强的意志力，或者老师不注重培养她的意志力，那么，这个孩子的一生将会变得十分悲惨。海伦·凯勒凭借自己的意志告诉世人，只要努力拼搏，坚持下去，一切困难都可以解决掉，而她的女老师坚持培养她坚强意志力的行为也告诉如今的每一位家长，培养孩子的意志力，会让孩子变得自信、坚强、勇敢。

曾经有一名被誉为神童的男孩，5岁的时候就可以背诵很多唐诗宋词，并且还能做一些非常复杂的数学题。可是正是这名所谓的聪明男孩，却让老师伤透了脑筋，上课的时候这个小男孩永远不会专心听讲，他总是在自己的座位上晃来晃去，老师布置的家庭作业他从来没有按时完成过。据老师说，这个小男孩根本就没有主动学习的意识，只要老师或家长不催促他学习，他就会无所事事。有时候在老师的训斥下，他刚刚安静几分钟开始学习，可是这时候如果窗户外面有了任何风吹草动，他都会立刻注意到。有时候碍于老师在场，他不敢扭头观望，就直勾勾地睁着双眼看着自己的课本，表面看来他在学习，可实际上他的心早已经飞到九霄云外了。

父母们，你的孩子是不是也出现过这样的情况？注意力难以集中，小动作很多，或者总是心不在焉，这些跟孩子的意志力不足有很大的关系。对于孩子而言，上课不能注意听讲就是一种困难，倘若孩子意志力不足，则很难改正这样的坏习惯，而这种坏习惯又必然会影响到孩子的学习成绩。其实影响成绩还不是最严重的，问题的关键是一旦孩子在学习中表现出这种意志力薄弱的问题后，在其他的很多事情上，孩子也不能很好地坚持下去，而这必然会影响孩子的一生。所以说，增强意志力是孩子成长过程中的一门必修课，父母们必须予以足够的重视。

如今的孩子之所以意志力薄弱，很大一部分原因就在于他们长期处于父母长辈的保护伞下生活，因此少了很多锻炼自身意志力的条件。

孩子是否拥有坚强的意志力，已经成为孩子能否在竞争日益激烈的现代社会中立足的重要条件，要想让孩子遇到事情的时候更加果断，坚持不懈地奋斗，就要从小培养孩子的意志力。

父母应该知道的

孩子的意志力不是与生俱来的，孩子意志力的强弱和后天的生活环境有很大的关系。要想让孩子拥有坚强的意志力，父母们就要从以下几个方面做起：

1.让孩子做一个有理想的人

意志力指的是一个人为了完成自己的人生目标，不畏艰难险阻，奋发拼搏的心理过程。离开了人生目标，孩子意志力的存在就失去了意义。一个没有理想的人必将一事无成，同时他们也很难体会到真正的快乐和幸福。要想增强孩子的意志力，父母首先应该帮助孩子树立正确的价值观、人生观，让孩子想一想自己的理想是什么。有了理想以后，孩子的生活就会更加精彩，他们也有了学习的动力。当他们感到疲倦的时候，只要想一想自己的未来，就会觉得自己所有的努力都是值得的。

2.从身边的小事做起

增强孩子的意志力，应该从身边的小事做起。很多孩子都在脑海中为自己画了一幅美好的蓝图，有的长大后想做宇航员，有的想做老师，有的想做主持人，还有的想当科学家。孩子有这样的理想固然很好，可是大部分孩子的自制力还是很差的，这和他们心中的理想人物相差很远，这时就需要家长的监督，例如到了规定的时间孩子必须上床睡觉，每天要练多少钢笔字，日记字数的底线是多少……这些规则一旦经过孩子的同意，就要监督孩子严格地去执行。不能因为孩子的祈求或其他原因破例，要让孩子养成一个良好的习惯。

3.让孩子不要惧怕困难

不管在生活中还是在学习上，孩子总会遇到这样或那样的困难，这都很正常。孩子面对困难的态度和解决困难的方法都会反映出孩子的意志力状况。父母在教育孩子的时候，不妨给他设置一些合理的考验，当然这样的事情对孩子来说必须有一定的难度，当孩子通过自己的努力克服了困难之后，他们就会有一种成就感，同时也会更加肯定自己的能力。当然，家长设置的那些考验不宜太难，因为如果孩子想尽办法还是不能顺利克服的话，就会失去信心。

4.要看到孩子的进步

父母都希望自己的孩子能够成为强者，而一旦孩子失败，就对孩子横加贬斥，这是不对的。父母要看到孩子的进步，而不要太在意结果。

一位父亲一直都为他的儿子苦恼，儿子都已经15岁了，却依然没有一点儿男子汉的气概。对此他自己实在没有什么办法，于是他就去拜访一位拳师，请求这位武术大师来帮助他训练自己的儿子，希望能够把儿子塑造成一个男子汉。

拳师说："那好吧，请把你的儿子留在我这里半年，这半年期间你不要见他，半年后，我一定会把你的儿子训练成一个真正的男子汉！"

转眼间，半年就过去了，这位父亲迫不及待地来接自己儿子，拳师还特意安排了一场拳击比赛来向这位父亲展示他半年来的训练成果，与男孩对打的是一名拳击教练。比赛开始了，教练一出手，男孩便应声倒地。但是，男孩一倒地就立即站起来迎接下一次挑战，倒下去又站了起来……如此来来回回大概二三十次。

最后，拳师问这位父亲："你认为你的儿子是否已经具备了男子汉气概呢？"

"我简直无地自容了，没想到我送他来这里训练了半年，他却依然这么不经打，这么轻易就被人打倒了，还谈何男子汉的气概呢？"父亲失望地说道。

拳师意味深长地说："我很遗憾，因为你只是看到了比赛表面的胜负，却没有看到你的儿子在一次次倒下之后又立刻站起来的勇气和毅力。而这种敢于面对挑战、永不放弃的勇气，才是真正的男子汉气概啊！"

人生的道路漫长而曲折，总会有人因为某种原因而倒下，然而倒下却并不是最终的结局，只要倒下去又立即站起来，就会成为最终的强者。

财富路上，让孩子学会不断地激励自己

父母们必须明白，任何理想的实现都需要人们坚持不懈地去奋斗，需要克服种种困难。要想让孩子实现财富梦想，同样需要经过这样一个破茧成蝶的过程。孩子的创富之路肯定不是一帆风顺的，他必然会遭遇种种意想不到的坎坷和挫折。当孩子面临突如其来的打击的时候，甚至会从心底生出无可言说的绝望。这会让他们形成一种错觉，他们会认为自己本来就应该站在平庸的那一类人群当中，不该有什么伟大的财富梦想。

一旦孩子的头脑被这种想法占据的时候，那也就意味着他们的财富之路走到了尽头，到那时任凭你再怎么努力，试图让孩子继续前行也不会有什么大的效果。很多人都把希望寄托在别人身上，希望自己能够遇上一个“救世主”，父母应该让孩子明白，不管到什么时候，能给予自己强大力量的，还是自己。这时候孩子的自我激励意识就显得特别重要了。

也许你希望孩子成为太阳，可他却只是一颗星星；也许你希望孩子成为大树，可他却只是一株小草；也许你希望孩子成为大海，可他却只是一条小河……于是，失落感油然而生。其实大可不必如此，做星星也照样发热发光，做小草也一样装点希望，做小河也一样滋润沃土……伟人总是少数的，只要扮演好自己的角色，生活就有阳光。对于孩子而言，自信才是最好的成长礼物，所以，父母要帮助孩子树立自信，帮助孩子学会自我欣赏、自我激励。

一个小男孩头戴棒球帽，手拿球棒与棒球，全副武装地走到自家后院。

“我是世上最伟大的击球手。”他自信地说完后，便把球扔到空中，然后用力挥棒，却打空了。不过他毫不气馁，把球从地上拾起，又往空中一扔，然后大喊：“我是世界上最厉害的击球手。”他再次挥棒，结果仍是打空。小男孩愣住了，大概十分钟的时间，他又仔细地对球棒与棒球进行了一番检查，再一次把球扔到空中，并且这次他仍告诉自己：“我是最杰出的击球手。”可是他第三次的尝试依然以失败告终。

这种情况下，谁忍心看到一个自信的孩子一而再，再而三地被失败伤害的面容？各位，不必这样，你根本看不到你想象的那一幕。因为这个男孩子在第三次失败后，沉思了片刻，又突然从地上高高跳起，“原来我是一流的投手！”他兴奋地说。

小男孩勇于尝试，能不断给自己打气、加油，使自己信心十足，尽管他一次都没有成功，但是，他却毫无失落之意，也没有一蹶不振，他不抱怨、不伤心，反而从另一种角度来“欣赏自己”。

多么可爱的小男孩！不，多么自信的小男子汉！在欣赏小男孩的可爱的同时，我们也不禁想：要是父母也能经常对孩子说出这样的话语，该有多好！

自我激励对一个人的成长有着非常重要的意义。作为父母，如果你希望自己的孩子能够成才，那就不妨多激励他，同时也教他多多进行自我激励。因为一个懂得自我激励的孩子会对生活和学习中遭遇的挫折看得很轻，一个懂得自我激励的孩子往往能够及时发现并挖掘出自身的潜力。他们的自信心会让他们在困难面前无所畏惧。

当然，孩子自我激励的能力不是与生俱来的，有很多孩子在面对学习和生活的困难时缺乏应有的勇气和意志，他们往往表现出恐惧、目中无人、行为异常等现象。如果长期下去，一定会给孩子的身心发展带来很大的危害，家长有责任帮助孩子树立起自我激励的意识。

孩子的自我激励意识对于他们的财富之路具有重大的意义，父母必须在孩子很小时就开始培养孩子的自我激励意识，为孩子能够更好地克服困难打下坚实的基础。

要想培养孩子的自我激励意识，以下几个方面可供父母们参考：

1.让孩子爱上被激励的感觉

在玲玲家的橱柜里，有一个非常漂亮的粉色小碗。不过这个小碗并不是所有的人都可以使用，因为这个小碗上写着“出类拔萃”四个字。全家人经过协商后一致认为，只有做了一件让全家人都十分满意的事的人才有资格使用那个小碗。

玲玲认为能够使用那个粉色的小碗是一件非常光荣的事情，所以她做梦都想使用那个小碗。一天，好朋友慧慧带着一个漂亮的芭比娃娃来找她玩，玲玲发现这是自己很久以前就看中的那款娃娃，她一直想要用积攒的零花钱买下它。

慧慧得意洋洋地说，因为在这次考试中所有的科目都及格了，所以妈妈就给她买下了这个芭比娃娃。玲玲在这次测验中考得也不错，还有一门功课得了A呢，可她还是不得不自己攒钱买。玲玲的妈妈担心孩子的心理会不平衡，于是她拉着女儿的手说：“宝贝儿，妈妈知道你平时学习很用功，这次的成绩也很好，爸爸妈妈都为你感到骄傲，今天晚上你就可以使用那个粉色的小碗吃饭了。”

玲玲沉思了片刻，然后她轻轻地趴在妈妈的耳边说：“妈妈，和芭比娃娃相比，我更喜欢在晚餐的时候使用那个粉色的小碗，因为那是我经过努力得到的。”

当外界的事物有可能刺激孩子心理的时候，妈妈及时用粉色小碗提醒了孩子，对她来说还有更有意义的事情。因为孩子知道使用那个“粉色小碗”是一种至高无上的荣誉，这种激励显然要比拥有那个芭比娃娃更有诱惑力，所以孩子才会选择前者。一旦孩子爱上了被激励的感觉，孩子就会在遇到一些挫折时尝试进行自我激励。久而久之，就会养成自我激励的习惯，而一旦这种习惯真正形成，它就将会发挥巨大的作用。那时候即使孩子得不到别人的赞赏和鼓励，孩子也会自己肯定自己，从而克服前进道路上遇到的种种困难。

2.让孩子树立一个远大的目标

孩子的自我激励要有一个前提，那就是必须要有一个远大的目标。父母要帮助孩子树立一个远大的目标，为了实现远期目标，还要让孩子制订一个个近期目标。当孩子的生活和学习有了这些目标之后，他们就有了前进的动力。有的人自我激励能力不强，关键就在于要么他们从来没有一个目标，要么就是这些理想太过虚无缥缈，让他们无所适从。

3.让孩子不要惧怕失败

不经一番寒彻骨，怎得梅花扑鼻香。父母要让孩子明白，失败和挫折是每个人都要经历的事情，要想取得成功就必须先学会承受失败。失败并不可怕，可怕的是在失败面前一蹶不振。

4.让自己开心起来

永远不要试图在别人身上寻求快乐和幸福。一个人是否快乐，关键在于他观察事物的角度。父母要让孩子从自己身上找到幸福的源泉，而不是寄希望于他人。

5.经常表扬孩子

父母不要吝惜自己的掌声，要经常用一些简短的话语鼓励孩子，比如“了不起”、“你很棒”、“你很聪明”、“你真勇敢”、“你很厉害”、“你是妈妈的骄傲”、“我们为你自豪”等。如果孩子遇到困难的时候，这些话习惯性地出现在孩子的脑海里，那就意味着孩子的自我激励能力已经有了很大的提高。凭借父母给的鼓励，他们会更加有勇气面对各种困难。

不过最根本的还是让孩子学会自我暗示，让他们真正觉得自己很棒。让孩子每天早上起床的时候都对着镜子说一遍：“我很棒！”这才是自我激励的最高水平。

6.让孩子树立危机意识

事实证明，人们在危机面前往往能爆发出前所未有的能量，危机可以让人们竭尽全力。在竞争日益激烈的当代，一个没有危机意识的人势必将会被其他人打败。优胜劣汰是一个亘古不变的原则，只有那些有危机意识的人，才能不断地主动提高自己。

7.脚踏实地

要让孩子不断地提高自己的执行能力，有了一定的计划后，不要拖拖拉拉，要立即行动。不要一味回忆过去的成就，也不要只是一直空想美好的未来而不付出行动，要立足现在，一步一个脚印地向前挺进。

自信的孩子才能取得成功

自信是一个成功者必备的基本素质，一个人拥有了良好的自信心，就等于拥有了一种巨大的力量。法国著名的思想家卢梭曾经说过："自信是一种非常奇怪的东西。一个人如果有了自信，那么他就有了取之不尽，用之不竭的才华；如果一个人没有自信，那么无论他有多么出众的才华，也不会把握好一个改变命运的机会，因此总是会与成功擦肩而过。"

孩子不自信的心理状态会给他们的发展带来严重的消极影响，在成长过程中，他们会因不自信而错过很多机会。孩子在这种心理的影响下，会与成功渐行渐远，也就谈不上踏上一条财富之路了。事实证明，古今中外所有取得突出成就的人都有一个共同点，那就是他们都非常自信。自信给了他们无穷的力量，让他们在遇到困难和坎坷的时候能够继续以一种昂扬向上的姿态拼搏下去，从而取得最后的成功。

父母们应该明白，只有一个充满自信的孩子才能更加客观地认识自己，肯定自己的价值，用最大的努力来发掘自己的潜能。当孩子的潜能在自信心的影响下得到了最大限度的开发的时候，孩子的人生就会变得更加绚丽多彩。

可是，现实生活中有很多孩子都很不自信，他们在和他人进行交流的时候会出现一些障碍，有时候即使和自己很熟悉的人进行交往，他们也会表现出紧张、烦躁不安等现象。

李老师说，上周末她们一家人外出就餐，席间她无意中听到一位妈妈在叫孩子吃饭。李老师忽然觉得这个名字特别熟悉，于是就循声望去，这时她才发现就在不远处的桌子上有一个男孩正用一张报纸遮盖着自己羞红的小脸儿。这个孩子几乎都要趴在桌子底下了，好像在躲避着什么人。这时候李老师才恍然大悟，也许这个小男孩早已经发现了自己，所以才变得这样局促不安。李老师不知道这个男孩那天是不是真的吃饱了，后来她看到那个小男孩和同来的表哥一起走出了餐厅，直到妈妈结账的时候，那个男孩也没有再次出现。李老师的出现干扰了那孩子的一顿美餐。

李老师曾经教过这个学生，这个小男孩给自己留下的最多、最深的印象就是自卑。因为不管什么时候，小男孩总是佝偻着脊背，平时上课的时候，他也是总喜欢在课桌上半趴着。他这样做并不是因为他有多累，而是因为他想躲过老师的注意。有一次，李老师让全班的学生唱歌，当李老师在嘹亮的歌声中环顾教室的时候，她发现这个小男孩竟然也摇头晃脑、很投入地唱着。可是当他和老师的眼光相遇的时候，小男孩立刻停止了歌唱，趴在了桌子上，用一本书挡在自己的面前，并且还时不时地偷偷地用余光观察老师的动向。孩子的这一行为更加明确地告诉李老师，他是一个非常自卑的孩子。

和别的男孩子不太一样，这个小男孩动不动就哭鼻子。有一次，老师正在课堂上兴致勃勃地讲着课文，可是他却在下面忙碌着写作业。这时候有一个小朋友向老师告状，而这个在下边写作业的小男孩的脸憋得通红，他低着头嘴里嗫嚅着，好像是别人做了对不起他的事情一样。

李老师认为，孩子的不自信肯定和他的家庭环境有很大的关系，后来老师了解到，在家里的时候，只要这个小男孩犯一个小小的错误，他的爸爸就会狠狠地打他，时间一长，孩子的自信心慢慢地就消失了。

良好的自信心是孩子健康成长的必备条件。如果孩子没有自信心，那么，他的自卑就会迅速地膨胀。自卑的孩子总觉得自己一无是处，自卑给孩子的健康成长带来的消极影响是不可估量的。

现实生活中，很多事情都有可能导致孩子的自信心不足，如家庭条件、身高、体重、外貌等。他们在生活中处处表现得小心谨慎，生怕自己犯下一点错误，严重的时候还会妄自菲薄，不能正确地看待自己。这时候就需要父母及时给予孩子一些必要的帮助，帮助孩子树立自信心，否则孩子将一事无成。

父母应该知道的

拥有自信心的孩子对自己会有一个客观清醒的认识，他们也能够更好地应对人生道路上遇到的各种困难和挫折。因此甚至有人说，只要一个人拥有了自信心，那么他就已经拥有了一半的成功。所以父母应该注意培养孩子的自信心，让孩子做一个内心强大的人。

父母在培养孩子的自信心的时候，应该从以下几个方面做起。

1.让孩子对自己有一个客观的认识

父母要让孩子明白，他人对自己的评价不一定是完全正确的。当人们戴着有色眼镜评价一个人的时候，就会有所偏颇。所以父母要让孩子对自己有一个客观、正确的认识，综合分析一下自身的优点和不足，要让孩子明白，世界上根本就不可能有完美的人，毕竟尺有所短，寸有所长。要让孩子在与他人的相处过程中注意取长补短。不断提升自身的综

合素质，提高办事的能力。

2.帮助孩子分析失败的原因

孩子自信心减弱的开端就是他们做事失败的时候，很多孩子经历过一次失败之后就会对自己进行全面的否定，这样一来，他们的自信心当然就会逐渐地减弱，甚至消失。当孩子经历失败的时候，父母应该帮助孩子分析原因，这时候要尽量找出一些外在的因素，对于孩子的能力不能评价过低。

在这个过程中，应该让孩子明白，不管到什么时候，也不能怀疑自己的能力。如果孩子怀疑自己的办事能力，那么，他们在面对问题的时候就会有紧张、不安的心理，这样一来就很难取得成功。那么，孩子就进入了一个失败的怪圈之中。他们不知道该怎样去面对新事物，也不知道该如何与他人进行恰如其分的沟通，因此就会和很多机遇擦身而过。

3.让孩子进行自我激励

父母应该让孩子学会自我激励，当孩子遇到困难时，可以让孩子对自己说“不要怕，我能行”，孩子在这样的语言暗示下就能够更加有勇气地面对它们。父母不妨建议孩子每天早上起床的时候对着镜子说“我很棒”、“我一定可以做得更好”、“成功是属于我的”等，你会发现，当孩子坚持一段时间之后，他们就开始变得更加自信，也更加开朗了。

4.每天让孩子回忆一些有成就的事情

虽然孩子的年龄还很小，但是在他们的记忆中肯定有一些事情让他们有过很强烈的成就感。这些事情在成年人看来可能是微不足道，甚至是滑稽可笑的，但是对于孩子来说它们却有着超乎寻常的意义。父母可以提醒孩子，让他们经常回忆一些自己做得很棒的事情，这样对于培养孩子的自信心也有很大的帮助。

5.父母要经常鼓励孩子

培养孩子自信心的时候，父母对孩子的鼓励是不可或缺的一部分。在孩子做事之前，父母要给予他们充分的信任，当孩子遇到困难的时候，更要对他们给予真诚的鼓励，而不是对他们的能力进行否定。接受鼓励和信任是孩子的一种心理需求，当父母及时满足孩子的这种心理需求时，就能帮助他们很好地树立自信心。

6.以身作则，做自信的父母

要想让孩子拥有良好的自信心，父母首先应该成为自信的人，没有自信心的父母是不可能培养出有自信心的孩子的。所以父母在做任何事情时都应该保持乐观的精神状态，相信自己能够取得成功。这样孩子在父母的耳濡目染之下，也会成为一个拥有自信的人。

注重细节，让孩子事半功倍

有人说细节决定成败，这句话是很有道理的。因为那些注重细节的人会从身边的小事出发，往往能够发现一些别人觉察不到的机会。他们甚至可能会因此而青云直上，名利双收。

东汉时期曾经有一个名叫陈蕃的少年，他每天想的事情就是将来如何出将入相，干一番惊天地，泣鬼神的大事业。有一天，他的一个名叫薛勤的朋友前来拜访他，让好友无法接受的是陈蕃居住的地方凌乱不堪，他的房间内更是脏乱。

于是薛勤开口说道："你什么不把自己的住所认认真真地打扫干净，然后接待宾客呢？"

"一个真正的男人应该治国安邦平天下，怎么可以把时间浪费在打扫房屋上呢？"

薛勤当即反问道："一屋不扫，何以扫天下？"陈蕃无言以对。

陈蕃想要凭借自己的能力，来实现管理国家的志向，是一个非常不错的目标。但是他却没有意识到要实现这个梦想，就必须从身边一点一滴的小事情做起，否则的话，那只能像一个不起实际作用的空中楼阁一样，永远在虚无缥缈的远方。

注重细节的人会从身边的小事情做起，不放过任何一个让自己升值的机会。他们在细节中得到的东西有时候会让人大吃一惊。

父母要让孩子明白，很多时候，人们没有取得成功的根本原因并不是努力程度不够，也不是能力不行，而是因为他们在做事的时候没有注重细节。在某些情况下，细节会成为决定成败的关键因素。

曾经有一所知名度很高的学校要招聘一名小学语文老师，经过层层选拔，最终有15人进入了最后一轮的考察。毫无例外，这些人都有深厚的专业知识，他们的身上散发着年轻人特有的活跃和激情。为了选出最合适的人选，学校通知这些人在周六上午十点在学校的二楼集合，考试内容和方向都保密。到了周六，这些进入复试的人都准时地来到了指定地点。不过意外的是在大门口有一个小女孩，穿得破破烂烂地在那里哭，很多人都因为忙于准备考试而对这个小女孩没有给予特殊的关注。只有一位名叫张婷的女孩在经过小女孩身边的时候停了下来，并且仔细地询问了小女孩哭泣的原因。可是，毕竟她也要参加复试，于是她把自己很漂亮的手机链摘了下来送给了小女孩，并且承诺等自己办完事以后就会立刻下来帮她找到妈妈。

后来，所有竞争者都来到了指定的教室，过了一会儿，和蔼可亲的校长走了进来，他首先对于所有人能够准时参加复试表示了自己最真诚的感谢。令所有人感到意外的是，当校长说完了那些客套话之后，接下来直接宣布最终被录取的是那位叫张婷的女孩。很多人都感到不解，包括张婷本人，接下来校长把学校的监控录像重新放了一遍，他指出既然是要招聘老师，那么这个人必须对孩子有爱心。可是当这些面试者走过哭泣的小女孩身旁的时候，只有张婷安慰了她。

父母应该让孩子明白，有时候一些看似不起眼的细节往往能够反映出一个人的修养和内涵，这个细节会影响到合作伙伴对你的整体评价，一些陷入僵局的事情很有可能因此出现一个巨大的转机。一个想要追求卓越和伟大的人，必须认真地对待细节，只有这样做，才能取得最后的成功。

父母应该知道的

在现代生活中，细节的作用越来越大。当孩子开始注重细节的时候，他就有可能比别人拥有更多的机遇。当然，他们有可能会因此创造出更多的财富。与此相反，如果孩子不注重细节的话，那么他就有可能会和很多机会擦肩而过。

所以，父母应该重视从细节之处培养孩子的良好品质，总有一天孩子会因此收获属于自己的成功。父母在培养孩子注重细节的品质时，可以从以下几个方面做起：

1.让孩子重视小事

父母应该让孩子重视小事，不要因为小事看起来发挥的作用不是很大就不屑一顾。很多时候，人们都是从一点一滴的小事做起，才有了最后令世人瞩目的成就。如果孩子轻视小事的话，他们就会变得越来越懒惰，很多人的斗志就是在这个过程中一点一点被磨灭的。

2.告诉孩子不重视细节的危害

关注细节是一件非常重要的事情，父母应该让孩子明白，如果不关注细节的话，就有可能酿成大错，有时候这种损失会达到骇人听闻的地步。历史上有很多这样的例子，父母不妨多给孩子讲一些这方面的事例，加深孩子对关注细节重要性的认识。

2003年2月1日，美国发射的哥伦比亚号航天飞机在返回地球的过程中突然解体。在无比悲痛之余，人们开展了对事故原因的深入调查，让所有人都出乎意料的是，罪魁祸首竟然是一块脱落的泡沫击中了航天飞机的隔热系统，所以才导致了这样一个悲剧。

3.让孩子信守诺言

一个注重细节的人肯定是一个诚实守信的人，父母应该让孩子明白，只要是答应了别人的事情，就一定要全力以赴。不能找一些冠冕堂皇的借口为自己开脱。如果一个人没有了起码的诚信，那么，这个人无疑就是最失败的。

4.别让孩子养成迟到的坏毛病

让孩子注重细节，就不要让孩子养成迟到的坏毛病，父母要让孩子知道，不管在什么时候，准时都是对他人的最好的尊重。很多西方人的时间观念都很强，毕竟时间就是金钱。父母应该让孩子明白，浪费别人的时间无异于“谋财害命”。

5.让孩子注重一些社交礼仪

父母应该传授给孩子一些必要的社交礼仪，社交礼仪可以表现出一个人的家教和涵养。父母要让孩子明白，在与他人的沟通中不能太过生硬，要能够站在他人的立场上思考问题。如果一个人有良好的社交礼仪，那么在社交活动中就能给人们留下美好的印象，这样一来对方就愿意和自己进行下一步的沟通了，有了融洽的沟通，双方很有可能进行合作，这样一来就会让孩子逐渐踏上富裕之路。

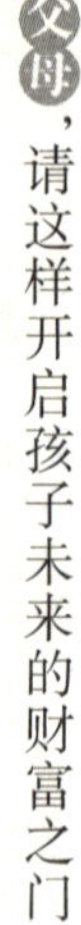

培养孩子的时间观念

当今社会是一个追求效率的社会，一个人是否拥有很强的时间观念越来越重要。古人曾经告诉人们“逝者如斯夫，不舍昼夜”，他们大声疾呼，“及时当勉励，岁月不待人”，到了当代，人们更加认识到珍惜时间的重要性，为了能够抓住生命中的一分一秒，所有的人都在一遍遍地告诫自己，“时间就是生命，时间就是金钱。”

是的，时间就是金钱。一个人要想改变自己的命运，要想成为一个真正的富有者，那么，他必须是一个时间观念非常强的人。否则的话，一切所谓的理想都是空谈。可是，在现实生活中，很多孩子没有时间观念，做事情的时候总是拖拖拉拉。因为没有正确的时间观念，有些孩子与周围人显得格格不入。通常情况下，越是年龄较小的孩子，这种情况就越严重。

赵女士的丈夫是一家公司的高级管理人员，公公婆婆虽然都已经退休了，但是他们的身体非常好，老两口每个月还能领到不少退休金，所以根本就不需要赵女士夫妇的照顾。因为没有过于沉重的负担，在怀孕之后，赵女士就开始赋闲在家。等到儿子出生之后，潜藏在赵女士内心深处的母性的本能被全部激发了出来，这时候她才真正明白了什么叫做舐犊情深。为了能够更好地照顾孩子，直到孩子4岁的时候，赵女士才决定出去工作。

可是，当赵女士把孩子送到幼儿园的时候，一系列新的问题就开始不断地出现了。在幼儿园里，孩子的生活习惯和其他小朋友的发生了十分严重的冲突。当其他小朋友正在津津有味地吃饭的时候，儿子却闹着要睡觉；当老师让小朋友们进行午休的时候，儿子却又闹着要下床玩。有时候，老师让小朋友们在规定的时间内做完一个小游戏，这时赵女士的儿子往往表现得心不在焉、拖拖拉拉，轮到其他小朋友玩游戏的时候，他依然强占着原来的位子不肯走。

赵女士的儿子之所以出现这样的情况，就是因为以前在家里的时候赵女士没有对孩子进行时间观念的培训，孩子做事情的时候有非常大的随意性，自己想做什么就做什么。当他进入幼儿园的时候就会突然发现，这里是一个对时间要求非常严格的地方，于是孩子就会显得不知所措。这时候他们的言行就会表现得不合时宜，所以就可能受到老师的责备，可是孩子又不知道该如何是好，于是他们就会哭闹。还有一些孩子缺少时间观念，在刚刚学习写字的时候往往拿着一块橡皮，把一个字擦去然后重新写，然后再擦去，他们的时间就在这个无聊的小游戏中悄悄地流失了。因为他们总是觉得自己写得不够好，自己又没有一种紧迫感。

如果你的孩子没有时间观念的话，那就应该引起你的注意了。这样很不利于孩子的健康成长，孩子时间观念的强弱对于他们能否在将来实现自己的财富梦想有着重大的意义。有时候家长会因为孩子没有时间观念而大发雷霆，可是孩子却依然我行我素，家长的话就像耳旁风一样。

张女士说，女儿已经上小学三年级了，可是直到现在孩子还没有良好的时间观念。

有一次，女儿因为前天晚上睡得太晚，早晨起来的时候看上去晕晕乎乎的，张女士一看时间已经不多了，就催促女儿赶快收拾一下，马上就出发。可是女儿却像什么都没有发生一样，依然磨磨唧唧。看到女儿这样，张女士的火气就不打一处来，于是她冲着女儿喊道："马上就要迟到了，你还在这里磨蹭，赶紧去刷牙、洗脸、吃饭，等会儿我开车送你去学校。"

听到妈妈的训斥之后，女儿显得有些不耐烦。但这时候她依然不管不顾，只是象征性地答应了一声。张女士这才意识到，孩子一直就没有很强的时间观念，在平常的生活中，女儿就像是一个没有灵魂的机器一样，只要自己不按启动按钮，孩子肯定会一直呆呆地站在原地，永远也不知道接下来自己应该做什么。孩子根本就不知道早晨的时间对于一个人的一天来说究竟有多重要。

父母应该知道的

较强的时间观念是一个成功者必须具备的基本条件之一，在这个崇尚工作效率的时代，一个拥有较强的时间观念的人才能高效、高质、按时完成工作。否则的话就会把事情搞得一团糟，那么，孩子就永远和财富之路无缘了。

所以，父母应该让孩子从小就要做一个有较强时间观念的人，在培养孩子的时间观念的时候，不妨尝试一下下面几种方法：

1.让孩子认识时间

孩子的思维水平有限，如果爸爸妈妈直接给孩子讲述时间的意义或者概念的话，孩子很可能理解不了。这时候不妨用孩子熟悉、喜欢的事情来让孩子逐步地认识时间。

如果父母对年龄很小的孩子说“8点钟的时候们坐车去姥姥家”，孩子就可能不能准确地理解妈妈的意思，因为在小孩子的意识里还没有“8点钟”这个概念。如果妈妈换一种说法，如“赶紧吃饭，吃完早饭以后，我们就一起去姥姥家”，那时候孩子肯定会表现得特别兴奋，因为他知道自己吃完一顿饭大概需要多久。

此外，当父母想要让孩子认识“早晨”这个词语的时候，就可以用“太阳出来的时候”、“妈妈送你去幼儿园的时候”等。很多有关时间的概念都可以用这样的方式让孩子渐渐明白。对于那些只有两三岁的孩子来说，父母不一定非要让他们明确地知道自己应该在几点钟做什么事情，而要让他们明白“吃过午饭就要休息”等，让他们把这些作为时间概念来理解，这样做比直接告诉孩子在几点钟做事情要好得多。

等孩子的年龄慢慢变大的时候，父母就可以逐渐把“钟点”的概念引入到孩子的生活中来了，父母在日常生活中就要有意识地引入一些和时间有关的词汇，让孩子试着使用这些词汇。例如可以不停地提示孩子他的年龄、出生日期，另外还可以让孩子学习一些有关时间的歌谣等。

2.以身作则，帮助孩子养成遵守时间的好习惯

为了让孩子拥有较强的时间观念，父母就要给孩子树立一个好的榜样，帮助孩子养成守时的好习惯。例如，既然答应了孩子在五点半接他回家，自己就不能到五点四十了却依然不见踪影。父母做事的时候也应该干净利落，不要拖泥带水，否则的话就会给孩子带来消极的影响，不利于培养孩子正确的时间观念。

3.让孩子形成有规律的作息习惯

事实证明，那些生活有规律的孩子的时间观念往往会很强。孩子到一定的时间之后就知道自己应该做什么事情，这样的孩子在成年之后的自我约束能力也会很强，他们做事情的时候也会显得比较干练，不像有

些人一样总是拖拖拉拉的。

所以，父母应该帮助孩子养成一个有规律的生活习惯，为此，父母不妨给孩子制订一个时间表。孩子在作息时间表的影响下，就会逐渐养成科学合理的生活习惯了。

4.让孩子学会珍惜时间

父母应该让孩子养成珍惜时间的良好品质，时间就是生命，时间就是金钱。要让孩子明白，不要在娱乐上花费太多的时间，孩提时代现在最重要的任务就是学习，千万不可蹉跎时光。

5.给孩子讲一讲名人的时间观念的故事

几乎每个孩子都喜欢听故事，在帮助孩子树立时间观念的时候，给孩子讲一讲有关名人的时间观念的小故事是一种非常巧妙的办法。这不但有利于增强孩子的时间观念，还拓展了孩子的视野，是一个一举两得的办法。

伟大的文学家、思想家、革命家鲁迅先生就是一个时间观念非常强的人。鲁迅小时候学习非常努力，有一次上课迟到了，他感觉非常内疚，于是就用刀子在自己的书桌上刻下了一个“早”字，以此来督促自己以后再也不能迟到。

6.让孩子背诵一些有关时间的名言警句

为了帮助孩子树立正确的时间观念，父母不妨找出一些有关时间的名言警句让孩子背诵。当这些名言警句深入孩子内心的时候，孩子就能懂得拥有正确的时间观念有多重要。毕竟，不管你是贫穷还是富有，你能够在这世界上生活的也不过是有限的几十年。如果孩子能够明白这个道理，他就会尽最大的努力发掘自己的潜能，让自己创造出更大的价值。

第八章

孩子不可不知的经济学知识

越来越多的人开始炒股，股票、基金、债券等金融产品和人们的关系越来越密切，它们已经成为人们日常生活中的一部分。几乎每一次全球的经济危机都是从金融投资开始爆发，因此让孩子及早地了解一些常见的金融产品，知道一些必要的经济常识，变得非常重要。

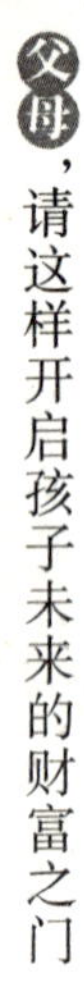

孩子很有必要了解一些经济学常识

随着时代的进步、社会的发展，很多新生事物排山倒海般地出现，一些层出不穷的赚钱招数也让人们看得眼花缭乱。父母应该尽早让孩子了解一些经济学的有关知识，这样就可以让孩子更好地了解社会，这对于孩子将来真正走入社会也是大有好处的。

一些教育家认为，每个具有高中以上知识水平的人都应该具备一定的经济学常识。现在中学的课程中都有一些有关经济的章节，每年到了高考结束报志愿的时候，各大院校的经济类专业十分火爆，甚至出现了"万人挤独木桥"的现象。可是很多孩子在现实生活中面对一些非常简单的经济现象的时候，依然显得很无知。于是有一些人提出了这样的疑问，传统的教学模式和授课内容是否能够让孩子真正地掌握一些实用性比较强的知识?

一些教育家经过分析后得出这样的结论，孩子之所以没有学到真正的经济学知识，不外乎以下两点。其一，很多孩子往往抓不住老师讲课的重点内容，他们把很多精力浪费在了一些与现实毫无关系的图表上，而对于那些真正实用的东西，孩子则让它们在自己的指缝间悄悄地溜走了。其二，即使有些孩子理解并记住了老师讲的那些内容，但是为了应付考试，所以他们根本就不会把这些东西和现实联系起来，一旦考试过后，就把学到的那些东西忘得一干二净了。

父母应该做的就是让孩子学到那些和生活密切相关的知识，而不是让孩子硬着头皮学那些老师在课堂上讲述的空洞乏味的经济学理论。

一提到经济学，很多人都会觉得这是一门高深莫测的学问，其实经济学是和人们日常生活联系最紧密的一门学问，它渗透在生活中的各个角落。人们为了更好的生存和发展，就离不开生产，然后把自己的劳动产品拿出来进行销售。这种劳动产品可以是实实在在的物质，也可以是知识和智慧的结晶。在不同的组织方式和人际关系的影响下，人们生产财富的效率会产生非常大的区别，他们的生活水平也会有比较大的差异，而经济学就是试图在研究现有的经济状况之后，找出最高效的生产方式的学问。

有这样一个故事，曾经有一个人非常幸运，他被上帝选中了。上帝答应带他去游历地狱和天堂。

当他们来到地狱的时候，他们看到有很多人坐在一个装满味道鲜美的肉汤的大锅周围。奇怪的是，这些人个个枯瘦如柴，他们脸上的表情非常复杂，有焦急，有愤怒，还有说不清的怨恨，他们争先恐后地往大汤锅前面跑，但是谁也喝不到一口肉汤。原来这些人手里的勺子很长，已经长过他们的手臂了，因此不管他们怎么努力，也无法将盛满肉汤的勺子放在口中。所以他们只好一次次地看着肉汤从勺子里洒落在地面上。他们一直被焦急、饥饿、失望和愤怒折磨着。

后来，上帝又带着他来到了天堂，在这里，同样看到了一口装满了香喷喷的肉汤的大锅。虽然这些人手中的勺子和地狱里的那些人拿的勺子没什么两样，但是他们用勺子的方法却很不一样。这些人两两分为一组，每当他们从锅中舀出肉汤的时候，他们都会满脸笑容地把勺子递到对方的嘴里。因此他们每个人都很顺利地喝到了肉汤，每个人脸上洋溢的都是幸福的笑容，在他们的身上根本就找不到饥饿的影子。

著名的经济学家茅于轼先生曾经为岑科的《大家的经济学》写过

一篇序言，他在序言里指出："经济学是社会科学中最有实用价值、最成熟、研究的人也最多的一门学问。它既非常深奥，又平白易懂，就看我们怎么学。经济学有助于我们懂得人生，建立良好的人生观，处理好和周围人群的关系，懂得个人的社会责任。同样年龄的人，有的显得肤浅，有的比较深刻，差别就在于能不能思考。青少年是处于人生最重要阶段的一群人。他们的人生观开始形成，他们观察社会，学习如何处理人和人的关系。可是现在的学校里并没有很好的关于人生观和正确认识社会关系的课程。教育部门不是不想，而是没找到合适的切入点，来讨论怎样建立符合社会需要的人生观。我认为学经济学可能是一个合适的切入点。"

茅于轼先生的这些话足以说明让孩子学习经济学知识的重要性，学习经济学知识有助于让孩子在将来更好地独立生活。有些经济常识孩子将来会在课本上看到，但这并不是说现在就没有让孩子学习这些知识的必要。毕竟父母在教育孩子的时候，更多是在实践中进行的，这样有利于加深孩子对所学知识的理解。

了解经济学知识对孩子未来的发展有十分重大的意义，所以父母要让孩子从小接触一些经济学知识。而在教孩子学习经济学知识的时候，父母们应该注意以下几点内容：

1.让孩子知道一些必备的经济学知识

要想让孩子更好地学习经济学知识，首先应该让孩子明白一些基本的概念是什么。例如生产要素、分配的原则等。当孩子知道了这些概念的意义时，就能更好地学习相关的知识了。

2.让孩子明白必须要遵守市场经济的规则

父母要让孩子明白遵守游戏规则的重要性，如果一个人不遵守规则的话，就会四处碰壁，甚至有可能被拒绝加入游戏的可能。父母要想让孩子学到更多实用的经济学知识，那么就应该让孩子学会遵守市场经济规则。否则的话，学习再多的经济学知识，也不会有什么具体的作用。

3.给孩子买一些适合青少年看的经济类书籍

现在很多出版社都针对孩子的特性，出版了一些适合他们看的经济类书籍。父母可以给孩子买一些这类的图书，选择图书的时候一定要争取孩子的意见，只有孩子喜欢的东西，他们才能够全心全意去投入精力探索。

4.让孩子多看看财经类的电视节目

财经类的电视节目中蕴涵着丰富的经济学知识，枯燥无味的经济学知识在这些节目当中会变得十分有趣。当孩子观看那些生动有趣的财经故事的时候，他们也学到了很多知识，这是让孩子学习经济学知识的一个非常好的办法。

让孩子了解一些常见的金融产品

随着现代经济的发展和时代的不断进步，越来越多的金融产品出现在人们的生活中。有一部分人就是凭借自己机敏的头脑、敏锐的眼光，从金融产品中获取了自己的第一桶金，从而改变了个人的人生轨迹和整个家庭的命运。

为了让孩子能够更好地融入这个飞速发展的时代，父母很有必要让孩子了解一些常见的金融产品。当孩子对这些金融产品有了初步的认识之后，无疑就会丰富自己的理财知识和技能。孩子在长大后面对投资的时候就会变得更加理智，他们的主动性也就会更强，不会人云亦云地盲目跟风。只有这样做，孩子才能更好地处理好自己的财务问题，让自己的财富变得越来越多。

当然，让孩子了解金融产品的前提就是父母也要对这些金融产品有一个清醒的认识，试想一下，假如父母都不知道股票、基金、债券、保险、信托等为何物，那么，你又怎么能够很好地教育孩子呢。为了帮助父母更好地教育孩子，这里对一些比较常见的金融产品给大家作一个简单介绍，以便父母们在教育孩子的时候更有针对性。

股票的发行是股份有限公司为了筹集更多的资金向社会发行的有价证券，股票是一个人的股份凭证。拥有股票的人就是公司的股东，他拥有对公司的部分所有权。不过需要注意的是，这种权利是一种综合权利，股东拥有参加公司的股东大会、投票表决、参与公司的重大决策等权利，更重要的是股东可以根据公司的运营状况收取一定的股息或者分红。同一个股份公司发行的单份股票代表的所有权相同。也就是说，如果一个股东手中拥有的股票份数越多的话，那么他对公司的所有权就越大，同时他得到的股息和分红就会越多。股票是一种可以相互转让的商品，股东可以通过证券市场把拥有的股票转让出去，进而收回自己的投资。但是，股东不能要求公司以现金或转账等方式返还自己的投资。

债券是一种有价证券，它的发行单位可以是政府、企业或各种金融机构等主体。发行单位为了筹措资金而向投资者发行，并且承诺按照一定的利率支付给投资者利息，债券到期时返还投资者本息的一种债权债务凭证。一般来说，债券在内容上应该包含以下几个方面，即债券面值、票面利率、返息期、偿还期等基本要素。债券的利率是事先就已经确定好的，不能随意改动，因此人们又把这种证券叫做固定利息证券。债券的购买者和发行者是债权人和债务人的关系。如果债权人同意的话，中途可以进行债券的转让。

相对于投资股票来说，投资基金就显得更加省时省力了。基金是一种间接的投资方式，投资者并不直接参与基金的管理。基金管理公司通过发行基金把投资者手中的钱集中起来，然后委托有资格的银行作为基金托管人进行管理。然后由基金的管理人用这些资金从事股票、债券等方面的投资。在这个过程中，投资者需要共同承担风险，并且有权利按照基金的购买数量来得到自己的收益。也就是说，如果人们手中有很多多余的钱想进行一些投资，可是自己并没有足够的时间进行管理的话，这时候不妨和他人联合把手中的钱集中起来，然后再雇一个投资高手为大家进行管理，这个高手就是作为基金托管人的银行。试想如果所有的人都和雇佣来的高手直接进行沟通的话，情况就会乱成一团糟，所以大家就不得不找出一个比较内行的人作为大家的发言人，时常和管理者进行沟通，并把投资中的一些情况及时告诉每个投资者，这个内行人就是基金的发行公司。

一般来说，基金的种类主要有信托投资基金、单位信托基金、公积金、保险基金、退休基金以及各种基金会的基金。

保险是一种最古老的风险投资方法，按照事先的合同约定，投保人要在一定的时间内向保险公司交纳一定的保险金。在保险合同当中，双方会就投保人有可能发生的事故进行明确的叙述，一旦投保人由于这些事故给自己带来了财产损失的时候，或者当投保人遭到了意外事故导致伤残、死亡或者到达一定年龄的时候，保险公司就要承担一些责任，给投保人一定的赔偿损失。我们平常接触最多的就是家庭保险，家庭保险又分为财产保险和人身保险。其中财产保险又被细分为机动车保险、住宅房屋保险、商品住宅保险等。人身保险包含意外伤害保险、特大疾病保险、养老保险等。

当然，我们也知道对于孩子来说，上面提到的那些金融产品知识显得非常陌生，甚至有些晦涩难懂。不过父母还是应该让孩子及早地了解一些金融产品，哪怕只是在孩子的头脑中留下一个模糊的印象，对孩子将来的发展也是非常有意义的。除了我们上面提到的那些金融产品以外，像外汇、汇率、期货等金融产品也应该让孩子尽早地了解。

父母应该知道的

和其他内容相比，父母在让孩子学习金融产品知识的时候确实会有一些困难，因为那些知识毕竟很枯燥，很多孩子根本就不想听父母讲这些东西。

不过，父母们仍然可以采用以下几种方法，让孩子饶有兴趣地学习金融产品知识：

1.让孩子参与到购买金融产品的过程中来

父母在给孩子传授金融产品知识的时候，最直观的就是让孩子参与到金融产品投资的过程中来。例如，当父母想要购买基金的时候，不妨让孩子参与到这个过程中来，看看父母是怎样选择金融产品的。在进行实际交易的时候，父母要给孩子说明每一个步骤都是怎样的。这种方法能够以最快的速度让孩子掌握一些金融产品知识。

2.不可忽视传媒的教育作用

当代社会传媒事业越来越发达，父母不可忽视媒体的作用。很多电视台都有关于金融的栏目，而中央电视台开设了一个财经频道，这个频道开设的很多栏目都比较有趣，人们在看电视的时候，就在无形之中学到了很多知识。

3.让孩子了解一下自己的家庭保险

现在基本上每个家庭都参与了家庭保险，因此让孩子了解一下自己的家庭保险是打开孩子金融产品知识教育的一个好方法。父母要尽早让孩子了解到自己的家庭都购买了哪些保险，这些保险都需要缴纳多少保险金。

毕竟，谁也不能保证自己一辈子都平安无事，为了防御有可能出现的意外情况，所以人们开始购买比较适合自己的保险种类，进而把有可能遇到的倒霉事情造成的危害减到最轻。

4.让孩子明白金融产品有风险

父母应该让孩子明白，既然购买金融产品是一种经济活动，那么肯定就会存在一定的风险。有人通过炒股慢慢积累财富，也有人通过炒股让自己变得一无所有。当孩子知道投资这些金融产品存在一定风险的时候，他们就会更加谨慎。

让孩子知道供给和需求之间的微妙关系

美国著名的经济学家萨缪尔森曾这样说过：“很多人都感觉经济学是一门高深莫测的学问，其实学好经济学非常简单，只要你能够掌握供给和需求的关系，那么，你就会成为一个精明的经济学家。”

从萨缪尔森的这句话，我们就能够知道学习供给和需求的知识是一件多么重要的事情。父母在让孩子学习金融产品知识的时候，千万不要忘了让他们学习一下供给和需求。

整个市场就是由商品的供给和需求来决定的，他们之间相互影响，相互制约。供给指的是在一定时期内生产者能为市场提供多少相应的商品。一般情况下，影响商品供给的因素有很多，商品的价格、人们的消费心理、国家近期出台的政策等。

需求是市场上某一种商品的价格处在某一个范围内的时候，人们纷纷把消费的目光瞄准了哪些商品。事实证明，商品的价格对于需求有着很大影响。一般情况下，当商品的价格降低以后，这种商品的需求就会在短时间内大幅度地上升。

供给和需求两者之间有非常密切的关系，最直观的表现就是商品价格的波动。当商品供大于求的时候，商品的价格就会有所降低。当商品供小于求的时候，商品的价格就会很高。有时候会高到让人咋舌的地步。父母让孩子了解供给和需求的关系，最直观有效的方法就是让孩子参与到实际的经济活动中来。

小凯的妈妈很注重孩子财商的培养。

有一天，妈妈带着7岁的小凯到超市买东西，当小凯走过水果区的时候，他忽然摇着妈妈的手说："妈妈，我想要吃葡萄，咱们买点葡萄回家吧！"妈妈停下来看了看，葡萄的标价竟然是18元一斤。

"儿子，上周舅舅来看你的时候不是刚给你买过了吗，过几天咱们再买好吗？"妈妈很认真地和儿子商量着。

"为什么，为什么一定要再等几天呢？我现在就要吃！"小凯的小嘴儿开始撅起来了。

"那好吧，不过你首先要告诉妈妈，葡萄是多少钱一斤！"妈妈说道。

"嗯，好的，我现在就去看。"得到妈妈的允许后，小凯变得很高兴，他屁颠屁颠儿地来到货架前，仔细地看了看，然后非常认真地说："妈妈，葡萄是18元一斤。"

"儿子，你很棒，你知道吗，现在我们拿18块钱只能买一斤葡萄，可是等到夏天我们用18元几乎可以买到10斤葡萄。你知道这是为什么吗？"妈妈对小凯说道，并且用自己的方式引导孩子加深对商品的供求与价格的思考。

"对啊，妈妈你快说，为什么现在的葡萄这么贵，到了夏天却那么便宜呢？"小凯充满好奇地问妈妈。

妈妈看到这个问题已经引起了儿子很大的兴趣，她知道自己应该切入正题了。于是妈妈开口说道："儿子，因为现在是冬天啊，根本就不是葡萄成熟的季节，我们现在看到的葡萄是通过一系列的保鲜技术手段才保留下来的，因为这些葡萄的数量很少，所以它的价格就很贵。等到夏天来的时候，很多葡萄一起成熟了，批发商会一车一车地从果农那里批发葡萄来出售，所以那时候葡萄的价格就会非常低。"

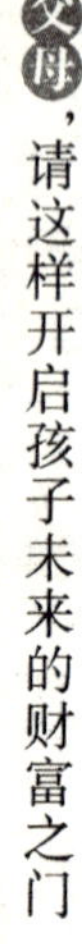

“哦，原来是这样啊！既然现在这么贵，那我们就少买一点葡萄吧！”小凯似乎已经明白了妈妈的话。

小凯的妈妈非常聪明，她能够及时抓住机会，用生动的事例对孩子进行教育。让孩子尽可能多地学习到有关的经济知识。如果只是一味地说教的话，就不会有这样的效果了。其实，在市场里货物的供求是经常变动的，父母只要善于抓住时机，就能很好地和孩子进行沟通。

父母应该知道的

父母要让孩子更好地了解到经济活动中的供求之间的关系，就要从以下几个方面做起：

1.父母要让孩子知道什么是供求

父母要让孩子明白，每个人都有自己的消费欲望。当某种商品的价格在某一个阶段之间起伏，并且有一部分人真的想要购买，我们把消费者购买的这一部分就叫做需求。

生产者在利益的驱使下，必须考虑假如要满足消费者的需要的话生产多少商品就可以了。那么，商家的心里就有一个谱，也就可以避免过度生产造成的浪费资源，同时也可以避免因为生产得过少而导致不必要的经济损失。

2.让孩子知道供求和价格的关系

供求之间的关系往往通过价格反映出来，在市场经济中，价格可以起到调节供应和需求的关系。当市场中某一种商品的供应量远远地高出了人的需求的时候，商家就会选择用降价来吸引消费者。相反，当市场中的商品数量远远地小于消费者的需求的时候，商家就会以提高该商品的价格，让自己得到更大的利益。

3.购物的时候让孩子留心商品价格的变化

在日常生活中，父母要多带领孩子进行购物，让孩子留心商品的价格有什么变化。这种方法最适用于带领孩子去农贸市场，通常情况下，一些产地较近的时令蔬菜的价格就比较低，而那些产自外地或是非时令蔬菜的价格相对来说就会高些。孩子在对比中就会发现供求和价格之间的微妙关系，这也是让孩子明白供求和价格关系的有效方法。

让孩子学会“零风险”投资

我们承认有很多人依靠炒股，一夜之间摇身一变成了一名不折不扣的富翁，但是也有很多人由于没有看好行情，最后落得一无所有。在孩子接受理财教育的过程中，这些金融产品有时候会引起孩子们非常强烈的兴趣，他们也希望自己能够一夜暴富。

可是，毕竟孩子的年龄还小，他们的投资理念还很不成熟，如果家长一味地阻止孩子的想法也不好，那样就有可能激起他们的逆反心理，这样一来到反而不利于对孩子进行理财教育了。

小海已经是一名高中生了，他在课堂上学了很多经济知识，不知不觉地，小海开始对炒股产生了浓厚的兴趣。他每天都会用一些时间看看当天的股市行情，然后再看看股评。

有一天，小海把爸爸妈妈拉到了一起，然后郑重其事地说：“爸爸，妈妈，我有一个重大的决定要告诉你们。我要炒股！”

听到小海的话后，爸爸妈妈都流露出了一丝惊诧，不过很快妈妈就说道：“行啊你，都开始想着炒股了。可是你真的了解股市吗？你知道炒股的时候应该注意哪些信息吗？”

“这还不简单嘛，炒股无非就是低价买进股票，然后高价卖出，进而从中获利啊。”小海非常自信地和妈妈说道。

妈妈笑了笑，然后说：“你说的当然是最理想的结果了。可是要知道炒股可并不是你想象的那么简单。如果股市能够轻而易举地赚到钱的话，那么全国的人肯定都什么也不干，全去炒股了。股市是一潭很深的水，必须有丰富的炒股知识、敏锐的眼光以及良好的分析预测能力，才能在股市当中游刃有余。虽然炒股在短期之内有可能收获十分丰厚的利润，但是要知道伴随高利润的就是高风险，搞不好自己就会‘赔了夫人又折兵’。所以如果你想要试着炒股的话，首先就必须做好一定的心理准备。”

不过，这时候妈妈才想起来，因为小海刚刚过了16岁生日，妈妈还没来得及给他办理身份证，所以还不能在证券市场开户。小海听到这个消息后别提有多失望了，可是，很快妈妈就想出来了一个好办法。妈妈决定让小海先从自己的户头上选一只股票，股票的买进和卖出都由小海决定，当然，由此引起的风险和收益也由小海自己承担。

小海开始自己的炒股生涯之后，对股市给予了更多的关注，当然，他学到了很多新的知识，一些股票投资中的专用术语信手拈来，他说起股票来也头头是道，俨然一个玩股票的老手。可是毕竟小海不像那些成年人一样看待事物的眼光比较全面，后来在面对股票的时候，他不能很好地把握住最好的时机，到最后让自己赔得一塌糊涂。这时候他才真正地体会到为什么妈妈说股票是一种高风险的投资方式。刚开始的时候自己还抱着侥幸的心理，企图在股市里分一杯羹，现在看来自己还没有修炼到那种境界啊。

其实，股票在现代经济生活中是非常常见的，如果孩子对股票产生了浓厚的兴趣，不必大惊小怪。如果条件允许的话，不妨抓住机会让孩子学一些有关股票的知识，也可以引导他们进行炒股，这样就可以让他们加深对投资风险的认识。

父母要让孩子明白，很多投资方式都有很高的风险，所以父母应该让孩子一开始尽量选择那些零风险的投资方式。

所谓零风险投资方式，指的是那些不需要进行物质投入，而以一个人的劳动和智慧作为劳动要素的投资项目。做这样的投资，就不必担心会有失败的风险，最坏的结果也不过是让自己的身体白白受累而已。

父母应该明白，孩子的心志还不太成熟，因此当他们想要进行投资的时候，不妨让他们从零风险的投资方式开始，一步一步地学习各种投资经验。这无疑是一种最好的教育方法。

父母在让孩子进行零风险投资的时候要注意以下几个方面：

1.让孩子找到最适合自己的零风险投资项目

很多孩子在刚开始选择投资方式的时候容易眼高手低，由于他们缺少科学合理的经营理念和管理方法，因此在巨大的风险面前,他们的承受能力很差，免不了碰壁，这时候父母就应该帮助孩子找到一些适合他们的风险较小的，甚至是零风险的投资项目。孩子会在参加这样的投资项目的过程中得到很大的锻炼,他的各方面能力都会得到很大的提高。

小宁是一个非常聪明的孩子，当他看到表姐开了一家小饰品店的时候，自己也跃跃欲试。有一天，他兴冲冲地找到了妈妈，然后说：“妈妈，我想开一家专门经营少儿体育用品的小商店，您看可以吗？如果可以的话,我想暂时先从您这里借一点钱作为启动资金。”

妈妈听到儿子的话以后大为吃惊，不过，她并没有立刻反对。妈妈笑了笑然后说：“儿子，你有没有想过？开一家小商店并不是你想象的那么简单，你除了需要准备好货款以外，还要准备好房租、水电费等一系列开销。还有你的店铺的选址，以及它潜在的市场究竟有多大，你的商品的档次定位，这些因素你都考虑过吗？妈妈可以把钱借给你，多少都可以。可是，毕竟你以前没有做过这方面的工作，万一生意赔了，你用什么来偿还欠我的债款呢？”

“这些东西我还真是没有仔细考虑过，妈妈，那么现在我们应该怎么办呢？”小宁听完妈妈的话以后，一脸茫然地看着妈妈。

“儿子，其实在咱们身边有很多根本就不用投入资金的工作，如果你愿意的话，可以在小区里面打扫车库，你还可以在小区的服务中心联系修建草坪的工作等。”妈妈说。

2.让孩子利用自己的智慧做好零风险投资

有人说，成功是给那些善于发现的智慧者准备的，这句话一点儿也不假。对于零风险投资者来说，善于用自己的双眼发现商机就显得更为重要了，这时候就需要孩子利用自己的智慧来说服对方，让他能够心甘情愿、心情愉悦地接受自己的服务，这样才算是真正踏上了成功之路。有一些工作单纯依靠孩子自己的话还是不能够顺利地完成，这时候可以让孩子找一个合作伙伴，争取达到双赢。

3.让孩子在进行零风险投资的时候铭记勤劳踏实

由于零风险项目投资大部分都是服务业，所以让孩子脚踏实地地工作才是最根本的。没有一个单位愿意要一个信口开河、不务正业的员工，这时候踏实肯干就显得特别重要了。如果在工作的时候不太认真的话，那么，对方在为你支付报酬的时候就会很不情愿，有时候还会找出一些毛病让你返工，这样一来就会浪费更多的时间和精力。

4.诚实守信是一个永远不应抛弃的原则

虽然孩子在做“零风险”投资的时候不需要担心自己会有什么损

失，尽管如此，父母仍然应该让孩子明白，不管到什么时候都应该恪守诚信的原则。如果已经给了对方承诺，那么就一定要按时、保质、保量地完成任务。如果逾期了，那么不管你做得多么出色，首先在别人心目中就会有一个不守信用的印象。要知道诚信在市场经济中已经成了一个人是否能够生存下去的条件，无论如何都不能让个人的信誉受到损害。

让孩子拥有一定的财务知识

现在人们的生活和工作压力越来越大，经常可以听到周围有一些朋友感叹时光流逝，他们怀念着童年时的美好时光。

虽然孩子现在是无忧无虑的，但是他们不能一直待在父母的保护伞下，不能一直停留在学校里，总有一天他们要走向社会，孩子在将来会有属于自己的生活。而这时候，他们是不是拥有丰富的财务知识，将对他们的生活产生很大的影响，在某种程度上这甚至决定了孩子以后的生活水平。一个拥有丰富的财务知识的人能够更好地处理自己的财务问题，他们也将生活得更加舒服。相反，一个缺乏相应财务知识的人在理财能力上就会表现出很大的不足，有时候虽然他们的薪水也不低，但是却依然债台高筑。

小高已经25岁了，2009年毕业于某重点大学，和很多同龄人相比他非常幸运。因为在毕业之前他就已经找到了一份很不错的工作，现在就职于一家国有公司。他的月薪是5000元，不过因为平时还有一些年终奖、岗位补助以及节假日补贴等，所以小高每年的收入在8万元左右。小高没有给自己购买任何保险，也没有购买其他任何理财产品。小高的父母是国家退休干部，每个月都能够领取一定的退休金，所以他暂时还没有很沉重的赡养父母的压力。所以小高的收入都用在了自己的消费中。工作一年多以来，小高已经换了两部手机、一个MP4、一台笔记本电脑，这些家当就已经花去了小高15000元。小高每个月的生活费在1300元左右，租房850元，买衣服、日常生活用品、和同事聚会等又要花去1500元左右。除此之外，他还要和女朋友约会，约会时的开销就具有更大的随意性。小高说现在的他是一个不折不扣的“月光族”，以前他也从来没有计划过自己的消费，可是现在自己已经到了谈婚论嫁的年龄，和女朋友的马拉松恋爱也持续了四年了，当结婚逐渐提上日程的时候，他才发现自己的银行卡里根本就没有多少存款。小高的妈妈说如果孩子需要的话，他们可以拿出自己的积蓄来支持他。不过小高总感觉成为一名所谓的“啃老族”是一件无法容忍的事情。

其实，在生活中像小高这样的年轻人有很多，他们大多数都是刚参加工作，小的时候没有学习过足够的财务知识，以至于等到他们独立生活之后，又不能很好地处理自己的财务问题，所以让自己陷入了一个非常尴尬的境地。小高的收入状况已经算是不错了，有些年轻人的情况更加不容乐观。如果这些人在小的时候学到了一定的财务知识，那么肯定对他们的理财本领有很大的帮助，等到他们长大之后也不至于落到这步田地。

事实证明，让孩子学习一定的财务知识有非常重大的意义，当孩子有了这些东西作为支撑的时候，他的命运甚至就有可能发生一个极大的转变。《穷爸爸富爸爸》的作者罗伯特·清崎曾说，在他的穷爸爸的眼里，只有接受高等教育才是唯一可行的出路，可是他的富爸爸却告诫他要学习一定的财务知识，增强自己的理财本领。当他按照穷爸爸的安排生活的时候，他过得十分平淡，没有任何起色，尽管他的小日子过的很殷实，但也算不上富有。可是当他按照富爸爸的指示努力拼搏的时候，他在很短的时间内就成了让很多人羡慕的大富翁。从这一点上来说，罗伯特·清崎的故事说明了父母教育孩子学习财务知识究竟有多重要，当孩子掌握了一定的财务知识的时候，孩子对自己财务的调控能力就会有很大的提高，同时也能更好地平衡家庭和个人的财务收支。让孩子拥有丰富的财务知识是一个父母对孩子高度负责的表现，同时也是让孩子拥有一个富有人生的基础条件。

父母都希望自己的孩子能有一个美好的未来，希望自己的孩子能够过上富裕的生活，但是父母们不要忘记了让孩子学习一定的财务知识。如果没有过硬的财务知识作为支撑，即使孩子有幸得到了一笔财富，那么他也有可能使自己陷入财务危机，严重的时候甚至还可能导致破产。

父母应该知道的

让孩子学习财务知识是为了让孩子长大之后能够更好地处理自己的财务问题，在这个过程中，父母要注意以下几点内容：

1.让孩子明白学习财务知识的重要性

很多孩子以为只要有了钱就能够生活得更加美好，可是他们并不知道，如果没有过硬的财务知识的话，自己手中的钱同样会以很快的速度流逝，或者面对突如其来的一些其他问题的时候会显得茫然失措。父母要让孩子明白，当他们学习了一定的财务知识的时候，就会减少这种情况的发生。

2.让孩子懂得量入为出

金钱是一个非常重要的物质条件，但是并不是说贫穷的人就没有幸福可言，也并不是说富有的人就一定是快乐的。很多时候人们的幸福感就来源于自己对生活所抱持的态度。如果一个人总是好高骛远，在生活中不顾及自己实际的财务状况，一味地追求奢侈的生活，那么紧跟其后的肯定就是不尽的烦恼和忧愁。盲目的消费之后，带来的就是更加严重的财务危机，当人们整天为了金钱而发愁的时候，又有什么幸福可言呢？

所以，父母一定要让孩子懂得量入为出的道理，也就是要让孩子明白，当一个人的收入状况没有一个很大的提高的时候，就不要有超出自己支付能力的消费行为，要懂得量入为出，否则的话就会让自己徒增烦恼。

3.用一些孩子感兴趣的方法教孩子财务知识

孩子的年龄还小，他们的注意力不能够长时间集中，所以父母在教孩子学习财务知识的时候，一定要使用孩子喜闻乐见的形式，例如图画、顺口溜等，这样才能更好地吸引孩子。如果父母用了一些巧妙的办法，就不用担心孩子对学习财务知识不感兴趣了。

4. 让孩子明白把钱留住比挣钱更为重要

父母要让孩子明白，虽说挣钱是一个人能够顺利生存的前提，但是有的时候，学会把手中的钱留住甚至比挣钱更重要。若一个人不能管好自己手中的钱的话，很快他的各种麻烦就会接踵而至。不要让孩子有太多的债务缠身，那样会分散孩子很多精力，让孩子的生活质量下降。

让孩子学习相关法律，学会保护自己的财产

财产也叫财富，它是人类社会不断向前发展的一个基本的条件和基础，同时也是一个社会的经济基础。财产存在方式的不同决定了社会意识形态的不同，与财产相关的各种法律法规会反映一个国家的整体状况。

过去，在很长一段时期之内，人们对于财产并没有一个准确的定义，很多人固执地认为，只要是带上“私”这个字样的东西都是罪恶的，他们认为当人们提到要保护私人财产的时候，无疑就是在保护私有制。这种想法现在看起来是不对的，父母应该让孩子明白，私人财产本身并没有善恶之分。

父母应该用自己的方式让孩子知道，我们平常所说的私人财产和私有制有很大的区别。私人财产是国家法律赋予某些财产的特殊的权利，而私有制说的是一个国家的经济组织形式。这两者之间有着本质的区别。为了保护公民的个人财产，国家曾先后颁布了很多保护个人财产的法律法规。

财产包含的范围非常之大，它几乎囊括了所有的社会资产。它包括人们拥有的金钱、房屋以及其他各种物资，这些东西为人们的生存和发展提供了物质基础。有关财产的法律明确规定了财产所有人的权利，以及财产所有权的变更程序、保护措施等。

当国家开始承认个人财产的合法性质的时候，那就意味着任何人都

不能够随意侵犯公民个人的合法财产，这是一个巨大的进步。只要是侵犯他人合法财产安全的行为都是违法的。

现实生活中，个人财产受到侵害的事情不断出现，有些缺乏相应法律知识的人在面对侵害时显得不知所措，有的人干脆就忍气吞声。这种情况会让那些恶意侵犯他人的犯罪分子更加嚣张，会给受害人的身心造成很大的伤害。父母要让孩子多学习一些与财产相关的法律法规，让孩子对一些重要的财产知识有一个大概的认识，让孩子从小培养起法律意识，让孩子学会依法办事，那么，如果有一天孩子的财产受到了一定的威胁，那么孩子就会勇敢地拿起法律的武器，维护自身的合法权益。

父母应该知道的

为了让孩子在将来能够更好地保护自己的合法财产不受侵害，父母要让孩子学习一些有关财产的法律知识，让孩子学会维护自己的合法权益。在这个过程中，父母要注意以下几点：

1.做有较强的法制观念的父母

要想让孩子学习有关财产的法律知识，维护自己的合法权益，那么，父母首先就要做一个有法制观念的人。加强自身的法律意识修养，当自己的合法权益受到侵害的时候，要勇敢地拿起法律武器，维护自己的利益。为孩子树立一个良好的榜样，这样当孩子成年后遇到类似的情况时，就会主动维护自己的利益了。

2.让孩子明白什么是私人财产

父母要让孩子明白什么是自己的私人财产，小时候，孩子的私人财产包括自己的书包、课本、自行车、公交卡等。长大之后，孩子的私人财产就会理所当然地增加，这时候孩子可能有自己的汽车、房子、企业等。

当孩子明白了哪些东西是自己的私人财产之后，就能更好地保护它们不受侵害。父母要让孩子明白，保护自己的私人财产就是在保护自己的权利。如果自己不主动保护的话，那么就只能默默地忍受一些财产损失了。

3.让孩子的视野更加宽广

在教育孩子保护财产的过程中，父母要不断地拓展孩子的视野。让孩子走出去，站在更高的地方审视财产保护的现状。现实生活中，有很多人的财产经常会受到一些非法的侵害，这些人往往是社会中的弱势群体，这些人最应该受到国家的保护。

4.让孩子明白学以致用才是最重要的

父母要让孩子明白，学习法律知识不是最终目的，毕竟学习不是为了向别人炫耀自己的知识多么渊博，最重要的还是学以致用。平时多看一些法制频道，看看经常用到的财产保护知识有哪些，一旦自己的合法权益受到侵害的时候，不要退缩，要勇敢地拿起法律武器，维护自己的利益。

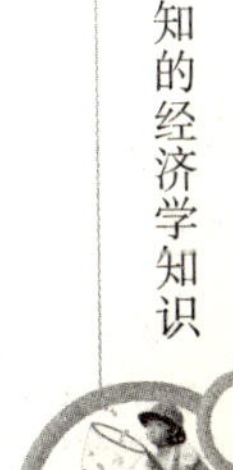

参考文献

[1] 罗新宇. 富爸爸家训[M]. 北京：海潮出版社，2007.

[2] 乌兰. 后天有钱人——0~18岁孩子的理财教育方案[M]. 北京：北京大学出版社，2008.

[3] 张振鹏. 财商教育：我的孩子会理财[M]. 北京：北京工业大学出版社，2009.

[4] 朴铁. 决定孩子一生的理财教育[M]. 北京：中信出版社，2010.